国家出版基金项目
NATIONAL PUBLICATION FOUNDATION

国别贸易指南之食品检验检疫

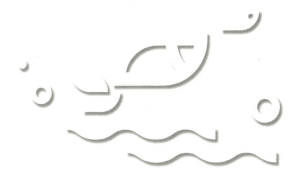

本书编委会 ———— 编著

水产品技术性贸易措施及
进出口风险管理研究

大连出版社
DALIAN PUBLISHING HOUSE

© 本书编委会　2025

图书在版编目（CIP）数据

水产品技术性贸易措施及进出口风险管理研究 / 本书编委会编著. -- 大连：大连出版社，2025. 3.
(国别贸易指南之食品检验检疫). -- ISBN 978-7-5505-2400-2

Ⅰ. F746.26

中国国家版本馆CIP数据核字第2025WE2177号

SHUICHANPIN JISHUXING MAOYI CUOSHI JI JINCHUKOU FENGXIAN GUANLI YANJIU

水产品技术性贸易措施及进出口风险管理研究

出 品 人：王延生
策划编辑：代剑萍　卢　锋　尚　杰
责任编辑：杨　琳　宫晓晨
封面设计：昌　珊　林　洋
版式设计：昌　珊
责任校对：李玉芝
责任印制：刘正兴

出版发行者：大连出版社
　　　地址：大连市西岗区东北路161号
　　　邮编：116016
　　　电话：0411-83620245 / 83620573
　　　传真：0411-83610391
　　　网址：http://www.dlmpm.com
　　　邮箱：dlcbs@dlmpm.com
印　刷　者：大连天骄彩色印刷有限公司

幅面尺寸：170mm×240mm
印　　张：21.25
字　　数：324千字
出版时间：2025年3月第1版
印刷时间：2025年3月第1次印刷
书　　号：ISBN 978-7-5505-2400-2
定　　价：86.00元

前　言

作为传统渔业大国，渔业在中国农业中拥有很强的比较优势和发展潜力，水产品也成为农产品国际贸易中最具出口竞争力的产品之一。自中国加入世界贸易组织后，关税降低和市场的进一步放开使中国渔业国际化程度显著提高，水产品进出口贸易快速增长，水产品国际贸易逐步形成了国产水产品和进口来、进料加工相结合的出口格局，以及养殖水产品和野生水产品齐头并进的进口格局。

目前，中国水产品进出口企业正面临着国内外日益严峻的贸易形势和竞争环境挑战。一方面，水产品贸易的利润空间逐渐受到压缩。由于当前国际形势依然复杂多变，世界经济仍保持低速增长态势，国内外市场需求尚未根本好转，国内劳动力成本以及原材料、饲料、土地等其他生产要素价格不同程度地上涨导致水产品出口成本增加。另一方面，由于中国水产行业抗风险能力较弱、组织化程度偏低，行业内部规范化管理缺乏，协调机制尚不健全，缺乏大规模的龙头企业，生产企业普遍规模小、经营分散，在处理国际贸易纠纷方面，尤其是应对国外反倾销、反补贴以及所谓紧急限制进口措施的能力较弱。与此同时，来自越南、印度等国家的同构竞争态势，世界渔业资源日趋衰竭，国内养殖水域环境不断恶化，这些因素都使得中国水产品进出口企业的竞争环境更加严酷，也进一步制约着水产品出口贸易的持续健康发展。

未来一段时间内，中国仍将作为最大的水产品进出口国而在世界水产品贸易中占据重要地位，但预计未来几年，中国水产品出口还将继续面临国际市场进口需求明显下降、国内生产成本大幅增加、部分国家同构竞争等不利因素的影响。因此，一方面要加强质量安全管理，在出口领域优化调整水产品养殖结构，加快水产品加工技术创新和转型升级，发展精深加工，提高出口水产品的竞争优势，实施品牌战略；另一方面要在进口水产品领域加大对新兴市场的开拓，将更多国外优质水产品引入国内，促进水产品贸易健康发展。

目　　录

Contents

第一章

Chapter 1

水产品定义及介绍

　　水产品为人类提供了重要的食物来源。随着部分国家和地区生活水平的不断提高和消费结构特别是食物结构的优化转变，人们的蛋白质摄入源已从传统谷物类食品逐渐向动物源食品转移，而水产品作为能够提供优质蛋白质的食物之一，近年来需求量大幅增长，从而推动了世界水产品贸易量的增加，贸易规模也在不断扩大。

　　从广义上来讲，水产品是指海洋、内陆水域出产的动物性、植物性及其他产品的总称。这一定义涵盖了广泛的范围，从鱼类、虾蟹类、贝类、藻类到其他水生生物及其加工产品都包含在内。原国家质量监督检验检疫总局（以下简称质检总局）第135号令《进出口水产品检验检疫监督管理办法》（2011年1月4日公布，自2011年6月1日起施行，2022年1月1日废止）指出，本办法所称水产品是指供人类食用的水生动物产品及其制品，包括水母类、软体类、甲壳类、棘皮类、头索类、鱼类、两栖类、爬行类、水生哺乳类动物等其他水生动物产品以及藻类等海洋植物产品及其制品，不包括活水生动物及水生动植物繁殖材料。本书将基本沿用该定义并以动物性水产品为主，作为相关法规标准、数据、资料以及贸易情况的口径。

1.1 水产品分类

在《食品安全国家标准 鲜、冻动物性水产品》（GB 2733—2015）中规定，本标准适用于鲜、冻动物性水产品，包括海水产品和淡水产品。该标准所适用的特指鲜、活、冷藏、冷冻的水产品，即初级原料类动物性水产品。《水产品及水产加工品分类与名称》（GB/T 41545—2022）将水产品及水产加工品按产品基本属性分为 13 类。

1.1.1 活、鲜品

（1）海水鱼类

带鱼、鲲鱼、蓝圆鲹、鲐鱼、鲅鱼、海鳗、小黄鱼、金线鱼、鲳鱼、梅童鱼、鲷鱼、大黄鱼、马面鲀、石斑鱼、梭鱼、沙丁鱼、鲈鱼、牙鲆、大菱鲆、白姑鱼、玉筋鱼、鲻鱼、黄姑鱼、鳓鱼、鮸鱼、美国红鱼、鲑鱼、金枪鱼、方头鱼、卵形鲳鲹、军曹鱼、鲥鱼、竹荚鱼、鲱鱼、河鲀、鲽鱼、鳕鱼、鳐鱼、鲨鱼、舌鳎、六线鱼、丁香鱼、鲥鱼、魟鱼、鲛鳒、黑鲪、秋刀鱼、龙头鱼、针鱼、海龙、海马，及其他海水鱼类。

（2）海水虾类

南美白对虾、毛虾、鹰爪虾、虾蛄、斑节对虾、日本对虾、中国对虾、长毛对虾、墨吉对虾、宽沟对虾、脊尾白虾、龙虾、仿对虾、新对虾、管鞭虾、短沟对虾、磷虾，及其他海水虾类。

（3）海水蟹类

梭子蟹、青蟹、蟳、雪蟹、珍宝蟹，及其他海水蟹类。

（4）海水贝类

牡蛎、文蛤、杂色蛤、青蛤、扇贝、贻贝、蛏、鲍、毛蚶、泥蚶、魁蚶、江珧、彩虹明樱蛤、波纹巴菲蛤、四角蛤蜊、象拔蚌、寻氏肌蛤、红螺、香螺、玉螺、泥螺、荔枝螺、东风螺、青柳蛤、珍珠贝，及其他海水贝类。

（5）海水藻类

海带、江蓠、裙带菜、紫菜、羊栖菜、麒麟菜、浒苔、石花菜、马尾藻，及其他海水藻类。

（6）头足类

鱿鱼、乌贼、章鱼，及其他头足类。

（7）棘皮动物类

海参、海胆、海星，及其他棘皮动物类。

（8）其他海洋生物

海蜇、沙蚕、海肠、海葵、星虫，及其他海洋生物。

（9）淡水鱼类

草鱼、鲢鱼、鲤鱼、鳙鱼、鲫鱼、罗非鱼、鳊鱼、青鱼、乌鳢、芒鲶、黄鳝、泥鳅、黄颡鱼、河鲈、鳜鱼、鳗鲡、鲟鱼、鲑鱼、鳟鱼、银鱼、长吻鮠、鲮鱼、鲂鱼、鲇鱼、鲥鱼、鳇鱼、鮰鱼、短盖巨脂鲤、池沼公鱼、鲌、暗纹东方鲀、长颌鲚，及其他淡水鱼类。

（10）淡水虾类

克氏原螯虾、青虾、罗氏沼虾、南美白对虾、中华新米虾、秀丽白虾、中华小长臂虾，及其他淡水虾类。

（11）淡水蟹类

河蟹，及其他淡水蟹类。

（12）淡水贝类

田螺、三角帆蚌、褶纹冠蚌、背角无齿蚌、河蚬，及其他淡水贝类。

（13）淡水藻类

螺旋藻、红球藻、小球藻，及其他淡水藻类。

（14）其他淡水动物

鳖、龟、蛙、蜗牛，及其他淡水动物。

1.1.2 冻品

（1）冻鱼类

冻全鱼、冻去内脏鱼、冻去头去脏鱼、冻去头去脏去皮鱼等，及冻鱼头、冻鱼片、冻鱼肉、冻鱼块、冻鱼卵、冻鱼皮等可食部位分割的产品。

（2）冻虾类

冻全虾、冻去头虾、冻虾尾，及冻虾仁、冻带尾虾仁、冻预煮虾、冻预煮虾仁、冻裹面包屑虾等。

（3）冻蟹类

冻整蟹、冻蟹块、冻蟹腿、冻蟹肉、冻蟹钳、冻预煮蟹等。

（4）冻贝类

冻全贝、冻半壳贝、冻贝肉、冻贝柱、冻预煮贝肉等双壳贝类，及冻全贝、冻贝肉、冻预煮贝肉等单壳贝类。

（5）冻头足类

冻鱿鱼、冻墨鱼、冻章鱼等，及其冻胴体、冻片（条、块）、冻圈、冻花、冻鱿鱼鳍等可食部位分割的产品。

（6）其他冷冻水产品

冻海胆黄、冻沙蚕、冻海肠，及其他冷冻水产品及其冷冻加工品。

1.1.3 干制品

（1）鱼类干制品

鱼干、干鱼皮、干鱼唇、干鱼肚、干鱼鳔、干鱼鳍、明骨，及其他鱼类干制品。

（2）虾蟹类干制品

虾干、虾米、虾皮，及其他虾蟹类干制品。

（3）贝类干制品

干贝、牡蛎干、干鲍、淡菜、蛤蜊干、海螺干、蛏干、河蚌肉干，及其他贝类干制品。

（4）藻类干制品

干海带、干裙带菜、干紫菜、干石花菜、干江蓠、干麒麟菜、干马尾藻、干羊栖菜、干浒苔、螺旋藻粉、红球藻粉、裂壶藻粉、小球藻粉，及其他藻类干制品。

（5）头足类干制品

鱿鱼干、墨鱼干，及其他头足类干制品。

（6）其他水产干制品

干海参、沙蚕干、星虫干，及其他水产干制品。

1.1.4 腌制品

（1）腌制鱼

咸鱼、糟鱼、醉鱼、腊鱼，及其他鱼类腌制品。

（2）其他腌制品

鲟鱼子酱、盐渍鲱鱼子、醉泥螺、咸泥螺、醉蟹、咸蟹、盐渍裙带菜、盐渍海带、盐渍海参、盐渍海蜇皮、盐渍海蜇头、腌渍海胆黄、海胆酱、墨鱼蛋，及其他腌制品。

1.1.5 熟制品

（1）熟制鱼

烤鱼、烤鱼片、烤酥鱼、鱼脯、熏鱼、卤鱼、鱼松、香酥鱼排，及其他鱼类熟制品。

（2）其他熟制品

烤虾、烤鱿鱼（丝）、调味鱿鱼、即食海参、即食鲍鱼、烤紫菜、调味烤紫菜、调味海带、调味裙带菜（茎），及其他熟制品。

1.1.6 罐头制品

（1）鱼罐头

清蒸鱼罐头、油浸鱼罐头、盐水鱼罐头、茄汁鱼罐头、豆豉鱼罐头、五香鱼罐头、熏鱼罐头、油炸鱼罐头，及其他鱼类罐头及其软包装产品。

（2）其他水产品罐头

杂色蛤罐头、贻贝罐头、扇贝罐头、海螺罐头、蟹肉罐头、虾罐头、头足类罐头、牡蛎罐头、海带罐头、裙带菜罐头、羊栖菜罐头，及其他水产品罐头。

1.1.7 鱼糜及鱼糜制品

鱼糜；鱼香肠、鱼丸、鱼糕、鱼卷、鱼饼、鱼面、鱼豆腐、模拟蟹肉等鱼糜制品；蟹丸、虾丸、鱿鱼丸、墨鱼丸等其他水产动物肉糜制品。

1.1.8 水产调味品

鱼露、蚝油、虾油、虾酱、蟹酱、虾调味粉（液）、贝调味粉（液）、鱼调味粉（液）、紫菜酱、海带酱，及其他水产调味品。

1.1.9 水生生物活性物质

二十二碳六烯酸、二十碳五烯酸、鱼肝油酸钠、角鲨烯、鱼脂酸丸、胶原蛋白、鱼蛋白胨、多肽、软骨素、甲壳素、壳聚糖、氨基葡萄糖、海参多糖、岩藻多糖、贝类多糖、海藻膳食纤维、海藻多酚、褐藻黄素、虾青素、甘露醇、海参皂苷、河鲀毒素，及其他水生生物活性物质。

1.1.10 海藻胶及制品

褐藻酸、褐藻酸钠、褐藻酸钙、褐藻酸钾、褐藻酸铵、藻酸丙二酯、琼胶、卡拉胶、海藻蜇皮、海藻胶果冻粉、海藻果冻、海藻凉粉，以及其他海藻胶及制品。

1.1.11 饲料原料

鱼粉、液体鱼蛋白、饲用鱼油、鱿鱼内脏粉、鱿鱼膏、饲用裂壶藻粉、饲用鱼肝油、虾糠、饲用磷虾粉、卤虫卵，及其他饲料原料。

1.1.12 珍珠类

淡水珍珠、海水珍珠、珍珠粉、珍珠层粉，以及其他珍珠及制品。

1.1.13 其他水产加工品

鱼油、磷虾油、鱼肝油、藻油、龟胶、海藻碘、水产皮革，及其他水产加工品。

1.2 水产品进出口变迁

1.2.1 加入世界贸易组织之前

在20世纪,中国的进口水产品数量非常少。其原因在于:一是没有需求,绝大多数中国人不知道国外有什么水产品,而且中国人饮食结构中,除了沿海和淡水丰富地区,水产品所占比重很小;二是没有消费能力,进口水产品经过加工,漂洋过海,自然价格不菲,而且那时广大第三世界国家的捕捞、养殖设施和技术还普遍欠发达,无法大量出口低价水产品。

当时我国还有两种特殊的贸易方式:来料加工、进料加工。二者只有一字之差,而且都是进口原料、加工后复出口,但从商业上看,区别还是很明显的:来料加工属于委托加工业务,国内加工企业对盈亏不负责任,其所产生的风险由国外委托其加工的企业承担;进料加工则是国内企业自主进口原料、自主销售、自负盈亏、自担风险。从客户角度讲,来料加工的进口、出口一般是同一个国外客户,而进料加工的原料进口和成品出口一般不是同一个客户。

1.2.2 加入世界贸易组织之后

自中国加入世界贸易组织(WTO)后,进口水产品开始逐年增多。主要原因有:第一,市场的进一步放开,关税降低(包括实施零关税的国家逐渐增多);第二,中国经济外向度快速提高,出现了越来越多的"涉外"酒店、餐厅,来满足越来越多的外国人的需求,外国人不仅带来了国外的食谱,还带动了国外食材的消费;第三,中国人生活水平提高,越来越多的高档进口水产品也开始走向大众的餐桌。

不管是市场放开这样的宏观变化,还是中国人消费饮食结构的微观变化,都是一个逐渐演变的过程。因此,在"入世"后的最初十来年,中国水产品进口量虽然持续增长,但仍然少于出口量,而且进口量中的大部分是来、进料加工的原料。2001 年至 2015 年，中国水产品进出口量稳步提高，2001 年水产品进出口总量为 426.7 万吨，2013 年达到 812.9 万吨，首次突破 800 万吨。但直到 2014 年，中国水产品出口量还是远高于进口量，而且增幅也高于进口量。

从 2016 年开始，中国水产品进口额迅速攀升，在 3 年内增长近一倍，已经逼近水产品出口额。2023 年，中国水产品进口额已超过 200 亿美元。进口水产品快速增长的原因主要有：第一，如前所述，人们对进口水产品的消费需求与收入增长同步，拉动了对国外产品（包括一些高端产品）的需求；第二，国内渔业资源有限，局部地区的某些品种甚至濒临枯竭，需要进口优质水产品满足市场需要。

与此同时，在国内水产养殖、加工成本上涨，渔业资源有限，以及市场行情波动、全球贸易摩擦等因素的影响下，近年水产品出口增速放缓。进口快速增长、出口增幅收窄，这种此消彼长的态势导致贸易顺差不断收窄。2014 年至 2018 年，海关数据显示，中国水产品出口量与进口量差距由 151 万吨减至 85 万吨。

2018 年以来，由于非洲猪瘟和"猪周期"等因素带动猪肉价格上涨，越来越多的消费者选择水产品作为肉类的替代品。在这一因素的影响下，2019 年水产品进口量一跃而上，首次反超出口量，打破了中国水产品进出口贸易中以出口为主导的局面。

2020 年后受新冠病毒流行影响，水产品进口量虽然有所下降，并在 2021 年再次略低于水产品出口量，但是在 2022 年至 2023 年水产品进口量持续保持较快增长，2023 年净进口量 131 万吨。

1.3 水产品行业贡献

水产品是百姓生活必不可少的食品，关系国计民生，历来为各国所重视。事实上，中国水产品进出口贸易发展迅速，在满足消费需求、保护生态环境、调控市场行情、促进国际交往等方面均发挥了突出作用。

1.3.1 满足消费需求

在消费端，进口水产品发挥着越来越重要的作用，除了满足中国部分品类的消费需求，还为消费者提供了更多优质的选择。一些国内养殖端虽在经营但不能完全满足消费需求的产品，如白虾、带鱼、黄鱼、章鱼、海参等，通过进口在一定程度上可以满足这部分需求；还有一些国内没有养殖或捕捞量较少的产品，如三文鱼、北极甜虾、帝王蟹、象拔蚌、银鳕鱼，进口这些产品不但可以丰富国内的消费市场，同时还可以起到调控价格的作用，让消费者享受更多实惠。

1.3.2 保护生态环境

中国市场对于水产品的需求量巨大，尤其是野生品类，仅依靠在境内持续捕捞，会对中国的渔业生态环境稳定性带来一定压力。近些年，中国针对此类情况实施一系列战略、措施和行动，长江十年禁渔、海洋渔业资源养护补贴等，都体现了国家对于保护渔业资源的重视。

从这方面看，水产品进口则是一种间接保护本国渔业资源的途径。扩大水产品进口，不但对保护中国近海渔业资源以及缓解国内的自捕、养殖压力有帮助，还在很大程度上填补了由于生态环境保护措施而扩大的供需缺口，可谓是一箭双雕的举措。

1.3.3 调控市场行情

全球范围内，由动物疫病引起的供应紧张并不罕见。以近年的非洲猪瘟疫情为例，在非洲猪瘟影响下，中国生猪产能遭受重创，带动国内肉类市场价格节节攀升，水产品作为蛋白质的另一大来源，在一定程度上充当了替代品。一些常见品类的进口水产品，即便算上进口费用，仍然价格低廉，因此持续大量进口水产品也是抑制国内肉类价格上涨过高的手段之一。在国内，冷冻是水产品最普遍的保存方式之一，消费者对于冷冻水产品的接受程度高，进口水产品能够很容易地融入中国消费市场。持续进口水产品，一定程度上可以在特殊时期起到调控市场行情的作用。

1.3.4 促进国际交往

　　商品的跨境流通使得世界各国互通有无、各取所需。国际贸易已经成为连接各国的桥梁和纽带。在贸易全球化的今天，没有任何国家或经济体能脱离外部而独立存在；日益蓬勃的国际贸易承载的远远不止商品、资金，还有友谊、共同发展、共同繁荣。

　　水产品在国际贸易中占据重要的地位。中国居民生活水平不断提高，对优质动物蛋白的消费需求持续增加，因此，中国也成为全球最大的、最具潜力的水产品新兴市场，对世界各国有着很大的影响力。正如中国已成为大多数国家最大的贸易伙伴，中国也成为很多国家最大的水产品供应国。中国加入世界贸易组织的 20 多年，也是中国加大水产品进出口、增强水产品作为国际经贸纽带重要作用的 20 多年。

第二章

Chapter 2

水产品技术性贸易措施概述

　　技术性贸易措施作为国际贸易中的重要组成部分，旨在限制或管理进出口产品的质量和安全，水产品作为国际贸易的重要品种，也受到了技术性贸易措施的严格监管。以下将详细阐述技术性贸易措施的定义及分类。

2.1 技术性贸易措施

2.1.1 技术性贸易措施定义

　　技术性贸易措施是指那些旨在限制或管理进出口贸易的技术性要求、规定或标准。这些措施通常由各国政府或相关机构制定，涉及法规、标准、检验检疫要求等多个方面。它们的主要目的是保护本国市场、消费者健康和安全，以及维护本国生态平衡。技术性贸易措施在水产品贸易中扮演着重要角色，它们不仅影响着水产品的市场准入，还影响着水产品的价格、质量和竞争力。

2.1.2 技术性贸易措施分类

　　技术性贸易措施可分为技术法规、技术标准和合格评定程序三类。其中，技术法规是强制性要求，它规定了产品必须达到的最低标准和要求，包括产品的安全、卫生、环保等方面。技术标准是推荐性要求，它提供了产品生产和质量管理的指导和建议，但并非强制执行。合格评定程序是对产品符合技术性要求的评估过程，包括检验、测试、认证等。这些程序是确保产品符合相关标准和规定的重要手段，也是技术性贸易措施的重要组成部分。

2.1.3 水产品技术性贸易措施特点

水产品技术性贸易措施在国际水产品贸易中扮演着重要角色，其特点主要体现在复杂性、多样性和变动性三个方面。

①复杂性。水产品技术性贸易措施的复杂性源于其涉及的多个学科领域。水产品作为生物产品，其生产、加工、储存、运输等环节均受到生物学、化学、物理学等多种因素的影响。因此，制定和实施水产品技术性贸易措施时，需要综合考虑这些因素，确保水产品的安全性、质量和可持续性。不同国家和地区对水产品的标准和要求存在差异，这也增加了水产品技术性贸易措施的复杂性。

②多样性。由于各国和地区在自然环境、经济发展水平、文化传统、消费习惯等方面存在差异，水产品技术性贸易措施呈现多样性的特点。这些措施包括质量标准、检验检疫、标签和包装、生产过程控制等多个方面，且具体要求和标准各不相同。因此，企业需要针对不同市场的特点，制定相应的产品策略和出口计划，以满足不同市场的要求。

③变动性。随着科技的发展和市场需求的变化，水产品技术性贸易措施也在不断调整和完善。新的科技成果被不断应用到水产品的生产、加工和检测中，提高了水产品的安全性和质量水平。同时，消费者对水产品的需求也在不断变化，对水产品的品质、安全、环保等方面的要求越来越高。这些因素都促使各国和地区不断更新和完善水产品技术性贸易措施，以适应市场变化和保障消费者的利益。

2.1.4 水产品技术性贸易措施意义

在全球经济一体化的大背景下，水产品贸易已成为各国经济的重要组成部分。然而，由于各国在水产品生产、加工、储存等方面的差异，以及对健康和环保的不同要求，技术性贸易措施成为影响水产品国际贸易的重要因素，其实施对于保护本国市场、消费者健康和安全具有重要意义。然而，它们也可能成为贸易壁垒，阻碍水产品的国际贸易。

因此，各国在制定水产品技术性贸易措施时，应遵循科学、合理、透明的原则，确保这些措施符合国际贸易规则和准则，避免对贸易造成不必要的障碍。同时，各国还应加强合作与交流，共同推动技术性贸易措施的协调与统一，促进水产品贸易的健康发展。

2.2 世界贸易组织项下技术性贸易措施协定

根据 WTO《技术性贸易壁垒协定》（以下简称《TBT 协定》）和《实施卫生与植物卫生措施协定》（以下简称《SPS 协定》）的规定，制定和实施 TBT、SPS 措施，只要符合公开、公平、透明的原则，对于来自任何其他成员方的进口商品和来自成员方自己境内的商品不歧视地平等对待，不妨碍正常的国际贸易，即被视为合理且被允许。《TBT 协定》和《SPS 协定》各自的管辖范围不同，《SPS 协定》关注食品安全、动物卫生和植物卫生，而《TBT 协定》管辖范围主要是工业品和农产品的技术性贸易壁垒，不适用政府采购和《SPS 协定》的有关措施。

2.2.1 SPS 相关措施

SPS 是 WTO 框架下广义的技术性贸易壁垒。WTO 协定中的《SPS 协定》包含 14 个条款和 3 个附件，为各成员方制定旨在防范各种健康风险，保护人类、动植物的生命和健康的卫生与植物卫生措施做出了指导和规定。SPS 措施是十分常见的贸易措施，各成员方的检疫制度标准不一，发达国家的制度往往比发展中国家更为严格。SPS 措施可以采取多种形式，并且这些形式在实际中均有较多的应用，如限制农药残留水平、要求产品的认证或检验程序、制定某种产品的食品添加剂的使用规范等。一些政府出于贸易保护主义的意图，以保护本国国民和动植物健康为由设置高标准的 SPS 措施，以减少外国产品进入本国，保护本国市场和产品。SPS 措施十分容易形成贸易壁垒，对国际贸易存在显著的负面影响。

与《TBT 协定》类似，为了防止出现歧视、限制国际贸易的流通发展与顺利进行，《SPS 协定》开头就提到各成员方采取必需措施的实施方式不得对国际贸易造成负面影响，并且提出期望指导 SPS 措施的制定、采用和实施，最大限度地减少对贸易的消极影响。《SPS 协定》包括风险评估、协调一致、等效确认、非疫区有关规定、透明度要求、SPS 委员会、发展中国家差别待遇、争端解决机制等内容。

在实施《SPS 协定》时，应遵守以下几项基本原则：

①科学依据原则。这个原则要求各成员方依据科学原理采取措施，如果没有充分的科学依据，则不应当实施相应措施。

②协调一致原则。各成员方的 SPS 措施都应依据国际标准或准则的建议。

③同等对待原则。如果出口成员方向进口成员方表明其 SPS 措施达到了进口成员方标准，即使进出口成员方的措施存在差别，进口成员方也应同等接受出口成员方的 SPS 措施。

④透明原则。如果其一成员方修改其 SPS 措施，应当及时地将有关信息通报其他成员方，以防止对贸易造成不必要的阻碍。

⑤特殊和差别待遇原则。由于发展中国家的经济、技术和制度水平通常较发达国家低，所以，应当对发展中国家有利害关系的产品给出较长的适应期，允许其在采用新的动植物卫生检疫措施时分阶段地进行，以防止对其贸易造成较大的冲击和影响。

2.2.2 TBT 相关措施

《TBT 协定》是世界贸易组织管辖的一项多边贸易协议，共 6 大部分 15 条 89 款 40 个子项以及 3 个附件，它的目标包括保护人类的安全健康、保护动植物的生命健康、技术协调、防止欺诈行为和质量问题、促进贸易等。为了防止各成员方滥用 TBT 措施，对自由国际贸易造成阻碍，《TBT 协定》开头就提到鼓励制定国际标准和合格评定体系，但提出希望各种法规、标准、要求和评定程序等不给国际贸易形成不必要的障碍；同时规定了在不构成歧视或对贸易限制的情况下，国家可以在适当程度内采取必要的措施。该协定突出论述了采用国际标准或实施通报制度这两项帮助实现技术协调的基本措施。

《TBT 协定》努力确保法规、标准、要求和评定程序不会造成不必要的障碍。然而，该协定也承认各成员方有权采纳其认为合适的标准。此外，不会阻止成员方采取必要措施确保其标准得到满足，但这与纪律相平衡。如果政府采用国际标准，实施可能会更简单，该协定鼓励这样做，无论采用何种规定，都不应歧视。该协定还为政府和非政府或行业机构制定、采用和应用自愿性标准制定了良好做法守则。该协定指出，用于决定产品是否符合相关标准的程序必须是公平和公正的。它不鼓励任何可能给国产产品带来不公平待遇的方法。该协定还鼓励各成员方承认彼此评估产品是否符合规定的程序。未经承认，产品可能须进行两次测试，首先由出口成员方测试，然后由进口成员方测试。制造商和出口商需要了解其潜在市场的最新标准。为了确保方便地提供这些信息，所有世界贸易组织成员方都必须建立咨询点，并通过世界贸易组织相互通报情况——每年通知约 900 项新的或修改的法规。技术性贸易壁垒委员会是各成员方分享信息的主要信息交换所，也是讨论有关法规及其实施问题的主要论坛。

《TBT 协定》的目的是减少技术性贸易措施对国际贸易可能造成的妨碍，促进贸易自由化。根据该协定，符合其原则的必要措施不应当被视为贸易壁垒，不符合其原则的措施应当被视为壁垒并且应当消除。技术性贸易壁垒可能涉及的领域十分宽泛，如农产品、食品、化工医药等，并且可能涉及生产、运输和储存等各个环节。

在实施《TBT 协定》时，应遵守以下几项基本原则：

①非歧视原则。此原则不仅要求对所有签约成员方所制定的技术法规、标准、合格评定的规定和程序相同，而且要求平等对待本地生产和进口的商品。

②正当合理原则。对贸易有限制作用的措施不应当超越正常目标范围。

③协调一致原则。除非由于本国的地理、气候因素等才允许与国际标准有差异或不采用国际标准，否则在有关国际标准已经存在或即将完成的情况下，各成员方在制定标准或技术法规时以有关国际标准为基础。

④透明度原则。如果成员方将要采取的标准与国际标准有实质性的不同，并且可能对其他成员方的贸易有较大影响，应提前告知其他成员方并说明理由，并且应当进行讨论、考虑其他成员方所给出的意见。

2.3 水产品技术性贸易措施发展与进展

各个国家和地区的 TBT 措施均有不同，这些差异会直接增加水产品出口商的成本。如果一家公司需要遵循不同国家或地区所设置的 TBT 措施，首先要对其进行了解，并且实时掌握新的 TBT 措施。这就需要该公司花费一笔获取信息的费用，用于对国外的 TBT 措施可能造成的水产品贸易中的障碍进行收集、评估、翻译、聘请专家等。对于水产品来说，是否符合技术法规需要通过合格评定程序来认定，而确认的费用通常由出口公司来承担，这是一笔不小的开支。因此，《TBT 协定》中规定了技术法规、合格评定程序应当使用国际标准或其中相关部分作为基础，可以防止不同成员方间出现较大差异而增加水产品出口企业的成本。《区域全面经济伙伴关系协定》（以下简称 RCEP）中提出，如一缔约方制定的国家标准需要对相关国际标准进行修改，应鼓励其提供内容与结构存在的差异和原因，如此，可以帮助其他缔约方掌握并理解标准修改的原因，从而协助相关机构、企业等做出应对，对修改的限制也防止了随意修改。RCEP 中关于标准修改的规定是其他自由贸易协定可以积极参考的。

此外，由于外部环境的变化，细菌可能会较容易地侵入水产品，因此鲜活的水产品十分易腐，并且部分价值较高的鲜活水产品对运输时间有较高要求，运输过程中的仓储、保鲜对冰鲜或冷冻的水产品也至关重要。虽然在新设置的 TBT 措施生效前基本会提前通知，但这些新设置的 TBT 措施仍然可能对水产品进出口造成非常大的影响。如 2014 年，由于巴西突然修改了要求，对中国输入巴西水产品证书的规定做出了改变，提高了门槛，使得中国十几家水产品出口企业的水产品无法在巴西通关，大量水产品滞留在其口岸，一些出口商因此损失巨大。TBT 条款中有关透明度的规定在这种情况下就显得尤为重要，通过透明度条款中所规定的评议期，不同缔约方能够就拟议的技术法规、合格评定程序进行意见交流，减少贸易中可能出现的损失。

中国目前签署的自由贸易协定中 TBT 条款能够在一定程度上促进缔约方之间的 TBT 措施合作，然而通过以上对 TBT 措施现状的梳理，发现中国目前的自由贸易协定中对于 TBT 措施的规定多为促进合作性质的，实质性、约束性的内容较少，可执行性较弱。在今后的修订和谈判中，应当更加重视 TBT 措施条款，考虑将其中关于合作的内容制定得更加具有实质性。

各国或地区的 SPS 措施给水产品贸易带来的影响与 TBT 措施带来的影响较为类似。为了防止新增或修改的 SPS 措施给水产品贸易带来不必要的阻碍，关于其透明度的规定是尤其重要的。如果缔约方建立沟通渠道，通报可能对其他缔约方造成重大影响的 SPS 措施的改变，并且给予一定的意见提交期限，能够在很大程度上减少可能给水产品出口商造成的损失。

为了促进水产品的快速顺利通关，检查口岸 / 边境措施的规定十分必要。

在中国，对于进口的水产品，海关会依照法律规定对其进行检验检疫，确定其是否符合相应的要求，如果评定不合格，海关出具不合格证明，对不同的情况做出相应的处理；对于出口水产品，产地海关会依法进行检验检疫，符合要求的，海关将出具证书准予出口，不符合要求的，海关将书面通知出口商或其代理人，并根据情况做出下一步的对应处理。其他国家也有类似的检验检疫规定。过多的检测项目会明显提升水产品的通关时长，一方面大幅增加鲜活和冷冻水产品的暂养费，提高了出口商的成本，另一方面降低鲜活水产品的质量。在自由贸易协定条款中规定适当的检查频次和检查程序，可以提高水产品的通关效率且保证其质量安全。RCEP中规定，对于出现重大的或重复的卫生或植物卫生违规时，应当请求对其进行磋商与沟通，以保证采取适当的救济措施，减少这一类别的违规。这样的规定可以减少水产品出现SPS风险时的损失。

针对SPS措施，缔约方应当积极进行信息交换和技术合作。设立卫生与植物卫生事务委员会，并且定期召开会议进行沟通磋商，是一个很好的促进SPS合作的措施，能够帮助缔约方了解相互之间存在的问题以及下一步可能的动态，从而完善自身的SPS措施情况，并且提前对可能出现的情况做出准备。

第三章

Chapter 3

中国水产品技术性贸易措施及监管体系

3.1 中国水产品法律法规体系

水产品法律法规体系是保障水产品质量安全、规范水产业发展的重要基石。该体系涉及多个层面和多个环节，中国水产品法律法规体系共分为四个层次，主要由国家法律、行政法规、部门规章及规范性文件等组成。水产品法律法规体系对水产品的生产、加工、销售、质量安全等方面进行了全面规范。

3.1.1 水产品相关法律

法律由全国人民代表大会及其常务委员会制定，以主席令公布。在食品安全法律法规体系中，法律的效力层级最高，是制定从属性食品安全行政法规、地方性法规、规章以及规范性文件的依据。水产品相关的法律包括《中华人民共和国食品安全法》《中华人民共和国渔业法》《中华人民共和国动物防疫法》《中华人民共和国进出境动植物检疫法》《中华人民共和国农产品质量安全法》等。这些法律为水产品质量安全提供了基本的法律保障，规定了水产品的生产、加工、销售等各个环节的法律责任和管理要求。

1.《中华人民共和国食品安全法》

《中华人民共和国食品安全法》是中国食品安全监管的基础性法律，是为了保证食品安全、保障公众身体健康和生命安全制定的，是一切食品生产经营活动必须遵循的基本法律。该法共分为十章，分别为总则、食品安全风险监测和评估、食品安全标准、食品生产经营、食品检验、食品进出口、食品安全事故处置、监督管理、法律责任和附则。在中华人民共和国境内从事下列活动，应当遵守该法：食品生产和加工，食品销售和餐饮服务；食品添加剂的生产经营；用于食品的包装材料、容器、洗涤剂、消毒剂和用于食品生产经营的工具、设备的生产经营；食品生产经营者使用食品添加剂、食品相关产品；食品的贮存和运输；对食品、食品添加剂、食品相关产品的安全管理。

2.《中华人民共和国渔业法》

《中华人民共和国渔业法》共六章五十条。该法规定了在中华人民共和国的内水、滩涂、领海、专属经济区以及中华人民共和国管辖的一切其他海域从事养殖和捕捞等渔业生产活动的行为准则。主要内容包括：国家对渔业生产实行以养殖为主，养殖、捕捞、加工并举，因地制宜，各有侧重的方针，并鼓励渔业科学技术研究与应用。在渔业资源的保护方面，实行捕捞限额制度和捕捞许可证制度，确保捕捞量低于资源增长量，以维护渔业资源的可持续利用。同时，鼓励全民所有制单位、集体所有制单位和个人发展养殖业，并对在渔业资源保护、科学技术研究等方面成绩显著的单位和个人给予奖励。此外，法律还明确了渔业行政主管部门的职责和监督管理机制，以及外国人、外国渔业船舶进入中国管辖水域从事渔业活动的审批程序。该法的实施，对于保障渔业生产者的合法权益，促进渔业生产的健康发展，适应社会主义建设和人民生活的需要具有重要意义。

3.《中华人民共和国动物防疫法》

《中华人民共和国动物防疫法》共十二章一百一十三条。该法明确了动物防疫工作的基本原则和方针，即预防为主，预防与控制、净化、消灭相结合。它规定了动物疫病的分类管理，将动物疫病分为一类、二类和三类，根据其对养殖业生产和人体健康的危害程度采取不同的预防和控制措施。在动物疫病的预防方面，该法要求饲养动物的单位和个人应当履行动物疫病强制免疫义务，按照强制免疫计划和技术规范，对动物实施免疫接种，并按照国家有关规定建立免疫档案、加施畜禽标识，保证可追溯。同时，国家建立动物疫病风险评估制度，实行动物疫病监测疫情预警制度。该法规定了疫情报告、通报和公布的程序和要求，明确了各级政府和有关部门的职责和协作机制。一旦发生动物疫情，政府将迅速组织力量进行控制和扑灭，防止疫情扩散和蔓延。此外，该法还规定了动物和动物产品的检疫制度，要求动物卫生监督机构依法对动物和动物产品实施检疫，确保动物和动物产品的安全卫生。国家鼓励和支持开展动物疫病的科学研究以及国际合作与交流，提高动物疫病防治的科学技术水平。

4.《中华人民共和国进出境动植物检疫法》

《中华人民共和国进出境动植物检疫法》于1991年10月30日由第七届全国人民代表大会常务委员会第二十二次会议通过，根据2009年8月27日第十一届全国人民代表大会常务委员会第十次会议《关于修改部分法律的决定》修正。为防止动物传染病、寄生虫病和植物危险性病、虫、杂草以及其他有害生物传入、传出国境，保护农、林、牧、渔业生产和人体健康，促进对外经济贸易的发展，制定该法。

该法共分为八章，分别为总则，进境检疫，出境检疫，过境检疫，携带、邮寄物检疫，运输工具检疫，法律责任，附则。该法对进出境的动植物、动植物产品和其他检疫物，装载动植物、动植物产品和其他检疫物的装载容器、包装物，以及来自动植物疫区的运输工具等方面的检疫做出了详细规定。

5.《中华人民共和国农产品质量安全法》

《中华人民共和国农产品质量安全法》于 2006 年 4 月 29 日由第十届全国人民代表大会常务委员会第二十一次会议通过，根据 2018 年 10 月 26 日第十三届全国人民代表大会常务委员会第六次会议《关于修改〈中华人民共和国野生动物保护法〉等十五部法律的决定》修正，2022 年 9 月 2 日第十三届全国人民代表大会常务委员会第三十六次会议修订。该法共分为八章，分别为总则、农产品质量安全风险管理和标准制定、农产品产地、农产品生产、农产品销售、监督管理、法律责任和附则。

3.1.2 水产品相关法规

食品安全法规的法律效力层级低于食品安全法律，高于食品安全规章。行政法规由国务院制定，由国务院总理签署国务院令公布，主要形式有条例、办法、实施细则等。水产品相关的法规包括《中华人民共和国食品安全法实施条例》《中华人民共和国进出境动植物检疫法实施条例》《中华人民共和国渔业法实施细则》《水产资源繁殖保护条例》《中华人民共和国兽药管理条例》等。这些法规进一步细化了水产品质量安全的管理要求，为水产品的质量安全监管提供了更为具体的法律依据。

1.《中华人民共和国食品安全法实施条例》

《中华人民共和国食品安全法实施条例》作为行政法规，是对《中华人民共和国食品安全法》条款的细化，为解决中国食品安全问题奠定了良法善治的基石。该条例于 2009 年 7 月 20 日以中华人民共和国国务院令第 557 号公布，根据 2016 年 2 月 6 日《国务院关于修改部分行政法规的决定》修订，2019 年 3 月 26 日由国务院第 42 次常务会议修订通过，2019 年 10 月 11 日以中华人民共和国国务院令第 721 号公布，自 2019 年 12 月 1 日起施行。该条例共分为十章，分别为总则、食品安全风险监测和评估、食品安全标准、食品生产经营、食品检验、食品进出口、食品安全事故处置、监督管理、法律责任和附则。

2.《中华人民共和国进出境动植物检疫法实施条例》

《中华人民共和国进出境动植物检疫法实施条例》是对《中华人民共和国进出境动植物检疫法》条款的细化，于 1996 年 12 月 2 日以中华人民共和国国务院令第 206 号公布，自 1997 年 1 月 1 日起施行。

该条例共分十章，分别为总则，检疫审批，进境检疫，出境检疫，过境检疫，携带、邮寄物检疫，运输工具检疫，检疫监督，法律责任和附则。该条例明确了进出境动植物检疫范围；明确了国务院农业行政主管部门和国家动植物检疫机关管理进出境动植物检疫工作的职能；完善了检疫审批的规定；明确了进出境动植物检疫与口岸其他查验、运输部门和国内检疫部门协作、配合关系；强化了检疫监督制度；对保税区的进出境动植物及其产品的检疫做出了明确规定，要求动植物检疫机关认真履行职责，确保将国外危险性病虫害拒于国境之外；明确规定了动植物检疫机关在采样时必须出具凭单和按规定处理样品，对加强检疫队伍的业务建设和廉政建设提出了进一步的要求。

3.《中华人民共和国渔业法实施细则》

《中华人民共和国渔业法实施细则》共七章四十二条，该细则明确了渔业资源的权属、养殖与捕捞的规范、监督管理体制及资源保护措施。它规定了养殖业的合法经营程序，要求申请者需取得养殖使用证，并禁止在自然产卵场等重要区域开展养殖。同时，捕捞业实行严格的许可制度，限制捕捞方法，设立禁渔区和禁渔期，以保护渔业资源免受过度捕捞的威胁。此外，该细则还强调了渔业资源的增殖与保护，通过划定重点保护区域、限制特定捕捞方式等手段，确保渔业资源的可持续利用。这些规定共同构成了中国渔业管理的法律框架，为渔业的健康发展提供了有力保障。

4.《水产资源繁殖保护条例》

《水产资源繁殖保护条例》由国务院于 1979 年 2 月 10 日发布并于当日实施。为了繁殖保护水产资源，发展水产事业，以适应社会主义现代化建设的需要，特制定该条例。该条例共二十条，主要规定了应当重点加以保护的重要或名贵的水生动物和植物，及其相应的保护措施要求。

5.《中华人民共和国兽药管理条例》

《中华人民共和国兽药管理条例》于 2004 年 4 月 9 日中华人民共和国国务院令第 404 号公布，根据 2020 年 3 月 27 日《国务院关于修改和废止部分行政法规的决定》第三次修订。该条例共九章七十五条，分别为总则、新兽药研制、兽药生产、兽药经营、兽药进出口、兽药使用、兽药监督管理、法律责任和附则。

3.1.3 水产品相关部门规章

食品安全规章的法律效力层级低于食品安全法律和食品安全法规，是食品安全法律法规体系的重要组成部分。部门规章包括国务院各部门发布的命令，如部令、局令等。中国水产品安全监管相关的部门规章主要由农业农村部、市场监管部门、海关部门发布。

1.农业农村部相关

农业农村部关于水产品相关的部门规章主要包括但不限于以下几个方面。

（1）《水产苗种管理办法》（2001 年 12 月 10 日农业部令第 4 号公布，2005 年 1 月 5 日农业部令第 46 号修订）。该办法旨在保护和合理利用水产种质资源，加强水产品种选育和苗种生产、经营、进出口管理，提高水产苗种质量，维护水产苗种生产者、经营者和使用者的合法权益，促进水产养殖业持续健康发展。

办法所称水产苗种包括用于繁育、增养殖（栽培）生产和科研试验、观赏的水产动植物的亲本、稚体、幼体、受精卵、孢子及其遗传育种材料。办法规定，农业农村部负责全国水产种质资源和水产苗种管理工作，县级以上地方人民政府渔业行政主管部门负责本行政区域内的水产种质资源和水产苗种管理工作。国家有计划地搜集、整理、鉴定、保护、保存和合理利用水产种质资源，禁止任何单位和个人侵占和破坏。办法还规定了水产苗种生产、经营、进出口的条件和程序，以及生产许可证的核发和管理。

（2）《水产养殖质量安全管理规定》（2003年7月24日农业部令第31号公布）。该规定旨在提高养殖水产品质量安全水平，保护渔业生态环境，促进水产养殖业的健康发展。规定提出，水产养殖用水应当符合规定的水质标准，禁止将不符合水质标准的水源用于水产养殖，水产养殖生产应当符合国家有关养殖技术规范操作要求，使用的苗种应当符合国家或地方质量标准。使用渔用饲料和水产养殖用药应当符合相关管理规定，禁止使用假、劣兽药及农业农村部规定禁止使用的药品、其他化合物和生物制剂。水产养殖单位和个人应当填写《水产养殖生产记录》和《水产养殖用药记录》，并接受县级以上人民政府渔业行政主管部门组织的养殖水产品药物残留抽样检测。

以上规章及相应的措施共同构成了农业农村部对水产品相关领域的全面监管体系，旨在促进水产养殖业的健康、可持续发展。

2. 市场监管部门相关

水产品在市场监管领域相关的部门规章与食品行业通用的规章基本接近，主要有《食品生产许可管理办法》《食品经营许可和备案管理办法》《食品安全抽样检验管理办法》《食品召回管理办法》《企业落实食品安全主体责任监督管理规定》《食品安全标准管理办法》《食品生产经营监督检查管理办法》等。

3. 海关部门相关

海关部门涉及水产品的部门规章主要包括《中华人民共和国进口食品境外生产企业注册管理规定》《中华人民共和国进出口食品安全管理办法》《出口水产品原料养殖场备案管理办法》《进境水生动物检验检疫监督管理办法》等。此外，还包括海关总署与国外水产品主管部门签署的输华野生水产品或养殖水产品的检验检疫和兽医卫生要求议定书。

其中,《出口水产品原料养殖场备案管理办法》于 2024 年 3 月 4 日发布,2024 年 4 月 15 日起施行。该办法坚决贯彻国务院有关简政放权的要求,简化办理流程,优化备案要求,便利行政相对人办理备案,同时落实食品安全监管"四个最严"要求,强化主体责任,建立"有进有出"的备案管理制度。该办法涉及行政相对人办理备案、变更以及取消等相关事项的程序和要求,需要以公告形式对外明确。

《进境水生动物检验检疫监督管理办法》于 2016 年 9 月 1 日起施行,2018 年 11 月 23 日修正,规定了进境水生动物检验检疫监督管理方面的要求,包括检疫准入、境外检验检疫、进境检验检疫、过境和中转检验检疫、监督管理、法律责任等方面的要求。

3.1.4 规范性文件

规范性文件是指国家行政机关为实施法律、执行政策,在法定权限内制定的除行政法规和规章以外具有普遍约束力的决定、命令及行政措施等,其形式主要包括决定、公告、通告、通知、意见等。水产品相关的规范性文件有很多,如《关于公布进口冰鲜水产品指定监管场地名单的公告》(海关总署公告 2019 年第 114 号)、《关于进出口预包装食品标签检验监督管理有关事宜的公告》(海关总署公告 2019 年第 70 号)。

3.2 中国水产品标准体系

3.2.1 国家标准

《中华人民共和国食品安全法》规定,食品安全标准是强制执行的标准。食品安全标准是食品生产经营者必须遵循的最低要求,是食品能够合法生产、进入消费市场的门槛;其他非食品安全方面的食品标准是食品生产经营者自愿遵守的,可以为组织生产、提高产品品质提供指导,以增加产品的市场竞争力。食品安全标准体系包括食品安全国家标准、食品安全地方标准。其中,食品安全国家标准是中国食品安全标准体系的主体,中国食

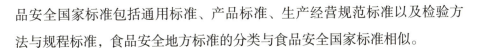

品安全国家标准包括通用标准、产品标准、生产经营规范标准以及检验方法与规程标准，食品安全地方标准的分类与食品安全国家标准相似。

1. 通用标准

通用标准也称基础标准，在食品安全国家标准体系中，食品安全通用标准涉及各个食品类别，覆盖各类食品安全危害因素，对具有一般性和普遍性的食品安全危害和控制措施进行了规定。因涉及的食品类别多、范围广，标准的通用性强，通用标准构成了标准体系的网底。

水产品相关的通用标准包括《食品安全国家标准　食品添加剂使用标准》（GB 2760）、《食品安全国家标准　预包装食品标签通则》（GB 7718）、《食品安全国家标准　预包装食品营养标签通则》（GB 28050）、《食品安全国家标准　食品中农药最大残留限量》（GB 2763）和《食品安全国家标准　食品中2，4-滴丁酸钠盐等112种农药最大残留限量》（GB 2763.1）、《食品安全国家标准　食品中兽药最大残留限量》（GB 31650）、《食品安全国家标准　食品中污染物限量》（GB 2762）、《食品安全国家标准　食品中真菌毒素限量》（GB 2761）、《食品安全国家标准　预包装食品中致病菌限量》（GB 29921）和《食品安全国家标准　散装即食食品中致病菌限量》（GB 31607）等。

2. 产品标准

产品标准主要包括相关术语和定义，产品分类，技术要求（感官指标、理化指标、污染物指标和微生物指标等），各种技术要求的检测方法、检验规则以及标签与标志、包装、贮存运输等方面的要求。

水产品相关的产品标准主要包括《食品安全国家标准　鲜、冻动物性水产品》（GB 2733）、《食品安全国家标准　动物性水产制品》（GB 10136）、《食品安全国家标准　干海参》（GB 31602）等。另外，水产罐头应符合《食品安全国家标准　罐头食品》（GB 7098）要求，水产调味品应符合《食品安全国家标准　水产调味品》（GB 10133）要求等。

3. 生产经营规范标准

生产经营规范标准包括《食品安全国家标准 食品生产通用卫生规范》（GB 14881）、《食品安全国家标准 食品经营过程卫生规范》（GB 31621）等通用卫生规范，以及产品专项规范和危害因素控制规范。主要内容包括厂房的设计与设施的卫生要求、机构与人员要求、卫生管理要求、生产过程管理以及产品的追溯和召回要求等。生产经营规范标准为规范生产经营行为提供依据，体现了中国食品安全工作的"过程控制"原则。

水产品相关的生产经营规范标准是《食品安全国家标准 水产制品生产卫生规范》（GB 20941），该标准规定了水产制品生产过程中原料采购、验收、加工、包装、贮存和运输等环节的场所、设施、人员的基本要求和管理准则。

水产罐头的生产应符合《食品安全国家标准 罐头食品生产卫生规范》（GB 8950）要求，该标准规定了罐头食品生产过程中原料采购、加工、包装、贮存和运输等环节的场所、设施、人员的基本要求和管理准则，适用于罐头食品的生产。另外，其他水产相关产品的生产符合其对应的生产卫生规范。

4. 检验方法与规程标准

检验方法与规程标准规定了理化检验、微生物学检验和毒理学检验规程的内容。其中，理化检验方法和微生物学检验方法主要与通用标准、产品标准的各项指标相配套，服务于食品安全监管和食品生产经营者的管理需要。检验方法与规程标准一般包括各项限量指标检验所使用的方法及其基本原理、仪器和设备以及相应的规格要求、操作步骤、结果判定和报告内容等方面。

水产品相关的检验方法与规程标准包括《食品安全国家标准 水产品中西加毒素的测定》（GB 5009.274）、《食品安全国家标准 水产品中甲苯咪唑及代谢物残留量的测定 高效液相色谱法》（GB 31656.1）、《食品安全国家标准 动物性水产品及其制品中颚口线虫的检验》（GB 31610.1）等。

3.2.2 行业标准

中国水产品行业标准的制定与发布主要由全国水产标准化技术委员会及其下属的水产品加工分技术委员会（SAC TC156/SC3）负责，秘书处设在中国水产科学研究院。该委员会自20世纪80年代成立以来，不断推动中国水产品加工标准化工作的深入发展，确保标准的科学性和权威性。

中国水产品加工标准的制定工作起步于20世纪70年代，至今已历经数十年发展，标准体系逐步完善，涵盖了基础标准、检测方法、操作规范等多个方面，形成了多层次、多学科交叉的标准体系架构。特别是近年来，随着国际贸易的拓展和消费者对水产品品质要求的提高，水产品加工标准化工作更是进入了一个崭新的历史阶段。

在主要规定内容方面，水产品行业标准（SC/T）对水产品加工企业的基本条件、加工卫生控制要点、危害分析与关键控制点（HACCP）等方面进行了详细规定。同时，还涉及水产品加工过程中的质量控制、产品标签、包装、运输等多个方面，旨在确保水产品的安全性和品质。这些标准不仅为水产品加工企业提供了技术依据，也为监管部门提供了执法依据，为中国水产品行业的健康发展提供了有力保障。未来，随着技术的不断进步和市场的不断变化，水产品行业标准还将继续完善和优化。

3.2.3 团体标准、企业标准等

水产品相关的团体标准和企业标准在保障水产品质量安全、规范行业发展中发挥着重要作用。以下是对水产品相关团体标准和企业标准的综述。

1. 团体标准

团体标准是由行业协会、学会、商会等社会团体组织制定的标准，具有一定的行业影响力和约束力。在水产品领域，团体标准主要用于规范水产品的生产、加工、销售等环节，提高水产品的质量和安全性。

（1）典型团体标准示例

《鲜活水产品购销要求》由中国水产流通与加工协会和中国连锁经营协

会联合发布，自 2022 年 5 月 20 日起实施。该标准明确了鲜活水产品的定义，规定了鲜活水产品采购、进货查验、收货、售卖、宰杀与配送及消费者投诉等全流程的食品安全和质量要求。该标准对不同类型的供应商制定了更具体的管理要求，如生产型供应商需进行养殖基地检查，而经销型供应商则需实施严格的进货查验和可追溯管理。

（2）团体标准的特点

团体标准的特点：一是具有灵活性，能够根据行业特点和市场需求进行灵活制定，及时反映行业发展的最新动态；二是具有创新性，可以鼓励技术创新和模式创新，为行业发展提供新的动力。

2. 企业标准

企业标准是企业根据自身特点和市场需求制定的标准，是企业内部质量控制的重要依据。在水产品领域，企业标准主要用于规范企业自身的生产、加工、销售等环节，确保水产品的质量和安全性。

（1）典型企业标准示例

《干制水产品》（Q/YBD 0001S—2019）由烟台市邦大海珍品有限公司制定并实施。该标准规定了系列干制水产品的技术要求、生产加工过程卫生要求、检验方法、检验规则、标签、标志、包装、运输与贮存。该标准适用于以鱼类、头足类、虾蟹类、贝类、食用藻类等风味干制品经原料挑选、包装、检验、入库等工艺制成的干制水产品。

（2）企业标准的特点

企业标准的特点：一是针对企业自身特点和市场需求进行制定，因此具有较强的针对性和实用性；二是企业标准由企业自主制定并实施，体现了企业的自主权和创新能力。水产品企业标准是企业内部质量控制的重要依据，能够确保水产品的质量和安全性。

水产品相关的团体标准和企业标准在保障水产品质量安全、规范行业发展中发挥着重要作用，是强制性标准的有益补充。团体标准通过灵活性和创新性推动行业规范发展，而企业标准则通过针对性和自主性确保水产品的质量和安全性。两者相辅相成，共同促进水产品行业的健康发展。未来，随着消费者对水产品质量和安全性的要求不断提高，水产品相关的团体标准和企业标准也将不断完善和更新，以更好地满足市场需求和行业发展需要。

3.3 中国水产品官方监管体系

3.3.1 农业农村部门

农业农村部是国务院正部级组成部门，设有 27 个内设机构，负责水产品监管的机构主要是渔业渔政管理局等。

渔业渔政管理局负责起草渔业发展政策、规划；保护和合理开发利用渔业资源，指导水产健康养殖和水产品加工流通，组织水生动植物病害防控；承担重大涉外渔事纠纷处理工作；按分工维护国家海洋和淡水管辖水域渔业权益；组织渔业水域生态环境及水生野生动植物保护；监督执行国际渔业条约，监督管理远洋渔业和渔政渔港；指导渔业安全生产。

其下属机构包括：综合处、行业发展处、科技与市场加工处、养殖处、渔船管理处、远洋渔业处、资源环保处（水生野生动植物保护处）、国际合作处、渔政处、安全应急与渔港管理处。

在渔业资源管理、水产养殖管理、兽药残留监控、水产动物疫病管理、水产饲料监管方面，农业农村部及相关机构开展了一系列主要工作和项目。

1. 渔业资源管理

资源保护：实施增殖放流、建立水生生物保护区等措施，保护和恢复渔业资源。同时，加强渔业资源监测与评估工作，确保资源的可持续利用。

捕捞管理：制定并执行渔业捕捞许可制度，严格控制捕捞强度，防止过度捕捞导致资源枯竭。同时，加强对非法捕捞行为的打击力度，维护渔业秩序。

休渔制度：在特定时期实施休渔制度，给鱼类等水生生物提供繁殖和生长的时间，促进资源恢复。

2. 水产养殖管理

绿色健康养殖：推广绿色健康养殖模式和技术，如生态养殖、循环水养殖等，减少养殖过程中的环境污染和资源浪费。

标准化改造：对传统养殖池塘进行标准化改造升级，提高养殖设施的现代化水平和养殖效率。

种业振兴：加强水产种业管理和发展，推动良种繁育与推广工作，提高养殖品种的遗传品质和抗逆性。

3. 兽药残留监控

制定并实施监控计划：农业农村部组织制定了《2024年国家产地水产品兽药残留监控计划》，重点监测31个省、自治区、直辖市以及4个计划单列市和新疆生产建设兵团的产地水产品兽药残留状况。

抽检与检测：各级农业农村部门负责组织实施本辖区内的兽药残留监控工作，包括样品的抽取、检测及结果报送等。抽检对象涵盖多种养殖水产品，检测指标涉及多种兽药残留物。

结果应用与处罚：根据检测结果，依法对违法用药案件进行调查和处罚，对不合格水产品进行无害化处理或监督销毁。同时，加强对相关养殖主体的指导和培训，提高其对兽药残留问题的认识和防控能力。

技术支持与指导：中国水产科学研究院等科研机构为兽药残留监控工作提供技术支持与指导，包括检测方法、判定标准等方面的技术支持。

4. 水产动物疫病管理

制定并实施监测计划：农业农村部制定了《2024年国家水生动物疫病监测计划》，重点监测多种水生动物疫病，包括鲤春病毒血症、白斑综合征等。计划明确了监测范围、监测对象、监测方法及结果报送等要求。

风险评估与预警：各级水生动物疫病预防控制机构负责开展水生动物疫病风险评估和预警工作，及时掌握疫病发生动态和流行趋势，为制定防控措施提供科学依据。

应急处置：一旦发现疫情，相关部门将迅速启动应急预案，采取隔离、扑杀、无害化处理等措施，防止疫情扩散蔓延。

技术培训与推广：通过组织培训班、发放宣传资料等方式，提高养殖人员的水生动物疫病防控意识和能力。

5. 水产饲料监管

质量安全监管：制定并执行水产饲料质量安全监管制度，规范饲料生产、经营和使用行为。通过抽检、检测等方式确保饲料产品的安全性和合规性。

非法添加打击：严厉打击在饲料中非法添加禁用物质的行为，保障水产品的质量安全。

技术培训与推广：加强对养殖人员的饲料使用技术培训与推广工作，提高其科学使用饲料的能力和水平。

综上所述，中国农业农村部门及相关机构在渔业资源管理、水产养殖管理、兽药残留监控、水产动物疫病管理和水产饲料监管方面开展了全面而深入的工作和项目，为保障水产品的质量安全与渔业的可持续发展做出了积极贡献。

3.3.2 市场监管部门

国家市场监督管理总局是国务院正部级直属机构，负责食品安全监督管理等。内设机构中与食品安全监督管理工作相关的主要包括食品安全协调司、食品生产经营安全监督管理司、特殊食品安全监督管理司、食品安全抽检监测司、网络交易监督管理司、广告监督管理司等。

食品安全协调司主要职责包括：拟订推进食品安全战略的重大政策措施并组织实施；承担统筹协调食品全过程监管中的重大问题，推动健全食品安全跨地区跨部门协调联动机制工作；承办国务院食品安全委员会日常工作。

食品生产经营安全监督管理司主要职责包括：分析掌握生产、流通领域食品安全形势，拟订食品生产、流通监督管理和食品生产经营者落实主体责任的制度措施，组织实施并指导开展监督检查工作；组织食盐生产经营质量安全监督管理工作；组织查处相关重大违法行为；指导企业建立健全食品安全可追溯体系。

食品安全抽检监测司主要职责包括：拟订全国食品安全监督抽检计划并组织实施，定期公布相关信息；督促指导不合格食品核查、处置、召回；组织开展食品安全评价性抽检、风险预警和风险交流；参与制定食品安全标准、食品安全风险监测计划，承担风险监测工作，组织排查风险隐患。

3.3.3 海关总署

2018 年机构改革后，海关总署成为进出口食品安全的主要监管机构。海关总署以风险管理为主线，加快建立风险信息集聚、统一分析研判和集中指挥处置的风险管理防控机制，监管范围从口岸通关环节向出入境全链条、宽领域拓展延伸，监管方式从分别作业向整体集约转变，进一步提高监管的智能化和精准度，以保护消费者的健康和利益，促进中国食品进出口贸易的发展。

海关总署设有综合业务司、风险管理司、进出口食品安全局、动植物检疫司、企业管理和稽查司、商品检验司、口岸监管司、统计分析司等机构，各司局分工协作，确保进出口食品安全。

进出口食品安全局主要工作职责包括：拟订进出口食品、化妆品安全和检验检疫的工作制度，依法承担进口食品企业备案注册和进口食品、化妆品的检验检疫、监督管理工作，按分工组织实施风险分析和紧急预防措施工作，依据多双边协议承担出口食品相关工作。

动植物检疫司主要工作职责包括：拟订出入境动植物及其产品检验检疫的工作制度，承担出入境动植物及其产品的检验检疫、监督管理工作，按分工组织实施风险分析和紧急预防措施，承担出入境转基因生物及其产品、生物物种资源的检验检疫工作。

企业管理和稽查司主要工作职责包括：拟订海关信用管理制度并组织实施，拟订加工贸易等保税业务的管理制度并组织实施，拟订海关稽查及贸易调查、市场调查等制度并组织实施，承担货物"出口申报前监管""进口放行后检查"等工作任务。

口岸监管司主要工作职责包括：拟订进出境运输工具、货物、物品、动植物、食品、化妆品和人员的海关检查、检验、检疫工作制度并组织实施，拟订物流监控、监管作业场所及经营人管理的工作制度并组织实施，拟订进出境邮件快件、暂准进出境货物、进出境展览品等监管制度并组织实施；承担国家禁止或限制进出境货物、物品的监管工作，承担海关管理环节的反恐、维稳、防扩散、出口管制等工作，承担进口固体废物、进出口易制毒化学品等口岸管理工作。

3.3.4 其他

此外，自然资源部工作人员在渔业资源管理中担负着重要的职责和工作内容。他们负责监督和管理国内渔业资源的合理利用，保护海洋生态环境，促进渔业可持续发展。他们以资源调查和评估为基础，制定政策法规，推动资源的更新与保护，加强渔政监管和执法，积极参与国际合作与交流，进行舆情管理和宣传教育等工作，为保护海洋生态环境和促进渔业可持续发展做出了积极贡献。

3.4　中国水产品相关社会组织

3.4.1 中国水产学会

中国水产学会（China Society of Fisheries，CSF）成立于 1963 年 12 月，是由水产及与水产有关的科技工作者自愿结成的全国学术性社会团体。登记管理机关是民政部，业务主管单位是中国科学技术协会，支撑单位是农业农村部。根据 1999 年中国科学技术协会和农业部签订的《关于对中国农学会等农业科教全国性社团加强管理的意见》规定，中国科学技术协会负责该学会的业务指导，农业部（现"农业农村部"）负责该学会的人、财、物管理。办事机构参照国家对事业单位的管理办法执行，接受农业部党组（现"农业农村部党组"）领导。2016 年 11 月起，该学会与全国水产技术推广总站合署办公。

该学会业务范围主要是围绕水产及水产有关科技领域开展学术交流、科技合作、水产品知识科普、科技工作者联系，参与国家政策制定、科技成果及专业技术人员水平评价、继续教育培训和国际学术交流等方面的工作。

3.4.2 中国水产流通与加工协会

中国水产流通与加工协会是由从事水产品生产、加工、运输和贸易的企业和个体工商户，以及从事水产科研、教学等其他为水产加工与流通业服务的企（事）业单位和社会团体等，自愿联合组成的全国性的非营利性社团组织。

中国水产流通与加工协会成立于 1994 年，是农业农村部所属的国家级水产行业协会，具有独立法人资格。服务于从事水产品养殖、生产、加工、运输、贸易和餐饮的企业，以及从事水产科研等其他为水产流通与加工业服务的企（事）业单位和社会团体等，协调行业内各方面关系，组织行业活动。协会的宗旨是积极向政府主管部门反映会员的愿望和要求，团结全体会员，指导会员执行国家的法律、法规和政策，为会员提供技术咨询和信息服务，共同促进中国水产流通与加工技术和管理水平的提高，规范和繁荣水产品市场，不断提高全行业的经济效益和社会效益。

3.4.3 中国渔业协会

中国渔业协会是经民政部批准注册登记的全国性渔业行业社团组织，是渔业生产、经营、加工、机械制造及相关企事业单位和地方社团自愿组成的非营利性的全国性社团组织，具有独立法人资格。协会现有 3000 余家会员单位，以渔业产业内具有代表性的大中型企业为核心。

协会的宗旨是遵守宪法、法律、法规和国家政策，遵守社会道德风尚，协助政府搞好行业管理，规范行业行为，协调会员间的关系，向政府反映会员的意见和要求，维护会员的合法权益；沟通渔业生产与科研、教学、推广部门的密切联系，为会员提供经营管理和渔业技术的培训和咨询，并提供渔业信息服务，协助执行政府间的渔业协定，发展同各国（地区）渔业界的民间友好往来、科学技术交流和经济技术合作，为推进中国渔业的持续发展服务。

3.4.4 中国出入境检验检疫协会

中国出入境检验检疫协会（China Entry-Exit Inspection and Quarantine Association，CIQA）是经中华人民共和国民政部批准成立，由全国从事出入境检验检疫的企、事业单位和有关社团组织及人士自愿组成，具有独立的社团法人资格，按其章程开展活动的非营利性的全国性社会团体。该协会受海关总署和国家市场监督管理总局的业务指导。

协会的宗旨是团结国内外致力于中国出入境检验检疫事业的企事业单位、社会团体及社会各界热心于中国检验检疫事业发展的人士，遵守国家宪法、法律、法规和国家政策，遵守社会道德风尚。在业务指导单位的指导下，发挥政府和会员之间的纽带和桥梁作用，努力保护出入境人员健康和工农业生产安全，促进进出口商品质量的提高，更好地为国家对外开放经济发展服务。

3.5 水产品认证要求

中国食品安全法律法规和监管机构鼓励水产品生产企业通过各类认证来提升食品安全管理水平，提高产品安全和品质。例如，《中华人民共和国食品安全法》第四十八条规定，国家鼓励食品生产经营企业符合良好生产规范要求，实施危害分析与关键控制点体系，提高食品安全管理水平。《中华人民共和国认证认可条例》第十六条规定，国家根据经济和社会发展的需要，推行产品、服务、管理体系认证。

随着全球对食品安全、环境保护和可持续发展越来越重视，水产行业的认证体系变得尤为重要。这些认证涵盖了捕捞、养殖、加工和市场流通等各个环节，为消费者提供更为透明可信的产品选择，也为全球各国水产企业进入高端市场、提升竞争力、增强消费者信任提供了坚实保障。

目前，水产品行业的认证主要有 ISO9001 质量管理体系认证、ISO22000 食品安全管理体系认证、MSC 认证、良好农业规范认证、BRC 认证、ASC 认证、BAP 认证等。

3.5.1 ISO9001 质量管理体系认证

ISO9001 质量管理体系认证（以下简称 ISO9001 认证）是一种质量管理体系认证，旨在协助企业建立和维护符合国际标准的质量管理体系。ISO9001 认证的核心是基于 ISO9001 标准，该标准由国际标准化组织（ISO）制定，并被广泛应用于全球各个行业和组织。

1. 认证介绍

ISO9001 标准最早于 1987 年发布，其目的是通过规范企业的质量管理体系，提高产品和服务的质量，并增强客户满意度。随着全球贸易和市场竞争的加剧，质量管理成为企业取得成功和持续发展的重要因素之一。

ISO9001 认证提供了一套系统化的方法，协助企业确保质量管理的一致性和有效性。ISO9001 认证的主要目标是协助企业建立一套完善的质量管理体系，其涵盖了质量管理的各个方面，包括企业的质量政策、质量目标的设定、资源的管理、过程的控制、产品的开发与交付、客户满意度的评估等。

通过认证，企业可以确保其质量管理体系符合 ISO9001 标准的要求，并通过不断改进和持续发展来提高质量管理的效能。ISO9001 认证是一种全球通用的质量管理体系认证，使各个国家和行业的企业能够以相同的标准来评估和认证其质量管理体系。

2. 认证意义

ISO9001 认证不仅协助企业提高质量管理的水平，还有助于提升企业的信誉度和竞争力，为客户提供高质量的产品和服务。

ISO9001 认证是许多招标和投标项目的基本要求之一。拥有 ISO9001 认证，可以提高企业在招标和投标中的竞争力，获得更多的商业机会和项目机会。

ISO9001 认证要求企业建立和维护质量管理体系，严格的质量控制和监测能够提高产品质量和服务水平，有助于满足客户的期望，提升客户满意度，同时减少质量问题和客户投诉。

ISO9001 认证是国际通用的质量管理体系认证，具有国际认可度。通过获得 ISO9001 认证，企业能够树立良好的品牌形象，提高市场竞争力。许多国内外客户更愿意选择获得 ISO9001 认证的供应商和合作伙伴。

ISO9001 认证要求企业建立客户导向的质量管理体系，确保产品和服务能够满足客户的需求和期望。通过有效的质量管理，企业能够提供高品质的产品和优质的服务，增强客户的信任感和忠诚度。

ISO9001 认证要求企业进行持续改进，优化流程和资源利用。通过分析和改进现有的业务流程，企业可以提高生产效率、降低成本，并更好地满足市场需求，从而提升企业的竞争力和盈利能力。

3.5.2 ISO22000 食品安全管理体系认证

ISO22000 食品安全管理体系认证（以下简称 ISO22000 认证）是由国际标准化组织制定的一套全球认可的食品安全管理标准。该认证旨在确保食品的安全性和可靠性，通过系统化的方法预防食品安全风险。

1. 认证目的和意义

ISO22000 认证的主要目的是确保食品的安全性，提高食品质量，守护消费者的健康。通过遵守 ISO22000 标准，食品企业可以建立一个完善的食品安全管理体系，有效地控制食品生产过程中的风险，减少食品安全事故的发生，提高企业的信誉和竞争力。

2. 认证流程

认证流程包括提交认证申请、材料评审、现场审核、认证决定和证书颁发等步骤。

3. 适用企业和行业

ISO22000 认证适用于食品链中各种规模和复杂程度的所有组织，包括饲料生产者、动物食品生产者、野生植物采集和动物捕获者、农业生产者、配料生产者、食品生产制造者、零售商和提供食品服务的企业等。

4. 认证的价值

获得 ISO22000 认证，可以提升企业组织形象和信誉度，增强市场竞争力，扩大市场份额，开拓新的商机。此外，获得 ISO22000 认证，还有助于企业满足法律法规要求，避免食品安全事故和不良产品或服务给企业带来的法律风险。

5. 认证条件

申请 ISO22000 认证的企业需要满足一定的条件，包括：取得国家、地方市场监督管理部门或有关机构注册登记的法人资格；取得相关法规规定的行政许可；未列入严重违法失信名单；生产、加工及经营的产品或提供的服务符合相关法律法规、标准和规范的要求；按照《食品安全管理体系认证实施规则》规定的认证依据，建立和实施食品安全管理体系，且有效运行 3 个月以上；一年内未发生违反相关法律法规的食品安全事故，三年内未因食品安全事故、违反国家食品安全管理相关法规或虚报、瞒报获证所需信息，而被认证机构撤销认证证书。

3.5.3 MSC 认证

海洋管理委员会（Marine Stewardship Council，MSC）是一个国际非营利

组织，其宗旨是推动可持续渔业的发展以保障现在和未来的海产品供应。其愿景是让全世界的海洋在今天、明天以及未来的世世代代都充满生机。MSC通过可持续渔业的认证和生态标签项目，助力打造一个更加可持续的海产品市场。

1.MSC成立背景与目标

MSC由联合利华和世界自然基金会于1996年共同发起筹建，并于1999年独立，2000年正式成立。其主要目标是保护世界未来的渔业供应，鼓励可持续发展的水产业，并与各利益相关方（包括水产捕捞者、零售商、消费者及资源保护者）合作。

2.MSC认证标准与标志

MSC认证基于联合国粮农组织《负责任渔业行为守则》，与全球专家和组织协商制定标准。

经MSC认证的产品在销售时可以使用MSC标志，表明其来源于符合MSC的环境标准、良好管理和可持续捕捞的海域。

3.认证流程

企业若想要获得MSC认证，需先确保使用的原料已获得MSC认证。

企业需建立追溯、标识和隔离体系，确保从原料接收、储存、加工到成品发运的每个环节都符合MSC标准。

企业需提交申请，包括原料来源和企业信息，并与认证机构商定审核时间。

4.认证范围与扩展

认证范围可能包括特定的产品、场所或新种类，认证机构将评估管理体系的适用性，并在必要时进行现场审核。

认证有效期通常为3年，每年需进行一次年度评审。

5.MSC监管链认证

MSC监管链认证关注供应链的每个环节，从捕捞船到最终消费者，确保整个供应链的透明和可追溯。

通过 MSC 认证，企业能确保其操作符合全球可持续发展的标准，提升其产品的市场信誉，从而增强消费者的信任和市场竞争优势。

3.5.4 良好农业规范认证

1. 良好农业规范认证的概念

良好农业规范（GAP）认证是一套针对初级农产品安全控制的国家自愿性产品认证业务，以关注食品安全、环境保护和农业可持续发展、动物福利及员工健康安全为基本原则。

原国家认证认可监督管理委员会自 2004 年起组织有关方面的专家已制定并由国家标准委员会发布了 24 项 GAP 国家标准，内容涵盖种植、畜禽养殖、水产养殖。原国家认证认可监督管理委员会还发布了《良好农业规范认证实施规则》，建立了中国统一的 GAP 认证体系。

为促进中国农产品出口，原国家认证认可监督管理委员会从 2005 年起与全球良好农业规范组织进行了协调，分别于 2005 年、2006 年签署了技术合作和基准性比较（互认）备忘录，就标准制定和互认方面开展实质性合作。经过两年多的努力，中国 GAP 与 GLOBALGAP（全球良好农业规范）已就相互一致性、有效性方面完成了法规、标准文件评估、现场见证、同行评审的评价过程，最后成功完成了互认工作。

中国 GAP 认证制度的建立，充分发挥了认证认可的基础作用，填补了中国在农产品生产领域中 GAP 的空白，对推进农业现代化和社会主义新农村建设，改善中国目前农产品生产现状，促进中国农业的可持续发展，增强消费者信心，提高企业农产品安全质量管理自控能力有着重要意义。GAP认证的国际互认工作将帮助出口企业跨越国外技术壁垒，有效提高中国农产品的国际竞争力，促进中国农产品的出口。

2.GAP 认证的益处

GAP 认证有助于提高初级农产品质量安全水平，促进农业可持续发展和环境保护，保障员工职业健康安全；节约和可持续发展；促进农产品突破技术壁垒和出口；提高农场管理水平和产品市场竞争力，树立品牌形象；良好农业规范认证证书受到监管、零售商、消费者的采信；作为 GLOBALGAP 授权的认证机构，可开展"一评双证"，将降低企业进入国际市场的贸易壁垒。

3.GAP 认证的对象及范围

GAP 认证要面向初级农产品生产组织，具体包含农业生产合作社、家庭农场或者建立自有生产基地或者合作生产基地的食品加工厂等。中国 GAP 的认证范围共分 4 个大类，分别是种植类、畜禽类、水产类和蜜蜂类。其中，种植类包括大田作物、水果和蔬菜、茶叶、花卉和烟草 4 个模块；畜禽类包括猪、家禽、牛羊和奶牛 4 个模块；水产类根据养殖模式分为工厂化养殖、网箱养殖、围栏养殖和池塘养殖 4 个模块；蜜蜂类不分模块，认证产品包括蜂蜜、蜂胶和蜂王浆等。

3.5.5 BRC 认证

BRC 认证是英国零售商协会（British Retail Consortium，BRC）认证。BRC 是一个重要的国际性贸易协会，其成员包括大型的跨国连锁零售企业、百货商场、城镇店铺、网络卖场等各类零售商，产品涉及种类非常广泛。1998 年，英国零售商协会应行业需要，制定了 BRC 食品技术标准（BRC Food Technical Standard），用以对零售商自有品牌食品的制造商进行评估。该标准发布不久，即引起食品行业及其他组织的关注，目前已经成为食品行业良好生产规范（GMP）的样本，该标准在英国乃至其他国家的广泛应用使其发展成为一个国际性标准。不仅食品企业需要做 BRC 认证，消费品企业和食品包装企业也需要做 BRC 认证。BRC 认证在全世界的接受度很高，在 130 多个国家有 28000 多家企业通过了 BRC 认证。目前，英国和北欧国家的大部分零售商只接受通过 BRC 认证的企业作为其供货商。

1.BRC 认证申请流程

申请：客户选择有资质的认证公司，并提交申请，提供必要信息。

报价与协议：认证公司接到申请后，即开始评估客户工厂信息，起草计划书向客户报价，双方进行协议。

预审核：预审核是正式审核的模拟与简化，有助于企业进一步完善体系。预审核要根据实际情况确定是否开展，预审核需要收取一定费用。

首次现场审核：认证机构将在审核准备就绪后，与客户协调首次现场审核的时间安排；纠正措施的验证、跟踪。

注册发证：在所有不符合项均得到纠正并经认证机构认可后，给客户颁发按对应标准 BRC 注册的认可的证书。

换证复审：在客户 BRC 认证有效期满后，如客户希望继续维持认证，认证机构将安排审核组队客户整个 BRC 体系进行全面复审。

2.BRC 认证产品范围

BRC 认证产品有五个方面：食品、消费品、食品包装材料、储存和分配、非转基因食品。

3.BRC 认证的好处

获得英国零售商和全球食品行业的广泛认可；改善企业食品安全和食品安全管理体系；提高企业客户 / 消费者对产品安全和质量的信心；减少供应商的审核次数。

目前，英国大多数大型零售商只选择通过 BRC 全球标准认证的企业作为供货商。大多数零售商会要求制造商提供 BRC 认证证书，并满足其零售客户的法律和质量要求。

3.5.6 ASC 认证

1.ASC 认证基本情况

水产养殖管理委员会（Aquaculture Stewardship Council，ASC），是一家独立的国际机构，运营并管理负责任水产养殖领域的最科学严谨的国际认证及标识体系。 ASC 的宗旨是在全球范围内推动传统水产养殖业的可持续发展。ASC 认证标准涵盖 9 大品种：双壳类（牡蛎、贻贝、蛤蚌和扇贝）、鲍鱼、巴沙鱼、三文鱼、虾类、罗非鱼、鳟鱼、军曹鱼和黄尾鲕、海鲈和海鲷鱼类。所有 ASC 认证信息将在 ASC 官方网站进行公开，所有人均可进行查询，中国也已经有双壳类等水产企业取得认证资格。

2.ASC 认证的基本要求

ASC 认证的负责任水产品，遵守最严格的环境和社会责任标准。购买带有 ASC 标识的产品，可以保证所购买的产品来自 ASC 认证的负责任养殖场。ASC 的产销监管链认证，确保 ASC 认证的产品可以在每一个环节都能追溯到通过认证的养殖场。

ASC 认证是进入欧美海鲜市场的必要门槛之一，同时在国内诸如宜家、麦德龙、永旺株式会社等零售超市专柜，以及希尔顿、凯悦等国际连锁酒店，ASC 认证也是水产品入驻的必要门槛。

ASC 标准提出了良好操作的 7 大原则，帮助保护社区和环境，并努力确保水产养殖业的持续性：①合法性（遵守法律法规、合法经营），②自然环境和生物多样性保护，③水资源保护，④物种和野生种群多样性的保护（例如，避免逃逸对野生鱼类造成的威胁），⑤动物饲料和其他资源的合理使用，⑥动物健康（杜绝不必要使用抗生素和化学品情况），⑦社会责任（例如，不雇用童工、工人的健康和安全、集会自由、社区关系）。

3.ASC 认证和 MSC 认证的区别

ASC 是指水产养殖管理委员会，MSC 是指海洋管理委员会，前者认证的水产品是养殖的，后者认证的水产品是野生的，两种认证都代表对产品品质的高度认可。

3.5.7 BAP 认证介绍

BAP 认证，全称为 Best Aquaculture Practices（最佳水产养殖规范），是一个国际认可的第三方水产品专项认证项目。它由全球水产品联盟（GSA）创立，旨在通过建立全面的生产标准，确保水产养殖的食品安全、环境保护、社会责任、动物健康福利及产品可追溯性。

1.BAP 认证的标准和范围

BAP 认证涵盖了从养殖到餐桌的全产业链，包括苗种生产、养成、加工、流通等各个环节。认证标准包括食品安全、环境可持续、社会责任、动物健康与福利以及产品的全程可追溯性。

2.BAP 认证的对象

BAP 认证适用于多种水生动物的加工厂、养殖场、育苗场及饲料厂。这些对象涵盖了从养殖到加工的整个生产链，确保产品的质量和安全。

3.BAP 认证的益处

①提升市场信任度：通过 BAP 认证的产品，消费者可以更信赖其质量和安全性。

②增强竞争力：BAP 认证帮助企业在市场中建立竞争优势，尤其是在面对日益严格的消费者需求和市场标准时。

③符合法规要求：许多国家和地区要求或推荐使用 BAP 认证，以确保产品符合当地的食品安全和环境标准。

4.BAP 认证的星级系统

BAP 认证采用星级系统，不同星级代表不同的生产标准和质量。例如，BAP 1 星级认证表示加工厂通过了 BAP 认证，而 BAP 4 星级认证表示整个养殖链（包括养殖场、育苗场、饲料厂和加工厂）都通过了 BAP 认证。

5.BAP 认证的应用场景

BAP 认证不仅适用于水产品，还适用于其他涉及水生动物的食品，如海鲜和海洋产品。此外，BAP 认证也适用于那些计划走品牌路线的水产养殖和加工企业，帮助其规范食品安全管理体系，提升品牌价值。

第四章

Chapter 4

中国进出口水产品技术性贸易措施及监管体系

4.1 中国进出口水产品监管体系概述

经过数十年的发展，中国水产品的进出口现代化治理体系经历了从无到有、从不完善到完善的发展过程，逐步建立了完备、有效的进出口水产品安全监管法律法规体系，有力保障了人民群众"舌尖上的安全"。与中国水产品食品安全监管法规体系相同，中国进出口水产品的法律法规体系也分为四个层次，分别为法律、法规、规章和规范性文件。

中国涉及水产品安全的法律主要有：《中华人民共和国食品安全法》《中华人民共和国进出境动植物检疫法》《中华人民共和国行政许可法》《中华人民共和国进出口商品检验法》《中华人民共和国农产品质量安全法》《中华人民共和国海关法》《中华人民共和国国境卫生检疫法》等。

中国涉及进出口水产品安全的法规主要有：《中华人民共和国食品安全法实施条例》《中华人民共和国进出境动植物检疫法实施条例》《中华人民共和国进出口商品检验法实施条例》《中华人民共和国国境卫生检疫法实施

细则》等。

中国涉及进出口水产品安全的规章主要有:《国务院关于加强食品等产品安全监督管理的特别规定》（国务院 503 号令）、《国务院关于加强食品安全工作的决定》（国发〔2012〕20 号）、《中华人民共和国进口食品境外生产企业注册管理规定》（海关总署令第 248 号）、《中华人民共和国进出口食品安全管理办法》（海关总署令第 249 号）、《进境动植物检疫审批管理办法》（海关总署令第 240 号）、《进出口商品复验办法》（原质检总局令第 77 号）、《出入境检验检疫风险预警及快速反应管理规定》（原质检总局令第 1 号）等。

中国涉及进出口水产品安全的规范性文件主要有:《关于进一步加强从日本进口食品农产品检验检疫监管的公告》（原质检总局公告 2011 年第 44 号）、《关于发布〈进口食品进出口商备案管理规定〉及〈食品进口记录和销售记录管理规定〉的公告》（原质检总局公告 2012 年第 55 号）、《关于检验检疫单证电子化的公告》（海关总署公告 2018 年第 90 号）、《关于我国输美鲶形目鱼类产品有关要求的公告》（海关总署公告 2019 年第 230 号）、《关于公布进口冰鲜水产品指定监管场地名单的公告》（海关总署公告 2019 年第 114 号）、《关于进出口预包装食品标签检验监督管理有关事宜的公告》（海关总署公告 2019 年第 70 号）、《关于修订〈中华人民共和国进境动物检疫疫病名录〉的公告》（农业农村部、海关总署公告 2020 年第 256 号）、《关于〈中华人民共和国进口食品境外生产企业注册管理规定〉和〈中华人民共和国进出口食品安全管理办法〉实施相关事宜的公告》（海关总署公告 2021 年第 103 号）、《关于发布〈出口食品生产企业申请境外注册管理办法〉的公告》（海关总署公告 2021 年第 87 号）、《食品动物中禁止使用的药品及其他化合物清单》（农业农村部公告 2019 年第 250 号）等。

4.2 进口水产品监管要求

进口水产品监管方面，中国已经建立了一套从境外到境内、基于风险分析、符合国际惯例的进口水产品质量安全保证体系，包括产品准入、企业注册、检疫审批、合格评定、不合格处理等多项制度要求。

4.2.1 产品准入

中国对进口水产品实施准入管理。海关总署对境外国家（地区）的食品安全管理体系和食品安全状况开展评估和审查后，确定该国家（地区）获得准入的水产品名单，并以"符合评估审查要求及有传统贸易的国家或地区输华食品目录"—"水产品"子目录的形式在海关总署网站上公布。海关总署对该目录进行动态更新。进口水产品需符合中国准入要求，其原料来源和进行生产加工（包括简单切割、更换包装等）的国家（地区）应在准入目录中；对仅在其境内冷库贮存的国家（地区）不需在准入目录中。

4.2.2 企业注册

向中国境内出口水产品的境外生产、加工、贮存企业（包括带有冷冻设施的捕捞渔船、运输船和加工船）（简称"境外生产企业"），应由所在国家（地区）主管当局向海关总署推荐注册，通过海关总署的注册后方可向中国出口水产品。

已获得在中国注册的企业名单可通过进口食品境外生产企业注册管理系统进行查询，查询时需重点关注的信息包括企业名称、地址、注册日期、注册有效期、状态等。

向中国境内出口水产品的境外出口商或代理商应通过海关总署进口食品化妆品进出口商备案系统进行信息备案。进入"进口食品化妆品进出口商备案系统"首页的"已备案名单查询"，可以进行备案名单查询。

进口水产品的境内收货人应通过海关总署进口食品化妆品进出口商备案系统进行信息备案。进入"进口食品化妆品进出口商备案系统"首页的"已备案名单查询"，可以进行备案名单查询。

进口水产品境外生产企业注册条件及对照检查要点见附录 1。

冰鲜水产品需在海关总署许可并公布的进境冰鲜水产品指定监管场地进行检验检疫。进境冰鲜水产品指定监管场地应在海关总署公布的《进境冰鲜水产品指定监管场地名单》之中。

4.2.3 检疫审批

两栖类、爬行类、水生哺乳动物及养殖水产品（以上类别熟制加工品除外）、日本输华水产品等进境时需要办理进境检疫审批，并取得"中华人民共和国进境动植物检疫许可证"。

针对进口日本水产品，2023 年 8 月 24 日，海关总署发布 103 号公告。公告指出，为全面防范日本福岛核污染水排海对食品安全造成的放射性污染风险，保护中国消费者健康，确保进口食品安全，依据《中华人民共和国食品安全法》及其实施条例、《中华人民共和国进出口食品安全管理办法》有关规定，以及世界贸易组织《实施卫生与植物卫生措施协定》有关规定，海关总署决定自 2023 年 8 月 24 日（含）起全面暂停进口原产地为日本的水产品（含食用水生动物）。

4.2.4 合格评定

进口商或代理商进口食品应当依法向海关如实申报，并提供输出国家或地区官方检验检疫证书。检验检疫证书应有出口国家或地区政府主管部门印章和官方兽医签名，目的地应当标明为中华人民共和国，证书样本应当经海关总署确认。检验检疫证书上的收货人应与检疫许可证上的申请单位一致。检验检疫证书上的水产品品种、输出国家（地区）、境外生产企业应与海关总署公布的信息一致。需办理检疫审批的水产品还应提供"进境动植物检疫许可证"证号。进口日本水产品还应提供日本官方出具的放射性物质检测合格证明和原产地证明。进口申报的产品（HS 编码和 CIQ 代码）应与境外食品生产企业注册时拟输华产品一致。

进口水产品的包装和标签、标识应当符合中国法律法规和食品安全国家标准；依法应当有说明书的，还应当有中文说明书。进口水产品应当包装完好，并使用不易破损及无毒无害的包装材料。内外包装上应当有牢固、清晰、易辨的中文或者中英文或者中文和出口国家（地区）文字标识，标明以下内容：商品名和学名、规格、生产日期、批号、保质期限和保存条件、生产方式（海水捕捞、淡水捕捞、养殖）、生产地区（海洋捕捞海域、淡水捕捞国家或者地区、养殖产品所在国家或者地区）、涉及的所有生产加工企业（含捕捞船、加工船、运输船、独立冷库）名称、注册编号及地址（具体到州/省/市），必须标注目的地为中华人民共和国。预包装水产品的标签还应符合《食品安全国家标准 预包装食品标签通则》（GB 7718）和《食品安全国家标准 预包装食品营养标签通则》（GB 28050）的要求。

4.2.5 不合格处理

进口水产品经合格评定不合格的，不涉及安全、健康、环境保护项目，可进行检疫处理的，海关应出具"检验检疫处理通知书"，并监督进口商或其代理单位实施有效的检疫处理。检疫处理结束后经再次检验检疫合格后方准进口。

进口水产品发现存在下列情形之一的，判为不合格，出具"检验检疫处理通知书"，责令进口商销毁或者退运。包括：进口水产品或其原料被纳入中国禁止入境的动植物产品名录的；进口水产品的原产国家（地区）应通过但未通过食品安全管理体系和食品安全状况评估和审查的；要实施进口水产品境外生产企业注册的进口水产品，来自未获得注册的境外食品生产企业的；需要实施进境动植物检疫审批的进口水产品，未取得进境动植物检疫许可证的；需要提供境外国家（地区）主管部门出具官方证书的进口水产品，无法提交有效官方证书的（有特殊规定的除外）；不符合中国法律法规和食品安全国家标准的；其他经评估判定需要实施销毁或退运的。

4.3 出口水产品监管要求

出口水产品监管方面包括企业与养殖场备案、对外推荐注册、出口前申报与属地查检、综合评定与出证等多项制度要求。

4.3.1 企业与养殖场备案

出口水产品生产企业应当向住所地海关备案。生产企业住所地海关对申请人通过"互联网＋海关"一体化平台提交的申报信息进行审核,对材料齐全、符合法定条件的,予以备案,核发"出口食品生产企业备案证明",备案长期有效。海关总署统一公布出口水产品生产企业备案信息,信息内容包括企业名称、备案编号、备案地址及备案产品等。

海关总署对出口水产品的原料养殖场实施备案管理。养殖场住所地海关对申请人通过国际贸易"单一窗口"或"互联网＋海关"一体化平台提交的申报信息进行审核,审核符合条件的,予以备案。海关总署统一公布出口水产品原料养殖场备案信息。

4.3.2 对外推荐注册

境外国家(地区)对中国输往该国家(地区)的出口水产品生产企业实施注册管理且要求海关总署推荐的,出口水产品生产企业及其产品应当先获得该国家(地区)主管当局注册批准,其产品方能出口。境外国家(地区)有企业注册要求的,出口水产品生产企业应向所在地海关提出对外推荐注册申请,所在地海关通过"中国出口食品生产企业备案管理系统"接受企业境外注册申请,并根据企业申请组织评审,结合企业信用、监督管理、出口食品安全等情况,符合条件的向进口国家(地区)主管当局推荐。出口水产品生产企业在境外注册信息以进口国家(地区)公布为准。

4.3.3 出口前申报与属地查检

产地或者组货地海关受理出口水产品生产企业、出口商出口申报前检验检疫申请,负责对企业申报所需检验检疫单证及相关证明材料进行审核。

审核合格的，受理申报，企业申报信息进入出口货物电子底账系统。产地或组货地海关负责对出口水产品实施属地查检。按照规定的查检内容和要求，对出口水产品实施现场查检作业。

4.3.4 综合评定与出证

对于海关作业系统未布控需检查或取样送检指令的出口水产品，海关对企业出口申报信息进行审核，合格即准予出口。对于海关作业系统布控需检查或取样送检指令的，海关结合企业出口申报信息审核结果、现场检查及实验室检测结果进行综合评定，合格即准予出口。

出口水产品的证书格式及用语应符合有关法律法规以及中国与进口国家（地区）共同议定的要求。证书内容应用词准确，文字通顺，符合逻辑，用语应力求公正、真实、可靠，并符合海关要求。

第五章

Chapter 5

澳新水产品技术性贸易措施与对比分析

5.1 水产品安全法律法规标准体系

5.1.1 澳新联合食品监管法规

2005 年，澳大利亚和新西兰展开合作，为了保护公众健康和安全，制定和实施统一的食品标准，联合颁布了《澳新食品标准法典》。该法典由两国政府联合设立的澳新食品标准局（FSANZ）负责制定和修订，是两国统一的食品标准法律框架的核心内容。

《澳新食品标准法典》包括一般（通用）食品标准、食品产品标准、食品安全标准、初级生产标准等四章及附表内容。其中第三章和第四章为仅适用于澳大利亚的标准。

第一章为一般（通用）食品标准，涉及的标准适用于所有食品，包含水产品。内容包括：食品基本标准、食品标签、食品添加剂、营养强化剂等方面的要求，以及辐照食品、转基因食品和新资源食品等上市前批准的食品要求，还有污染物、天然毒素及微生物在食品中的最大残留限量，其中农兽药残留限量要求仅适用于澳大利亚。

第二章为食品产品标准,涉及10类产品。其中,标准2.2.3"鱼和鱼制品"对鱼类产品进行了定义,并规定了标签方面的要求。

第三章为食品安全标准（仅适用于澳大利亚）,具体包括了食品安全计划、食品安全操作和一般要求、食品企业的生产设施及设备要求。

第四章为初级生产标准（仅适用于澳大利亚）,规定了初级生产和加工的要求,食品生产企业需要按照该章标准的要求识别上述食品中的潜在危害,并实施与风险相匹配的控制措施。其中,标准4.2.1"水产品初级产品加工标准"规定了水产品的食品安全和适用性要求,包括水产品的捕获、存储、运输、包装、处理、个人卫生健康要求、设备维护要求等预生产阶段的各项要求,但不包括制造环节。

1. 食品添加剂

《澳新食品标准法典》第一章中的标准1.3.1及其附表15和附表16规定了食品添加剂使用的相关要求。其中,标准1.3.1规定了食品添加剂使用的一般要求及代入原则等,附表15规定了允许使用添加剂的食品类别及添加剂清单,附表16规定了允许按良好生产规范（GMP）使用的添加剂、允许按良好生产规范使用的着色剂,以及允许最大添加量的着色剂。

标准1.3.1将水产品分为未加工（包括冷冻和解冻）水产品、加工水产品、半保藏水产品和全保藏水产品（水产品罐头）。例如,鱼罐头可以使用二氧化硫及其钠盐和钾盐、乙二胺四乙酸二钠钙,允许按GMP使用的添加剂、允许按GMP使用的着色剂,以及允许最大添加量的着色剂。

2. 食品中兽药最大残留限量

《澳新食品标准法典》第一章中的标准1.4.2及其附表20和附表21规定了仅适用于澳大利亚的食品中兽药最大残留限量,以列表的形式列出了食品中允许的兽药残留限量要求。

涉及水产品的部分限量见表5-1。

表 5-1　澳大利亚部分水产品中兽药残留限量

中文名称	英文名称	适用范围	残留限量
苯佐卡因	Benzocaine	有鳍鱼	0.05mg/kg
乙氧基喹啉	Ethoxyquin	淡水鱼	1mg/kg
土霉素	Oxytetracycline	所有水产品	0.2mg/kg
吡喹酮	Praziquantel	所有水产品的肌肉	0.02mg/kg
除虫脲	Diflubenzuron	所有水产品的肌肉	0.002mg/kg
乙氧基喹啉	Ethoxyquin	洄游鱼类	1mg/kg

3. 食品中微生物限量

《澳新食品标准法典》第一章中的标准 1.6.1 及其附表 27 规定了食品中微生物限量的要求，属于强制标准要求。

涉及水产品的部分限量见表 5-2。

表 5-2　澳新部分水产品中微生物限量

中文名称	英文名称/拉丁名	适用范围	限量要求
凝固酶阳性葡萄球菌	Coagulase-positive staphylococci	生的甲壳纲动物	$n=5$，$c=2$，$m=10^2/g$，$M=10^3/g$
沙门氏菌	*Salmonella*	生的甲壳纲动物	$n=5$，$c=2$，在 25g 样品中不得检出
大肠杆菌	*Escherichia coli*	除了扇贝之外的双壳类软体动物	$n=5$，$c=2$，$m=2.3/g$，$M=7/g$
凝固酶阳性葡萄球菌	Coagulase-positive staphylococci	熟的甲壳纲动物	$n=5$，$c=2$，$m=10^2/g$，$M=10^3/g$
沙门氏菌	*Salmonella*	熟的甲壳纲动物	$n=5$，$c=2$，在 25g 样品中不得检出

注：n 表示同一批次产品应采集的样品数；c 表示最大可允许超出 m 值的样品数；m 表示微生物指标可接受水平的限量值；M 表示微生物指标的最高安全限量。

4. 污染物和天然毒素限量

《澳新食品标准法典》第一章中的标准 1.4.1 及其附表 19 规定了食品中污染物和天然毒素限量的要求，属于强制标准要求。

涉及水产品的部分限量见表 5-3。

表 5-3　澳新部分水产品中污染物和天然毒素限量

中文名称	英文名称	适用范围	限量要求
无机砷	Arsenic（inorganic）	鱼和甲壳纲动物	2mg/kg
镉	Cadmium	软体动物	2mg/kg
铅	Lead	鱼	0.5mg/kg
锡	Tin	鱼罐头	250mg/kg
失忆性贝类毒素（软骨藻酸当量）	Amnesic shellfish poisons（Domic acid equivalent）	双壳类软体动物	20mg/kg
腹泻性贝类毒素（冈田酸当量）	Diarrhetic shellfish poisons（Okadaic acid equivalent）	双壳类软体动物	0.16mg/kg

5.1.2 澳大利亚法律法规

《澳新食品标准法典》在澳大利亚各州和地区强制执行，为澳大利亚各州及地区提供了统一的食品安全标准。此外，澳大利亚在食品标准、食品贸易以及具体产品方面都制定了相关法律及配套的条例、法令、决定，形成了一套较为完善的食品安全法律体系。国内生产的食品主要遵守《澳新食品标准法典》的要求，《进口食品控制法案》和《出口管制法案》主要规范的是进出口相关的内容。

在水产品方面，澳大利亚法规主要是由农业、渔业和林业部发布的各类水产品的进口条件，如供人类食用的生虾和虾产品的临时进口条件、未蒸煮未罐装鲑鱼的进口要求、双壳类软体动物和双壳类软体动物产品进口要求等。这些进口要求主要包括进口水产品的原料种植养殖要求、加工过程要求、进口过程中的检验检疫要求和单证要求等。

《澳大利亚出口管制（鱼和鱼制品）规则》确保从澳大利亚领土出口的鱼类和鱼类产品满足海外市场准入的要求。它包括确保出口的鱼类和鱼类产品应反映相关标准、描述准确和可追踪的措施，还包括确保从澳大利亚出口的鱼类和鱼类产品完整性的措施。

5.1.3 新西兰法律法规

新西兰法律法规分为三大类：一级为法案，是通过议会多数票表决通过的立法；二级为条例，根据法案制定，并由部长推荐，内阁批准，总督颁布；三级为通知、指令、规格和标准，是根据法案和条例制定，由初级产业部（MPI）总干事发布。

新西兰有三部法案负责食品安全监管：《食品法案》《动物产品法案》《农业化合物和兽药法案》，以及相应的配套法规，如《食品条例》《动物产品条例》《农业化合物最大残留限量》。此外还有《生物安全法案》《有害物质和新生物法案》等其他重要法案。

《食品法案》主要监管新西兰本地的食品生产与销售，要求食品"安全适用"并规定了要达到该目的的要求。该法案主要内容包括：与相关法规的取代、关联关系，食品行业相关活动的意义，以及安全性责任和监管要求；食品行业基于风险的控制测试以及食品控制计划的建立、修改、注册、暂停等要求；进口食品销售的目的及相关监管情况；杂项规定。

《动物产品法案》的目的是保护人类和动物健康，方便进入海外市场。该法案涵盖动物产品的生产、储存、运输和加工等全产业链的质量管理体系。

《农业化合物和兽药法案》对农业化合物和兽药的进口、生产、销售及使用进行了规定，通过标签上的使用说明等形式确保符合国内食品中的残留限量标准。该法案还对公共卫生的风险、初级生产贸易、动物福利和农业安全进行了具体规定。

《动物产品条例》规定了国产动物产品及出口动物产品的风险管理计划、良好生产规范、追溯和召回等内容。

《农业化合物最大残留限量》规定了新西兰国产食品和进口食品中农兽药残留限量。未列出最大残留限量的，默认执行 0.1mg/kg 的要求。

涉及水产品的部分限量见表 5-4。

表5-4 新西兰部分水产品中农兽药残留限量

中文名称	英文名称	适用范围	残留限量
溴硝醇	Bronopol	用作养殖鲑鱼和鲑鱼卵的抗菌剂	不需要制定残留限量指标
丁香酚及其异构体	Eugenol and its isomers	用作鱼的麻醉剂	不需要制定残留限量指标
卡巴氧	Carbadox	所有水产品	0.001mg/kg
狄氏剂和艾氏剂	Dieldrin and aldrin	所有水产品	0.1mg/kg
苯线磷	Fenamiphos	所有水产品	0.01mg/kg
马拉硫磷	Maldison（Malathion）	所有水产品的肉、脂肪和内脏	0.5mg/kg

《来自所有国家的供人类消费海洋渔业产品进口卫生标准》是依据《生物安全法案》第22条制定的，该标准规定了来自所有国家的供人类消费海洋渔业产品进口的一般要求（包括定义、进口商职责等）、进口程序、清关程序等内容。

5.2 水产品安全监管体系

1996年，澳大利亚与新西兰在《澳新食品标准法案》框架下建立了食品联合管理系统，并规定由澳新食品标准局负责制定与维护澳大利亚、新西兰食品标准与法规，由澳新食品部长级会议负责制定食品政策，其成员是联合食品安全监管体系的决策者。

5.2.1 澳大利亚食品安全管理机构

澳大利亚食品安全管理工作是由联邦政府、州政府管理机构及地方政府共同承担。联邦政府统一负责食品标准、食品对外贸易、检验检疫等法律法规制定。州和地方政府负责辖区内的食品安全管理事务。在澳大利亚，负责食品安全监管的机构为农业、渔业和林业部，以及澳大利亚农兽药管理局、澳大利亚竞争和消费者委员会等。

澳大利亚农业、渔业和林业部是澳大利亚主要的水产品监管机构。目前该机构的组织架构包括环境组，生物安全与合规组，政策、创新、战略、渔业和林业组等部门。该机构主要负责食品农产品监管政策的制定和执行，包括农业、渔业、林业及食品工业的监管政策及进出口管理，制定进出口产品的检验检疫程序和相关政策，以及残留监控工作，决定动植物产品是否被允许进入澳大利亚及进口时所需满足的附加条件。

5.2.2 新西兰食品安全管理机构

新西兰涉及食品安全监管的机构主要为初级产业部、卫生部、环境保护局。

在新西兰，食品的监管工作主要由初级产业部负责。初级产业部的主要职责包括制定《澳新食品标准法典》第一、二章之外仅适用于新西兰的标准，为农产品和食品行业的可持续发展提供政策建议，为渔业和水产管理提供技术指导，负责食品监督检验，以及食品进出口等事宜。进口食品安全管理方面，初级产业部会在官方网站对进口食品的相关规定和要求进行详细介绍，并发布进口食品预警，告知进口商有关海外召回及正在发生的食品安全紧急事件，帮助进口商规避贸易风险，保障本国消费者安全。

新西兰初级产业部下属的渔业局运营着该国的渔业管理系统，该系统为新西兰人提供了可持续的野生渔业机会。它监测鱼类种群的可持续性，并对商业渔获量设定限制，以保持商业用途和其他用途之间的平衡。它强制执行这些限制以及与系统关联的规则。

新西兰渔业局与其他机构合作，开展更广泛的海洋管理举措，包括由环境部牵头拟议的海洋保护区（MPA）改革方案。在此过程中，它寻求平衡这些渔业中相互竞争的经济、社会和文化利益，并与沿海社区密切合作。

在海产品加工方面，新西兰初级产业部主要负责以下方面的监管工作：海产品和鱼类加工中的风险管理，双壳类软体动物的生长、收获和加工，陆上海产品加工，水产养殖食品安全要求，渔船的加工要求，鱼名和鱼标签，监测和检测鱼类和海鲜，存放海鲜的动物材料仓库，海产品加工手册和准则，用于加工海鲜的维护化合物，海产品行业登记册和清单，出口海产品。

5.3 水产品进出口监管体系

5.3.1 澳大利亚监管体系

澳大利亚进口食品必须符合生物安全和食品安全两方面的要求，即检疫和检验要求。

在生物安全方面，进口食品必须符合《生物安全法案》的要求。澳大利亚对进口食品实施进口许可证管理，进口许可证主要是针对高风险的动植物源性食品提出的检疫要求，进口商进口水产品需要取得进口许可证。

在食品安全方面，进口食品必须符合《进口食品控制法案》的规定，以及《澳新食品标准法典》的要求。通过实施进口食品检验计划来开展边境检验和控制。根据《进口食品控制法案》和《进口食品控制条例》，进口食品必须进行基于风险分析的边境检验和控制，这项工作由农业、渔业和林业部开展。

5.3.2 新西兰监管体系

1. 进口监管体系

新西兰采取严格措施监管进口食品安全。要求进口到新西兰的食品必须符合新西兰食品法律法规，包括《食品法案》《农业化合物和兽药法案》及相关条例。另外，进口食品必须符合《澳新食品标准法典》以及新西兰本国的食品卫生标准，如《农业化合物最大残留限量》《进口卫生标准》《新西兰食品（补充食品）标准》等。

针对水产品进口，新西兰要求进口产品符合进口卫生标准（IHS），视情况需要获得生物安全进口许可证或动物卫生证书和制造商声明。

依据相关立法，新西兰海关总署负责制定产品禁令和限制要求、关税和许可证要求等。

新西兰食品法律法规要求食品进口商进行注册，注册具体要求参见《食品通知：对注册食品进口商和进口销售食品的要求》。进口商应采购安全、合适的食品；在储存和运输过程中保证食品安全；保持良好的记录；如果食品不安全或不合适，或者变得不安全或不合适，应制定程序召回食品。此外进口食品还需要符合《澳新食品标准法典》中对于食品安全的要求，包括标签、成分和限制食品的要求。对于"高度监管关注"和"增加监管关注"的食品，需要其获得食品安全许可。

新西兰水产品进口的主要流程包括以下方面：

①查找适合产品的进口卫生标准。生物安全要求在进口卫生标准文件中进行了详细说明，包括进口产品的生物安全要求，以及在需要时获得制造商声明和动物卫生证书。水产品进口指导文件和风险管理建议可在初级产业部官方网站下载。

②在线申请进口许可证。如果进口卫生标准有要求，可以在线申请进口许可证（动植物进口许可证），许可证申请的处理时间为 20 个工作日。

③以等效措施进口商品。如果产品并不能符合进口卫生标准的所有要求（如商品的处理方法与进口卫生标准中列出的方法不同），可以向初级产业部咨询能否根据等效措施对产品进行评估。这被称为"等效性"评估。企业需要向初级产业部提供相关信息（如有关烹饪时间和温度以及其他加工细节的信息），以表明企业已经将风险控制在进口卫生标准的同等水平。如果申请获得批准，初级产业部同样会颁发生物安全许可证。

④产品暂存及清关。初级产业部批准了暂存场所，以持有和管理可能构成生物安全风险的进口商品。这些货物可能需要在过渡设施进行检查或处理，然后才能由初级产业部清关。所有抵达新西兰的海运集装箱都需要运输至暂存场所进行拆装。

2. 出口监管体系

对于水产品出口，新西兰要求加工商必须管理风险，以确保产品的合规与安全。操作要求取决于出口商进行加工的类型以及加工地点（如在海上或陆地上）。在大多数情况下，需要一个注册和验证的风险管理计划（RMP）。在某些情况下，进入不需要出口证书的市场的海产品二级加工商可以根据 RMP 或食品控制计划进行。在海上进行有限处理的加工商可以根据受监管的控制计划（RCS）进行注册。但是，在由 RMP 控制的船或有限加工船上加工的海产品可以直接出口。所有其他海产品必须经过陆基加工商。双壳类软体动物是一种高风险产品，必须从 RCS 下运作的分类养殖区采购，然后在 RMP 场所加工出口。RMP 可以依据海产品加工或渲染操作守则来制定。

为方便出口商，新西兰初级产业部通过海外市场准入要求（OMAR）向水产品出口商提供目标国家（地区）的进口要求，出口商需要向初级产业部申请后方可查阅。对于目标国家（地区）要求的出口证书，出口商可以通过在线方式进行申请。如果需要，还可申请水产品出口卫生证书。

与进口类似，新西兰水产品出口商需要在初级产业部官方网站进行注册。

5.4 澳新通报中国水产品不合格情况分析

5.4.1 澳大利亚通报中国水产品不合格情况分析

2019 年 11 月 1 日至 2024 年 10 月 31 日，澳大利亚通报中国出口水产品不合格的共计 73 批次，均为水产制品。

澳大利亚通报中国出口水产品主要不合格原因是产品质量指标不达标，其次是微生物污染。详细不合格原因见图 5-1。

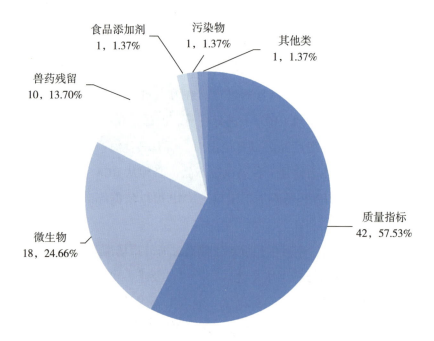

图 5-1　澳大利亚通报中国出口水产品不合格原因数量及占比

5.4.2 新西兰通报中国水产品不合格情况分析

　　2019 年 11 月 1 日至 2024 年 10 月 31 日，新西兰通报中国出口水产品不合格的共计 3 批次，均为水产制品。

　　新西兰通报中国出口水产品不合格原因中，有 2 批次是水产品的无机砷含量超标，有 1 批次是水产品未标注过敏原信息。

5.5　中澳、中新对比分析

5.5.1 中澳对比分析

　　1. 监管体系方面

　　（1）食品政策的制定部门

　　中国的食品政策主要由全国人民代表大会通过的《中华人民共和国食

品安全法》规定，澳大利亚统一的食品政策由两个会议——澳大利亚政府会议和食品管理部长理事会来制定。澳大利亚政府会议是澳三级政府（联邦政府、州/地区政府以及地方政府）通过政府间协议处理食品问题，现行有效的政府间协议是《食品管理协议2002》。食品管理部长理事会主要是在《食品管理协议2002》形成的政策层面具体制定内销食品的管理措施及政策指引，同时负责通过澳新食品标准局拟定的食品标准。

（2）食品标准的制定部门

依据《中华人民共和国食品安全法》，中国国务院卫生行政部门依照该法和国务院规定的职责，组织开展食品安全风险监测和风险评估，会同国务院食品安全监督管理部门制定并公布食品安全国家标准。2018年3月起，由国家卫生健康委员会负责水产品安全风险评估和水产品安全标准制定。而澳新食品标准局全面负责拟定和修改内销水产品的标准，发布标准指引。

（3）食品法律的执行部门

《中华人民共和国食品安全法》规定，县级以上地方人民政府对本行政区域的食品安全监督管理工作负责，统一领导、组织、协调本行政区域的食品安全监督管理工作以及食品安全突发事件应对工作，建立健全食品安全全程监督管理工作机制和信息共享机制。2018年3月后，由国家市场监督管理总局统一负责对水产品生产、水产品流通、餐饮服务活动的监督管理。进出口水产品安全监管职能划入海关总署，这有利于水产品进出口环节监管的高效和统一。而农业农村部主要负责渔业资源管理、水产养殖监管、兽药残留监控、水产动物疫病管理、水产饲料监管等方面的工作。在澳大利亚，进出口水产品由澳大利亚农业、渔业和林业部监督管理。它和澳新食品标准局联合实施《进口食品检验方案》，由澳新食品标准局负责进口水产品的风险评估，澳大利亚农业、渔业和林业部负责检验和进口水产品抽样检测。内销水产品法律执行权力在州/地区政府及地方政府。

2.法律法规体系方面

（1）完整性和系统性方面

澳大利亚制定的水产品安全法律法规较为详细，《澳大利亚进口食品控制法案》所涉及的条款及内容详细清晰，种类划分鲜明。从《澳新食品标准法典》内容上看，澳新法律法规体系汇总了各种水产品的具体卫生标准以及食品安全的具体要求，内容翔实，尤其是对食品生产者和经营者的健康和卫生保障做出了详细规定和要求，使得食品生产者、经营者及执法者能在同一部法律中找到行为依据。到目前为止，中国水产品安全法律法规体系是以《中华人民共和国食品安全法》为主导，由国家法律、行政法规、部门规章及规范性文件等组成的体系。各个监管机构也会对各自的工作制定工作规范。

（2）统一性方面

澳大利亚、新西兰将所有的食品标准汇集到一部《澳新食品标准法典》，避免了食品安全标准的不统一，并且从中央到地方全都执行统一的《澳新食品标准法典》。从澳大利亚食品立法的历史上看，其食品标准也是由中央和地方政府间分散不统一逐步发展统一的。中国有关主管部门目前积极开展标准梳理、整合、修订工作，逐步建立具有中国特色的食品安全国家标准体系。

3.进出口食品安全监管方面

（1）残留监控机制方面

在中国，进出口水产品的残留监控工作由海关总署负责，监控对象覆盖面广，监控项目也会按照食品安全突出问题进行调整。近年来，中国残留监控工作运行顺畅，在水产品进入流通领域之前及时发现水产品生产企业或水产品进口商存在的问题。水产品养殖环节的残留监控工作由农业农村部负责。澳大利亚的残留监控工作主要依靠《国家残留监控管理法》《国家残留监控（国税）征收法》《国家残留监控（进口税）征收法》开展。澳

大利亚农业、渔业和林业部的国家残留监控机构（NRS）负责国内水产品的
残留监控计划的制订和组织实施。

（2）食品安全预警方面

澳大利亚食品安全预警机制值得借鉴。2003 年，澳大利亚针对现代食
品大范围流通，以及国内食品安全法律法规众多，执法主体涉及联邦、州 /
地区多个部门的情况，起草了《国家食品安全事件应对预案》（National Food
Incident Response Protocol），以协调各部门应对各类食品安全事件。2007 年
5 月，该预案得到澳新食品法规部级理事会（2011 年变身为食品立法和治
理论坛，2014 年论坛改名为澳新食品监管部长级论坛，后又更名为澳新食
品部长级会议）批准通过。该预案规定，食品安全事件应对包括警报阶段、
行动阶段、戒备解除阶段，某些食品安全事件可能仅需响应一个阶段。针
对食品安全事件，澳大利亚规定了各级政府或食品从业者的职责。

（3）进口食品准入制度方面

中国和澳大利亚依照国际惯例，对水产品实行基于风险分析的检验检
疫市场准入措施，主要内容比较类似，根据不同产品的不同风险进行分析，
分类对待，并辅以一系列风险控制的管理机制。一般来说，某一国家制定
食品准入制度时会综合参考 SPS 或 TBT 以及动植物疫情等多方信息。

（4）注册备案制度方面

中国对境外水产品生产企业和其他经营企业实施注册备案管理措施，
对境外水产品出口商或代理人和境内水产品进口商或代理人实施备案制度。
开展进口水产品贸易前，境外水产品出口商或代理人和境内水产品进口商
或代理人应向海关备案。在境外生产企业方面，中国对进口水产品的境外
生产企业也采取了注册管理。澳大利亚要求进口商在进口水产品标签上标
注生产商，而进口水产品生产商要申请生产商代码；水产品需要申请进口
许可证，在进口之前，进口商可以进入农业、渔业和林业部的一个进口数
据库（Biosecurity Import Conditions database，BICON）先行查询，随后需要

向农业、渔业和林业部提出申请，农业、渔业和林业部将会组织评估，在评估的基础上决定是否发放进口许可证。

（5）进口食品检验方面

为科学地管理进口食品，使有限的检验资源发挥最大的效果，澳大利亚执行进口食品检验计划（Imported Food Inspection Scheme，IFIS），对产品的风险进行分类，再根据不同的分类确定检测频率。澳大利亚的农业、渔业和林业部负责执行进口食品检验计划，为了便于管理，农业、渔业和林业部将进口食品按风险性质分为风险类食品、监督类食品和符合约定类食品。其中，大部分的水产品均被归为风险类食品，包括双壳类软体动物制品、即食甲壳纲动物、即食有鳍鱼、海藻类产品等。中国目前对进口食品的检验由海关总署组织专家在风险评估的基础上制定进出口食品抽样检验和风险监测的署级计划，规定各类进出口食品的检验项目和抽检比例，并在"e-CIQ 主干系统"中进行布控。对于抽中的进口预包装水产品还需进行标签检验。

4.具体技术性贸易措施方面

根据澳大利亚通报的中国输澳水产品 2019—2024 年不合格预警信息分析，质量指标中的碘含量超标成为中国水产品进入澳大利亚市场的主要障碍之一。在不合格批次中，碘含量超标现象尤为突出，涉及 40 批次之多，主要为海藻类制品，包括海带片、海带丝、海带结、干制海藻等。

澳大利亚根据风险等级将海藻类制品归为风险类食品，并规定所有海藻类制品中的碘含量不得超过 1000mg/kg。而中国对于海藻类水产品中的碘含量未制定具体的限量要求。由此可见，中澳两国在质量指标限量标准方面存在显著差异。

5.5.2 中新对比分析

1.监管体系方面

从水产品法规体系上来看，新西兰遵守《澳新食品标准法案》《澳新食品标准法典》等共同的法律法规，但同时保留本国独立的行政立法等权力。新西兰政府机构是先有法案，才能设置相关部门，部门职责在法律中十分明确。新西兰初级产业部全面管控水产品安全。新西兰水产品安全由统一的部门管理，再辐射到每个区，形成了统一权威的"金字塔"式结构，这样的结构对新西兰控制水产品安全、提高水产品质量、开拓海外市场十分有利。

中国的水产品安全主要由农业农村部、国家卫生健康委员会、海关总署、国家市场监督管理总局等多个部门进行管理，按不同的生产环节来区分管理权限。目前，水产品养殖环节由农业农村部进行监管，国内生产和流通环节由国家市场监督管理总局进行监管，进出口环节由海关总署进行监管。

2. 法律法规体系方面

由于历史原因，新西兰食品安全法律体系属于英美法系，包括各种制定法，也包括判例，而且判例所构成的判例法在整个法律体系中占有非常重要的地位。从《澳新食品标准法典》内容上看，其法律法规体系汇总了各种水产品的具体卫生标准以及食品安全的具体要求，内容比较详细，尤其是对水产品生产者和经营者的健康和卫生保障做出了详细规定和要求，使得食品生产者、经营者及执法者能在同一部法律中找到行为依据。

中国食品安全法律体系可以认为属于大陆法系，其法律以制定法的方式存在，包括立法机关制定的各种规范性法律文件、行政机关颁布的各种行政法规、部门规章、地方性法规及相关的司法解释、国际条约等，但不包括司法判例。

3. 进出口食品安全监管方面

（1）在市场准入方面

新西兰对进口水产品实行基于风险分析的检验检疫市场准入措施，根据不同水产品的不同风险进行分析，分类对待，并辅以一系列风险控制的管理机制。中国对水产品采取的市场准入制度较为严格，水产品企业必须获得营业执照、税务登记证等众多的行政审批，进口食品从业者还可能需要申请水产品的销售许可或进口配额等，中国的行政审批较新西兰要多。

（2）在注册备案制度方面

为确保进口水产品安全，新西兰初级产业部对食品进口商实施注册登记管理，只有在进口名录内的食品企业才能经营进口食品。进口商应向初级产业部提交企业的相关详细信息，如公司名称、营业地址、联系人姓名和通信地址、贸易商名称和通信地址等。同时，进口商还要做好销售用进口水产品的溯源记录、标签管理、许可证监管等，记录应证明进口水产品符合所有新西兰法规，注明进口水产品的生产方式、运输方式、储存方式以及相关供应商信息，确保进口水产品的安全。中国对境外水产品生产企业和其他经营企业实施注册备案管理措施。对境外水产品出口商或代理人和境内水产品进口商或代理人实施备案制度，开展进口水产品贸易前，境外水产品出口商或代理人和境内水产品进口商或代理人应向海关备案；在境外生产企业方面，中国对进口水产品的境外生产企业采取注册管理。

（3）在出口食品监管方面

在新西兰食品工业中，水产品出口占有举足轻重的地位，初加工水产品比重较大，因此，新西兰十分重视出口贸易扩张。新西兰对水产品出口采取注册管理制度。一般来说，从新西兰出口水产品需要满足四个条件：向新西兰初级产业部注册、满足相关的法律法规、在向初级产业部注册的食品安全体系下生产以及满足出口目标国或当地市场的有关要求。中国出口水产品的检验检疫监管建立在国内食品安全监管的基础之上，实行出口水产品企业养殖场备案制度、出口水产品原料基地疫病疫情监控制度、出口水产品原料基地有毒有害物质监控制度、出口水产品生产企业备案制度、出口水产品生产企业安全管理责任制度、出口水产品企业分类管理制度、出口水产品口岸监督抽检制度、出口水产品风险预警及快速反应制度、出口水产品追溯与召回制度。

4.具体技术性贸易措施方面

针对新西兰通报中国出口水产品不合格原因，以下将从重金属限量方面作简要分析。

根据新西兰通报的中国输新水产品2019—2024年不合格预警信息分析，无机砷含量超标成为中国水产品进入新西兰市场的主要障碍之一。例如，中国某企业出口新西兰的干海带片因无机砷含量超标被新西兰通报。另一企业同类产品干海藻因无机砷含量超标被新西兰通报。

《澳新食品标准法典》标准1.4.1及其附表19制定了海藻及其制品中重金属的限量指标要求。其中，海藻及其制品中无机砷的含量不得超过1mg/kg。而中国对于海藻类制品中的无机砷含量未制定具体的限量指标要求。由此可见，中新两国在重金属限量标准方面存在显著差异。

出口企业必须按照进口国标准法规等技术性贸易措施的要求组织生产，确保产品指标符合进口国残留限量标准。

第六章

Chapter 6

美国水产品技术性贸易措施与对比分析

6.1 水产品安全法律法规标准体系

6.1.1 美国法律法规类型

美国水产品安全监管相关的法律法规可以分为法律、联邦法规、指导性文件、合规政策指南四种类型。

法律：由美国国会制定，通过的法律一般会汇编至美国法典（USC）中，其中与水产品相关的主要是第21篇（食品与药品）。

联邦法规：由美国行政机构制定，通过的联邦法规会汇编至美国联邦法规（CFR）中。其中与水产品有关的主要是第21篇（食品与药品）和第40篇（环境保护）。

指导性文件：如美国食品药品监督管理局（FDA）发布"食品法典（Food Code）"，为各层级食品管理机构监控食品服务机构的食品安全状况以及零售业预防食源性疾病提供了良好建议。

合规政策指南（Compliance Policy Guides，CPG）：是FDA监管法规和

政策的解释性文件，为执法人员、行业从业人员等提供合规指导。

6.1.2 水产品相关法律

1.《联邦食品、药品和化妆品法》

该法是美国食品安全法律的核心，为美国食品安全的管理提供了基本原则和框架。该法规定，FDA管辖除肉、禽和部分蛋类以外的国产和进口食品，包括水产品的生产、加工、包装和储存等事宜。此外，FDA还负责对所有可能用于水产品加工的食品添加剂的销售许可进行管理。该法要求水产品生产必须符合良好生产规范，禁止销售拒绝对规定设施进行检查的厂家生产的水产品，禁止销售不卫生以及被病毒等污染的水产品。

2.《公共卫生安全与生物恐怖防范应对法》

该法第三章"保护食品供应安全"条款中规定了食品安全和保障策略、防止食品掺假、禁止违规食品进口、食品企业注册、相关记录审核与保存等要求，明确要求FDA制定法规加强对包括水产品在内的本土及进口食品的监管。

3.《食品安全现代化法》

《食品安全现代化法》（FSMA）对《联邦食品、药品和化妆品法》进行了大规模修订，适用于包括水产品在内的所有食品的进口和生产经营，主要内容涵盖五个关键领域：

（1）预防控制：《食品安全现代化法》把预防放在首位，要求食品供应链的所有环节建立全面的、基于科学的预防控制机制。

（2）企业检查：FDA对检查食品生产企业的频次及检查项目、检测方式制定相关要求。

（3）进口食品安全：FDA有权制定措施确保进口食品安全。例如，《食品安全现代化法》首次要求进口商必须确保海外供货商的安全可靠性。

（4）预警及召回：FDA首次被授权对所有食品实施强制召回。

（5）协同合作：加强食品安全监管部门开展协同执法监管的重要性。

6.1.3 水产品相关法规

1. 产品标准

联邦法规第 21 篇第 130 至 169 部分规定了各种标准食品的质量要求，包括配料含量、加工过程、食品添加剂含量、标签等。

其中，第 161 部分规定了鱼贝类产品的一般要求、牡蛎罐头标签上的内容物数量声明、特定标准化鱼类和贝类的要求以及牡蛎、牡蛎罐头、太平洋鲑鱼罐头、透明或不透明容器中的罐装湿包装虾、冷冻生面包虾、金枪鱼罐头等产品的标准。

一些水产品中有害成分的安全限量要求也会以合规政策指南的形式发布。例如，《鱼和鱼类产品中鲭鱼毒素（组胺）的限量》（CPG Sec. 540.525）中规定：如果鱼类或其制品中组胺含量达到 200mg/kg，则会被认为是《联邦食品、药品和化妆品法》[21 USC 342（a）（1）] 第 402（a）（1）节所指的掺假；如果鱼类或其制品全部或者部分腐败变质而使其中组胺含量达到 35mg/kg 时，则会被认为是《联邦食品、药品和化妆品法》[21 USC 342（a）（1）] 第 402（a）（3）节所指的掺假；如果鱼类或其制品在不卫生的条件下加工、包装、贮存而使其中组胺含量达到 35mg/kg，则会被认为是《联邦食品、药品和化妆品法》[21 USC 342（a）（4）] 第 402（a）（4）节所指的掺假。

2. 标签标识

美国水产品标签标识应符合食品标签标识的一般要求。联邦法规第 21 篇第 101 部分对食品标签做出极其详细的规定，包括标签应包含的内容、标签字体的大小和印刷格式、营养标签内容、健康声明的具体要求等。第 7 篇第 66 部分和第 205 部分分别制定了生物工程食品标签和有机产品标签的要求。

美国水产品必须标示的项目包括食品名称，配料表，食品生产商、包装商或销售商的名称及地址，净含量，进口食品原产国，过敏原标识，辐照食品标识，转基因食品标识，营养成分表等。

3. 通用限量

美国水产品中污染物、微生物、农药残留、兽药残留限量及食品添加剂的使用量应符合美国对于食品的通用法规中的规定，以下按照水产品中的各类危害因素分别进行简单介绍。

（1）污染物

美国没有制定专门的水产品中污染物限量法规，在一些指南文件中给出了一些水产品中某种重金属的限量要求。例如，合规政策指南文件《新鲜、冷冻或经加工的鱼类、贝类、甲壳类和其他水生动物中的甲基汞》（CPG Sec. 540.600）制定了鱼和渔业产品中甲基汞的限量，要求其最大限量不得超过 1mg/kg。又如，联邦法规第 21 篇第 109 部分（21 CFR 109）《食品及食品包装材料中不可避免的污染物》规定鱼贝类中多氯联苯限量为 2mg/kg。

（2）微生物

美国没有制定专门的水产品微生物限量标准，美国对食品中微生物限量水平控制是与 GMP、HACCP 等结合起来管理的。具体的微生物要求在具体产品法规标准和合规政策指南中。例如，合规政策指南文件《除乳制品之外的食物因沙门氏菌掺假》（CPG Sec. 555.300）规定，除乳制品以外，其他所有食品均不得检出沙门氏菌，因此，水产品中也不得检出沙门氏菌。

（3）农药残留

美国农药残留的标准主要由环境保护署制定，发布在联邦法规第 40 篇第 180 部分（40 CFR 180）。同时，FDA 对食品和饲料中不可避免的农药残留制定了行动水平（Action level），发布在合规政策指南《食品和饲料中的农药残留执行标准》（CPG Sec. 575.100）。美国部分鱼贝类中农药残留限量规定见表 6–1。

表 6-1　美国部分鱼贝类中农药残留限量

农药中文名称	农药英文名称	适用范围	残留限量
氟唑菌酰胺	Fluxapyroxad	鱼贝类、甲壳类动物	0.01mg/kg
苯嘧磺草胺	Saflufenacil	鱼贝类、甲壳类动物	0.01mg/kg
苯吡唑草酮	Topramezone	鱼贝类、甲壳类动物	0.05mg/kg
多杀菌素	Spinosad	鱼贝类、甲壳类动物	4.0mg/kg
喹禾灵	Quizalofop ethyl	鱼贝类、甲壳类动物	0.04mg/kg

（4）兽药残留

美国在 21 CFR 530 发布了禁用兽药的物质清单，并在 21 CFR 556 中发布了兽药残留限量的规定。

21 CFR 530.41 的规定，禁止将以下物质用于食用动物：氯霉素、己烯雌酚、呋喃酮、呋喃唑酮以及其他硝基咪唑类等。

（5）食品添加剂

美国对色素和其他食品添加剂采取不同的管理措施。美国食品添加剂分为直接食品添加剂、次级直接食品添加剂、间接食品添加剂。其中直接食品添加剂包括防腐剂、抗结剂、特殊膳食和营养强化剂、香料及相关物质、多功能添加剂等（21 CFR 172）。次级直接食品添加剂包括食品加工用聚合体和聚合体助剂、酶制剂和微生物、溶剂、润滑剂、特定用途添加剂等（21 CFR 173）。间接食品添加剂为食品接触材料中使用的添加剂（21 CFR 174）。禁止使用的添加剂主要在 21 CFR 189 进行了规定。色素添加剂由 FDA 进行监督管理，使用规定收录在联邦法规部分（21 CFR 70~82）。

4. 生产过程要求

21 CFR 123《鱼和水产品》（见附录 2）规定了美国针对水产品生产过程的基本要求。内容包括相关定义、GMP、HACCP 计划、卫生控制程序、进口产品特殊要求等方面。该规定根据 HACCP 的七个原理而制定，最早于

1995 年 12 月发布，1997 年 12 月全面实施。强调水产品加工过程中的质量控制关键点，由受过 HACCP 培训的人员进行控制。对 GMP 和 SSOP（卫生标准操作程序）做出了规定。

本法规中，"水产"指的是除鸟类和哺乳动物外，适于人类食用的淡水或海水的有鳍鱼、甲壳动物、其他形式的水生动物（包括鳄鱼、蛙、海龟、海蜇、海参、海胆和它们的卵），以及所有软体动物。

"水产品"指的是以水产为特征主成分的人类食品。如果某些食品仅含有少量的水产品成分，如含有不作为主成分的鳀酱的辣沙司（worcestershire sauce），不作为水产品看待，可不受 HACCP 强制性法规的管辖。

以下操作不适用或不直接受 HACCP 法规管辖：单纯的水产或水产品的捕捞或运输作业；仅仅为渔船保存鱼货而做的去头、去脏或冷冻等操作；零售。

6.1.4 水产品相关行业指南

美国水产品 HACCP 指南现为 FDA "水产品危害及控制指南"的第四版。该指南与 FDA 的水产品法规（21 CFR 123）和传染病控制法规（21 CFR 1240）有关，该法规要求水产品的加工者应建立和实施与其生产操作相适应的 HACCP 体系。

该指南由海产品 HACCP 培训教育联合会建立，作为《HACCP：危害分析与关键控制点培训课程》的伙伴文件发行。该联合会是一个联邦和州的管理者组织，包括 FDA、学院以及海产品企业。FDA 推荐水产品的加工者将两个文件结合使用于 HACCP 系统的发展中。

该指南共包含 21 章及 8 个附录，包含四大块内容：一是全面分析了目前市场上已知水产品品种包含的潜在风险；二是分析了目前水产品加工工艺包含的潜在风险；三是为各类潜在风险提供了可用的 HACCP 策略；四是罗列了其他与食品安全相关的信息。与旧版相比，指南的第四版在水产品品种、工艺、危害控制策略、关键限值等内容上均有明显变化，应引起输美水产品加工企业及出口食品监管部门的高度关注。

6.2 水产品安全监管体系

联邦政府层面有多个联邦机构参与水产品等食品安全监管和执法。美国主要的水产品监管机构有卫生与人类服务部下属的食品药品监督管理局、环境保护署、商务部下属的国家海洋和大气管理局等。这些部门主要按食品类别进行分工监管，并与各州政府共同监管美国的水产品安全。

6.2.1 卫生与人类服务部

卫生与人类服务部（DHHS）是维护美国国民健康，提供公共服务的联邦政府行政部门。DHHS 有 11 个运营部门，包括 8 个美国公共卫生服务机构和 3 个人类服务机构，主要负责水产品安全监管的机构为食品药品监督管理局。

FDA 是 DHHS 下属的负责美国国产和进口食品、化妆品、药品、生物制剂、医疗器械以及放射性产品安全的监管机构，由 9 个中心级组织和 13 个总部办公室组成，主要负责除肉类、禽类和蛋制品之外大部分食品（包括水产品）的安全监管工作。

FDA 通过食品安全和应用营养中心（CFSAN）对食品安全开展监管工作。该中心主要负责：确保美国食品供应的安全卫生性、营养全面性及标签标识正确性；规范色素和食品添加剂，进口食品和使用生物技术制成的成分的安全性；制定食品营养标签和标准方面的政策和法规；制定 GMP 和 GAP 及其他生产操作标准；为某些食品设定微生物限量标准；对食品生产设施和食品存储地点进行检查；收集并评估食品样本及食品企业的管理规范。

FDA 的兽药中心（CVM）负责确保兽药和添加药物的饲料在目标用途

领域的安全有效性，以及相关动物源产品人类食用的无害性。该中心负责兽药残留限量标准的制定、修订工作，并通过规范肉类和乳类产品中的有害物质残留限量来确保此类食品的供应安全。

6.2.2 环境保护署

环境保护署（EPA）主要职责是防止农药等对环境和公众健康产生不良影响，制定食品中农药的残留限量标准，同时还负责各类食品加工中必须使用的饮用水的安全管理。其主要监督管理手段包括：制定饮用水安全标准；对毒性物质和废物进行环境和食物链监督管理；协助州政府监测饮用水质量并预防饮用水污染；制定农药残留最高限量，发布农药安全使用指南，进行新农药的安全性评估等。而 FDA 负责执行农药残留限量标准。与 FDA 或其他机构相比，EPA 在食品化学品安全方面制定的监管措施相对较多，因此它在化学品风险评估实践方面任务重大。

6.2.3 商务部

商务部（DOC）主要负责发展国内商业以及与其他国家开展贸易合作等工作，并负责海洋及航运方面事务，协助多边贸易谈判，为美国企业营造公平竞争环境。

商务部下属的国家海洋和大气管理局（NOAA），主要通过提供一个自愿的海鲜检验计划对渔船、海鲜加工厂和零售设施进行检查和认证，制定海洋类食品的检查程序，用以确保美国境内所售的海洋食品的质量与安全，并通过非强制性分级、标准化及检查检验等程序对出口海产品进行质量监督。

6.3 水产品进出口监管体系

6.3.1 进口前监管

1. 市场准入方面

（1）检疫许可制度

美国要求特定品种的活鲤鱼、金鱼、鲶鱼等须获得进口检疫许可，但对水产品不要求检疫许可。

（2）企业注册制度

美国要求所有食品企业（包括水产品企业）必须在FDA注册，两年一次。注册信息无变化的，适用简易注册更新程序。

2. 企业管理方面

（1）生产过程的危害分析与控制制度

FDA要求所有向其出口的水产品企业必须实施基于HACCP的管理体系，并进行必要的验证。

（2）国外企业检查制度

向美国出口的水产品生产企业必须接受FDA的检查。FDA直接派其官员或授权其认可的第三方机构实施对国外企业的检查。

获得FDA认可的第三方评审机构及第三方检测实验室，有权代表FDA对出口企业及产品进行检查、检测和出证。

（3）记录保留制度

美国要求水产品生产经营者保留来去记录，以便溯源，记录保存期限应在记录完成后一年以上。一旦需要，应在规定时间内向FDA提供。

6.3.2 进口时监管

1. 国外供应商审核

2015年11月27日，FDA颁布了国外供应商验证程序（Foreign Supplier Verification Program，FSVP）最终法案。该法案是执行《食品安全现代化法》

的第一步,要求进口商应识别其所进口的每一类食品(包括水产品)的危害,在考虑到这些危害所带来的风险的前提下验证国外供应商,保证国外供应商遵循这些规程以确保食品安全符合美国标准,确保国内外供应商在食品原料和添加剂方面的控制措施的一致性,使消费者患病或因受污染食品受害的风险降至最低。

2. 自愿合格进口商计划

参与自愿合格进口商计划的特定进口商食品可以实现快速检查和进口。进口商所进口的食品由已获资质认证的生产企业提供时方可参与该计划,FDA 通过评估进口食品风险、进口商所采用的国外供应商的历史符合情况,以及特定食品的出口国管理体系是否达到美国食品安全标准等方面来进行资质审核。

3. 进口预通报制度

美国进口水产品在到达口岸前 5 天内必须通过海关与边境保卫署(CBP)的 ABI/ACS 系统或者 FDA 的提前通报(PN)系统向 FDA 通报。预通报的最后时间为公路运输到达前 2 小时,空运或者陆路铁路到达前 4 小时,水运到达前 8 小时。预通报内容包括:预通报提交和发送者的名称、地址、联系方式等基本信息;产品生产国以及原料种植养殖商、生产商、出口商、进口商、发货人、承运人、收件人的名称、地址、联系方式等基本信息;产品的代码、数量、批次等信息;产品运输方式及预计到达的时间、地点等信息;产品被其他国家拒绝入境的历史信息。

4. 风险分级查验制度

FDA 会在入境码头对入关的产品进行抽样检查,是否要对货物进行抽样检查取决于多重因素,主要包括货物性质、货物以往历史以及进口商进口历史业绩,抽样比例一般为 5%。如果 FDA 要求检验或取样,则会通过电子入关系统或其他形式(如"FDA 措施通知书")向 CBP 以及经纪人、申报人、进口商或受指派的其他方通报其取样的意图,并要求有关方面保管好货物。FDA 会标明要取样的特定物品，通常将抽样送往其所在地区实验室检验。检验包括如下方面。

（1）标签标识信息

《美国食品标签指南》要求进口美国的食品标签应该包括生产商、包装商或经销商的名称和地址，食品的配料名单、营养成分标签，以及任何其他要求的致敏源标签。标签应使用清晰、醒目、便于识别的印刷体或字号。同时，字体必须与背景鲜明地区分开来，标签内容不应与插图或非要求的标签标注在一起。

《鱼和水产品》（21 CFR 123）要求捕捞者或加工者在贝类原料容器上贴捕捞情况记录，所有去壳软体贝类的包装容器必须带有标签，标签上写明包装商或再包装商姓名、地址和认证编号。

（2）产品品质要求

在品质方面，FDA 主要检验是否存在污秽、腐败和外来物质。其他卫生标准包括食品添加剂、有害污染物、微生物标准要求，即对进口水产品要求各种致病微生物均不得检出；禁止使用氯霉素、己烯雌酚、二甲硝咪唑、其他硝基咪唑类、异烟酰咪唑、呋喃西林、呋喃唑酮、磺胺类药、氟乙酰苯醌和糖肽、二氧化硫等。

如货物经检验后证实符合规定，则海关登记的进口商、收货人（在适用的情况下）、申报人以及 CBP 会得到发货通知，告知该货物经 FDA 认可后准予入关。如果抽样检验表明所申报进口的货物违反美国法规要求，则可能会被 FDA 依据有关规定拒绝入境。

5. 自动扣留制度

美国对进口产品未进行实际检验而实施扣留（DWPE）的管理行为，通常称为自动扣留。FDA 宣布对某项产品采取"自动扣留"措施可能基于以下原因：

（1）至少有一个样品经检验发现对人体健康有明显危害，如有害元素、农药残留量超标，存在毒素、致病微生物、化学污染等，或含有未经申报批准的成分。

（2）如果有资料或历史记载，或接到其他国家有关部门的通告，表明某一国家（地区）的产品有可能对人体健康产生危害，并经FDA对上述消息来源进行评估，确认该类产品在美国也可能造成同样的危害，则FDA也可宣布对此类产品采取"自动扣留"措施。

（3）多个样品经检验不合格，但对人体健康未存在明显危害，如变质异味、夹杂物、标签不合格等，可按以下情况分别对生产商、出口商或国家（地区）宣布采取"自动扣留"措施：

①如果某生产厂家或出口商的输美产品，在最近6个月中至少有3批货物被FDA检查时发现问题，予以"扣留"处理，且不合格样品超过被检样品的25%，则FDA将对该生产厂家或出口商输美的此类产品采取"自动扣留"措施；

②如果某个国家（地区）的输美产品，在最近6个月中至少有12批货物被FDA检查时发现问题，予以"扣留"处理，且不合格样品超过被检样品的25%，则FDA将对该国家（地区）输美的此类产品采取"自动扣留"措施；

③如果某一制造商或出口商的输美产品不止一种，如在最近6个月中有6批货物（不论是否为同一产品）被检查发现问题，予以"扣留"处理，且不合格样品超过被检样品的25%以上，则FDA将对该制造商或出口商的此类输美产品采取"自动扣留"措施。

凡被施以"自动扣留"措施的产品运抵美国后，必须经美国当地实验室检验合格并经FDA驻当地的分支机构审核认可后，海关才准予放行。通常FDA对进口水产品进行抽查检验时，所需费用均由FDA承担，进口商不必为此交纳检验费，但若该项产品被列入"自动扣留"名单，则货物运抵后，必须由进口商去找FDA认可的实验室进行检验，所需费用完全由进口商承担。当然，这批费用最终将转嫁到出口商或生产厂家。

根据"自动扣留"措施的有关规定，在 FDA 对该国家（地区）宣布"自动扣留"措施后，该国家（地区）任一生产厂家或出口商如果连续 5 批商业性到货，经美国当地实验室检验合格，并经 FDA 审核同意放行，则该生产厂家或出口商可向 FDA 提出申请，要求解除对其实施的"自动扣留"措施，同时还需附上每次检验合格的证明及 FDA 的放行单，如获审查通过，则可将该生产厂家或出口商列入解除"自动扣留"名单的附件中。该附件可逐年增加或减少，即如果有些生产厂家或出口商又被检查出不合格品，则将其从附件名单中删除。这个名单是在"自动扣留"公告公布后逐渐形成并不断完善的。

如果经过对该国家（地区）的整体评估，质量问题出现率低于 10% 时，即可考虑解除对该国家（地区）的"自动扣留"，需由该国家（地区）的有关主管部门提出申请后，经 FDA 对改进情况进行评估认可后，予以正式宣布。从宣布"自动扣留"到解除"自动扣留"，这个过程可长可短，但并非易事。

6.3.3 进口后监管

实行不合格食品的通报制度。当 FDA 在入境口岸检查进口的食品并确定其不符合美国法规规定时，这些食品则会被拒绝进口。对于被拒绝入境的食品，通常在 FDA 发布拒绝通知之日起 90 天内，在 FDA 和 CBP 的监督下进行再出口或销毁处理，如果没有按要求处理，CBP 可能会从保证金中扣除违约赔偿金。

6.4 美国通报中国水产品不合格情况分析

美国为中国水产品主要出口贸易国之一，在中国水产品出口贸易中占据重要地位。

SPS 措施一直是美国在水产品方面实施技术性贸易措施的主要工具。近年来，美国涉及水产品的 SPS 通报不断，有关的标准限量、技术法规及合格评定程序等都在范围、数量上进行不断的更新和完善，增大了应对难度，成为中国水产品出口受阻最严重的国家之一，严重影响了中国对美国水产品出口贸易的健康顺利发展。

在实际贸易中，SPS 措施对中国出口美国水产品造成了负面影响：一方面提升了中国水产品出口价格，削弱了中国水产品出口竞争力；另一方面抑制了中国水产品出口规模，加大贸易摩擦风险，对中国水产品出口美国的持续健康发展带来了较大的贸易障碍。

2019 年 11 月 1 日至 2024 年 10 月 31 日，美国共通报了 639 批次中国出口水产品及其加工品不合格信息。美国通报的水产品对华预警不合格细品类中，生鲜、冷冻水产品通报批次最多，为 483 批次。美国通报的中国出口水产品不合格细品类数量见图 6-1。

美国通报的中国出口水产品不合格原因主要是运输损坏、其他兽药残留超标（备注：美国未通报具体的兽药品种），详细不合格原因见图 6-2（由于具体不合格原因数量较多，小于 5 批次的均归为其他）。

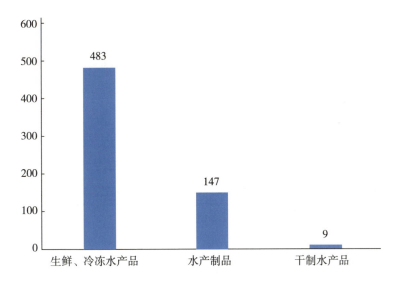

图 6-1　美国通报的中国出口水产品不合格细品类数量统计图

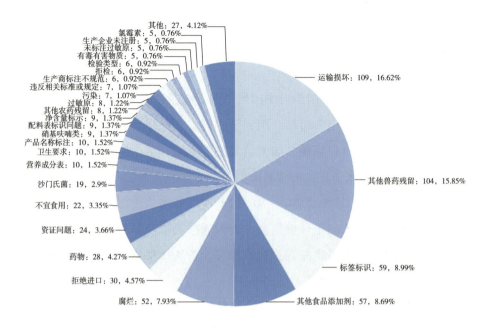

图 6-2 美国通报的中国出口水产品不合格原因数量及占比*

6.5 中美对比分析

6.5.1 水产品标准法规体系对比分析

中国建立了以《中华人民共和国食品安全法》和《中华人民共和国农产品质量安全法》为基础的水产品质量安全法规体系，涵盖了生产、加工、流通全链条的详细规定，确保法律法规的权威性和执行力。美国既有《联邦食品、药品和化妆品法》《食品安全现代化法》等综合性法律，也有针对具体食品的详细法规，如针对水产品的联邦法规等，还有更加详细的行业指南，如 FDA 发布的《鱼和水产品》等具体规定。两国法律法规体系虽然有所不同，但都致力于确保水产品的安全性和质量。

---

* 针对本书中中国出口水产品不合格原因统计图，由于可能存在一批次产品有多个不合格原因的情形，故统计图中各不合格原因相应批次数的加和可能大于我国出口该国家（地区）总不合格批次数。

6.5.2 水产品安全监管体系对比分析

1. 监管机构及其职能划分方面

中国在水产品质量安全监管上采取多部门协同机制，农业农村部负责生产源头至入市前的监管，市场监管部门负责市场流通环节的监督，海关则专注于进出口检验，各级政府亦发挥协调作用。而美国则构建了联邦、州、地方三级监管体系，其中 FDA 在水产品监管中占据核心地位，负责全国性及州际的食品安全事务，确保监管的全面性和专业性。

2. 市场准入方面

美国对于食品企业的市场准入实施分类管理，水产品企业需由美国海洋渔业局发放捕捞许可证。国外输美食品企业需向 FDA 进行备案。备案信息既包括企业的基本信息，也包括产品的信息。新颁布的美国《食品安全现代化法》要求上述企业必须每年对备案信息进行更新。该备案与中国对出口食品企业的备案不同，只是由企业提交企业信息及产品信息，FDA 不对信息进行评估和审批。

中国对食品企业则采取较为严格的生产许可制度，食品企业从事食品生产加工经营前，必须获得营业执照、食品生产许可证等众多的行政审批。

3. 不合格品管理方面

中国对于不合格水产品的管理主要依赖于政府部门的监督和处罚，通过严格的检验检疫制度和法律法规来确保不合格产品不得流入市场。美国建立了完善的不合格产品管理制度，尤其是针对进口水产品的自动扣留和拒绝进口制度，最大限度地保障了美国进口水产品的安全性。一旦发现产品存在安全隐患，企业需立即启动召回程序，并接受政府部门的监督和指导，确保不合格产品得到及时、有效的处理，保障消费者安全。

4. 产品追溯制度方面

中国的水产品追溯制度正在逐步完善中，信息化和标准化程度在不断提高。美国的水产品质量安全可追溯体系已相对成熟，相关法律法规和技术应用体系已趋于完善。通过信息化技术和法规要求，美国实现了从生产源头到消费终端的全链条追溯，有效提升了水产品的安全性和透明度，为消费者提供了更为可靠的食品安全保障。

6.5.3 水产品进出口监管体系对比分析

中国对进出口水产品实施严格的检验检疫制度，由海关统一负责，确保进口产品符合中国标准，出口产品满足国际要求，维护国内消费者健康和国际贸易秩序。美国则通过 FDA 等机构实施严格的进出口监管，不仅要求进口水产品满足美国严格的食品安全标准，还通过国际合作机制加强出口产品的质量控制。2023 年 2 月，FDA 发布《进口水产品安全行动说明》，介绍了保证进口水产品安全性的目标和综合方法，该方法包括将新的进口监督工具与现有工具相结合，以确保美国进口水产品的安全性。

在国家准入方面，中美均对进口水产品实施严格的准入管理，即对进口国家的食品安全管理体系进行评估，要求能够确保其水产品的安全；在企业注册方面，中美均要求境外水产品生产企业获得注册 / 备案，满足要求方可进口；在进口查验方面，近年来，中美均在不断改进查验制度和流程，针对不同风险级别的产品采取不同的查验频次和方法，但两国在风险分级标准及相应的查验措施尺度方面均有所差异。具体来说，美国根据各种食品安全风险因素，确定进口食品是否需要实施口岸查验，以及查验的频次和项目，其查验模式分为直接放行、抽查、自动扣留 3 种。而中国在口岸对进口食品逐批实施检验检疫，检验检疫内容涵盖验证、查验、抽样检验等。除此之外，中国还对进口食品实施监控制度，对检验标准规定以外的项目制订监控计划，及时发现存在的风险并采取措施。

第七章

Chapter 7

欧盟水产品技术性贸易措施与对比分析

7.1 水产品安全法律法规标准体系

7.1.1 欧盟水产品安全法律法规制定原则和程序

　　欧盟在制定水产品安全法律法规时遵守 WTO/SPS 规定的义务，如果有国际标准，应优先考虑采用国际标准；如果没有国际标准，或认为国际标准达不到希望的保护水平，则可以在风险评估的基础上制定相关管理要求；如果识别出了健康危害，但科学依据不够充分，可以制定临时实施的预防性措施，预防性措施应与危害相适应且不能对贸易造成影响，在合理的时限内必须对预防性措施实施评估。

　　欧盟立法程序主要包括：立法建议（欧盟委员会、欧洲议会、欧盟理事会都可以提出立法建议）；立法机构审核（由欧洲议会和欧盟理事会互相审核，其中一个机构提出审核建议后提交给另外一个机构审核，如果不同意可提出建议退回再审，往返三次后，如果还不能达成一致，将成立临时协调机构共同审核）；公布立法草案征求意见；立法。欧盟委员会根据法律授权可以制定授权法案（delegated act）和实施法案（implementing act），这两类法规不需要通过立法机构，可由欧盟委员会直接制定。制定程序主要包括：征求法制委员会（欧盟委员会内设部门）意见；公布法规草案，征求大众意见和建议；正式制定法规。

7.1.2 欧盟水产品安全法律法规

欧盟根据"从农田到餐桌"整个食品链，在初级生产（种植、养殖管理）、生产加工卫生、食品安全卫生标准、官方管理等领域制定独立的法律法规，并根据需要不断进行修订，修订后的内容在一定时限内融入原法律法规中。欧盟法规的编号主要包括制定的年份和序号，比如（EC）No 852/2004《食品卫生要求》是于 2004 年制定的序号为 852 的法规。为了方便查询，欧盟在法规管理时，将该法规所有的修订法规、根据该法规制定的其他法规、涉及该法规的其他法规以及该法规的历次更新版本等与原始版本建立了链接。

1. 初级生产管理要求

水产品初级生产主要包括对种植、养殖、运输和动物福利的管理要求。具体法规主要包括：

（1）98/58/EC《养殖动物保护总体要求》；

（2）（EC）No 1/2005《运输过程中的动物保护》；

（3）（EC）No 1099/2009《动物屠宰保护条例》；

（4）（EC）No 852/2004《食品卫生要求》附件规定了水产品养殖和运输等基本要求；

（5）（EU）2016/429《可传染性动物疾病》。

2. 生产加工卫生要求

生产加工卫生要求主要规定了食品生产企业基本要求、卫生加工要求、食品安全管理体系要求等。具体法规包括：

（1）（EC）No 852/2004《食品卫生要求》规定了所有食品生产企业在厂区、车间、设备设施、生产用水、包装运输等方面的卫生要求，同时规定生产企业是食品安全第一责任人，食品生产企业应制定实施基于 HACCP 原理的食品安全管理体系。

（2）（EC）No 528/2012《生物杀灭剂的使用和销售》规定了食品生产企业对消毒剂的使用和销售要求。

（3）（EU）2017/1273《批准次氯酸钠释放活性氯作为活性物质用于第 1、2、3、4、5 类产品的生物杀灭剂》批准在食品生产企业使用次氯酸钠。

（4）（EU）2017/1274《批准次氯酸钙释放活性氯作为活性物质用于第 2、3、4、5 类产品的生物杀灭剂》批准在食品生产企业使用次氯酸钙。

（5）（EC）No 853/2004《动物源性食品特殊卫生要求》规定了动物源性食品生产企业应符合的特殊要求，包括包装标识、检疫合格章的使用、食品链信息、水产品等不同动物源性产品应符合的具体安全卫生要求等。规定了动物源性食品的定义，例如"Fishery product"（水产品）包括所有野生或饲养的海水或淡水动物的可食部分及其制成品（其中不包括活双壳类软体动物、活棘皮动物、活被囊类动物、活海洋腹足动物以及所有哺乳动物、爬行动物和蛙类）；"Fresh fishery product"指未经加工的水产品，包括真空或气调包装的产品，产品未经除冷藏以外的任何处理；"Prepared fishery product"指未经加工但经过了影响其完整性处理的水产品，这些处理包括取出内脏、去头、切片、剁碎等。规定了水产品的卫生标准，要求除了保证达到（EC）No 852/2004 规定的微生物标准外，食品生产经营者还必须根据产品或物种的自然属性，确保销售可食用的水产品的标准达到（EC）No 853/2004 要求。

（6）（EC）No 2074/2005《针对部分产品制定了具体贯彻实施 852、853、854 和 882 要求的措施》规定了食品链信息的相关要求、生产过程中水产品寄生虫感官检验、水产品鲜度检测及部分产品的证书格式等。食品链信息应包括养殖场动物流行病状态（非疫区等）、动物健康状况、兽药的使用情况、影响肉类安全的动物发病情况、疫病控制和残留监控取样检测情况、过去相关的宰前宰后检验报告、与动物疫病可能相关的生产数据、养殖场非官方兽医的姓名和地址。

3. 食品安全卫生要求

（1）农药残留

欧洲议会和理事会条例（EC）No 396/2005 规定了农药残留的要求，包含 7 个附录，要求未制定农药残留限量的农药需要符合默认限量 0.01mg/kg。附录的内容如下：

①附录 I 列出了农药最大残留限量值（MRLs）所适用的食品和饲料目录。该附录是根据委员会条例（EC）No 178/2006 确定所适用的食品和饲料目录。该附录包括 315 种产品，其中有水产品。

②附录 II 列出了所制定的农药最大残留限量值的清单。该附录详细列出了 245 种农药最大残留限量值。

③附录 III 列出了欧盟暂定农药最大残留限量值的清单。该暂定标准存在于对 2008 年 9 月 1 日前欧盟各成员国所设定的农药最大残留限量值的协调统一过程中。该附录详细列出了 471 种农药的暂定残留标准。

④附录 IV 列出了 52 种由于其低风险而不需要制定最大残留限量值的农药。

⑤附录 V 列出了除 0.01mg/kg 以外的默认残留限量值的农药清单。

⑥附录 VI 列出了加工食品和饲料的农药最大残留限量值的转化因素清单。

⑦附录 VII 列出了作为熏蒸剂的农药清单。

（2）兽药残留

①（EU）No 37/2010《动物源性食品中兽药残留限量》，附件中列出了禁止在动物中使用的兽药和制定了残留限量要求的兽药名单。

② 96/22/EC《禁止在动物养殖中使用激素或甲状腺素抑制剂和 β－激动剂》规定了禁止在动物养殖中使用的激素类的兽药。

③（EU）2017/625《官方控制法规》规定了官方的残留监控计划要求，同时规定向欧盟出口动物源性食品的国家应按要求向欧盟提供残留监控计划并获得批准。

④ 2002/657/EC《执行 96/23/EC 时的检测方法和检测结果说明》规定了呋喃类、氯霉素、孔雀石绿和醋酸甲羟基孕酮的检测限。

（3）污染物

（EEC）No 315/93《食品中污染物管理程序》规定了食品中的污染物的共同体程序。

（EU）2023/915《关于食品中某些污染物的最高限量的条例》规定了食品中污染物的残留限量。其中部分水产品中污染物限量见表 7-1。

表 7-1　欧盟部分水产品中污染物限量

指标名称	适用范围	限量要求
多环芳烃：苯并 [a] 芘、苯并 [a] 蒽、苯并 [b] 荧蒽和䓛的总和	熏制水产品，不包括列于 5.1.8 的产品	12.0 μg/kg
多环芳烃：苯并 [a] 芘	熏制水产品，不包括列于 5.1.8 的产品	2.0 μg/kg
非二噁英类多氯联苯	水产制品和双壳类软体动物，不包括列于 4.1.6（野生捕捞淡水鱼的肌肉及其制品）、4.1.7（野生捕获的刺角鲨的肌肉及其制品）、4.1.8（野生鳗鱼的肌肉及其制品）、4.1.9（除 4.1.10 所列产品外的鱼肝及其制品）、4.1.10[海洋油（投放市场供最终消费者使用的鱼体油、鱼肝油和其他海洋生物油）]	75ng/g （湿重）
二噁英和类二噁英多氯联苯	水产制品和双壳类软体动物，不包括列于 4.1.6（野生捕捞淡水鱼的肌肉及其制品）、4.1.7（野生捕获的刺角鲨的肌肉及其制品）、4.1.8（野生鳗鱼的肌肉及其制品）、4.1.9（除 4.1.10 所列产品外的鱼肝及其制品）、4.1.10[海洋油（投放市场供最终消费者使用的鱼体油、鱼肝油和其他海洋生物油）]	6.5pg/g （湿重）

续表

指标名称	适用范围	限量要求
二噁英之和	水产制品和双壳类软体动物，不包括列于4.1.6（野生捕捞淡水鱼的肌肉及其制品）、4.1.7（野生捕获的刺角鲨的肌肉及其制品）、4.1.8（野生鳗鱼的肌肉及其制品）、4.1.9（除4.1.10所列产品外的鱼肝及其制品）、4.1.10[海洋油（投放市场供最终消费者使用的鱼体油、鱼肝油和其他海洋生物油）]	3.5pg/g（湿重）
铅	双壳类软体动物	1.50mg/kg
铅	甲壳类动物	0.50mg/kg
铅	头足类动物	0.30mg/kg
铅	鱼肉	0.30mg/kg
镉	头足类动物（无内脏）	1.0mg/kg
镉	双壳类软体动物	1.0mg/kg
镉	甲壳类动物	0.50mg/kg
镉	凤尾鱼肉（鳀鱼属）、箭鱼肉和沙丁鱼肉	0.25mg/kg
镉	子弹金枪鱼肉（舵鲣属）	0.15mg/kg
镉	鱼肉：马鲛鱼肉、金枪鱼肉、瓢鳍虾虎鱼肉	0.10mg/kg
镉	鱼肉，不包括3.2.14.2（马鲛鱼肉、金枪鱼肉、瓢鳍虾虎鱼肉）、3.2.14.3（子弹金枪鱼肉）和3.2.14.4（凤尾鱼肉、箭鱼肉和沙丁鱼肉）中列出的种类	0.050mg/kg
汞	鳗鲶肌肉	0.30mg/kg
汞	欧洲鳎肌肉	0.30mg/kg
汞	沙丁鱼肌肉	0.30mg/kg
汞	鲑鱼肌肉	0.30mg/kg
汞	绿青鳕肌肉	0.30mg/kg
汞	青鳕肌肉	0.30mg/kg
汞	湄公巨鲶肌肉	0.30mg/kg
汞	黍鲱肌肉	0.30mg/kg
汞	鲽鱼肌肉	0.30mg/kg
汞	欧洲川鲽肌肉	0.30mg/kg
汞	鲭鱼肌肉	0.30mg/kg

续表

指标名称	适用范围	限量要求
汞	黄盖鲽肌肉	0.30mg/kg
汞	鲤鱼肌肉	0.30mg/kg
汞	巴沙鱼肌肉	0.30mg/kg
汞	大西洋鲱鱼肌肉	0.30mg/kg
汞	大西洋鳕鱼肌肉	0.30mg/kg
汞	阿拉斯加狭鳕肌肉	0.30mg/kg

（4）微生物

（EC）No 2073/2005《食品微生物标准》规定了食品成品的微生物标准及验证生产加工过程卫生是否符合要求的微生物标准。部分水产品中微生物限量见表7-2。

表7-2　欧盟部分水产品中微生物限量

指标名称	适用范围	限量要求
组胺	有高含量组胺的水产品	$n=9$，$c=2$，$m=100mg/kg$，$M=200mg/kg$
组胺	在盐水中经过酶催熟的，有高含量组胺的鱼制品	$n=9$，$c=2$，$m=200mg/kg$，$M=400mg/kg$
沙门氏菌	熟制的甲壳类动物和软体贝类动物	$n=5$，$c=0$；在25g样品中未检测到
沙门氏菌	活双壳类软体动物、棘皮动物、被囊动物和海洋腹足动物	$n=5$，$c=0$；在25g样品中未检测到
大肠杆菌	活双壳类软体动物、棘皮动物、被囊动物和海洋腹足动物	$n=5$，$c=1$，$m=230MPN/100\,g$，$M=700MPN/100\,g$（肉体和壳内液）
大肠杆菌	熟制的带壳和去壳的甲壳类和软体甲壳类动物及制品	工艺卫生标准：$n=5$，$c=2$，$m=1CFU/g$，$M=10CFU/g$
凝固酶阳性葡萄球菌	熟制的带壳和去壳的甲壳类和软体甲壳类动物及制品	工艺卫生标准：$n=5$，$c=2$，$m=100CFU/g$，$M=1000CFU/g$

（5）食品添加剂

（EC）No 1331/2008《食品添加剂、酶制剂、香料批准程序》规定了食品添加剂、酶制剂和香料的一般审批程序。

（EC）No 1332/2008《食品酶制剂》规定了食品用酶制剂的管理要求。

（EC）No 1333/2008《食品添加剂》规定了酶制剂和香料以外的食品添加剂限量使用要求。

（EC）No 1334/2008《食品用香料》规定了香料及相关配料的使用要求，其中包括了批准使用的香料物质清单。

（EC）No 2065/2003《食品烟熏调味》规定了食品中使用的烟熏香料的使用要求。

（EC）No 1925/2006《食品中添加维生素、矿物质的统一要求》规定了食品中添加维生素、矿物质及其他特定成分。

除以上食品添加剂法规之外，欧盟针对食品添加剂限量要求建立了数据库。

（6）食品接触物质

（EC）No 1935/2004《关于食品接触材料和制品的法规，并废止指令80/590/EEC 和 89/109/EEC》为欧盟食品接触材料的框架法规，该法规共列举了 17 类材料和制品，要求对这 17 类材料、制品以及复合物、生产中使用的回收材料和制品制定专门的管理要求。但目前仅制定了以下几种材质的法规要求：塑料及其制品 [（EU）No 10/2011]、活性和智能材料 [（EC）No 450/2009]、再生塑料 [（EC）No 282/2008]、再生纤维素膜（2007/42/EC）、陶瓷（84/500/EEC）；针对特定物质还制定了具体的管理要求，如亚硝胺类（93/11/EEC）、环氧衍生物 [（EC）No 1895/2005]。

（7）标签

欧盟食品标签的要求包括了通用标签的要求及特定食品类别标签的要求。

通用食品标签要求在（EU）No 1169/2011《向消费者提供食品信息的规定》中进行了规定，规定了食品标签的一般要求、强制标示的食品信息等，强制要求非预包装食品提供过敏原信息，对多数预包装食品要求提供一定的营养信息。

特定食品类别的标签要求在具体产品法规中进行了说明，如（EC）No 834/2007《有机生产及有机产品标签》等。

对于所有的营养和健康的声称需注册后方能使用。（EC）No 1924/2006《食品营养和健康声称》规定营养声称如"低脂肪""高纤维"，健康声称如"维生素D是儿童正常发育所需的营养物质"，都是在注册清单中才可以进行声称。声称只要保证所表达的意思和法规中的相似，且在（EC）No 1924/2006给出的营养声称清单或（EC）No 432/2012给出的健康声称清单中即可。

7.2 水产品安全监管体系

7.2.1 欧盟水产品安全管理概况

欧盟法律法规主要有下列三种形式：规章（Regulation）、指令（Directive）、决议（Decision）。规章是直接适用于各成员国，无须转化为本国的法规要求；指令即各成员国需将指令的要求转化为本国的法规要求；决议是针对具体的事项制定的法规，如制定输欧水产品的国家准入名单、针对具体国家出口欧盟动物源性产品的保护措施（2002/994/EC《针对中国输欧动物源性产品采取的保护措施》）。

根据"从农田到餐桌"全过程食品安全管理理念，欧盟法律法规可以分为食品安全管理基本法、初级生产管理要求（种植、养殖管理）、生产卫生管理要求、产品安全标准、官方管理要求等五个方面及指南文件。

1. 食品安全管理基本法

欧盟食品安全管理基本法是（EC）No 178/2002《食品法基本原则和要求，成立食品安全局，制定与食品安全有关的程序》，食品安全管理基本法包括三项基本内容：制定食品安全法律法规时应遵循的基本原则和要求；成立行使风险评估和科学研究职能的食品安全局，规定三项与食品安全有关的工作机制，包括快速预警机制、应急处理机制和危机管理机制。

（1）制定食品安全法律法规时应遵循的原则

①遵守 WTO/SPS 规定的义务，如果有国际标准，应优先考虑采用国际标准；如果没有国际标准，或认为国际标准达不到希望的保护水平，则可以在风险评估的基础上制定相关管理要求；如果识别出了健康危害，但科学依据不够充分，可以制定临时实施的预防性措施，预防性措施应与危害相适应且不能对贸易造成影响，在合理的时限内必须对预防性措施实施评估。

②保护消费者利益：防止欺诈、误导消费者。

③透明度原则。

④食品、饲料贸易：从欧盟出口的水产品应符合欧盟的食品安全法规要求，除非进口国另有要求或双边协议另有规定。

⑤积极参与国际标准的制定，促进等效性认可工作，关注发展中国家的贸易需求，确保国际标准不会对发展中国家造成不必要的障碍等。

（2）制定食品安全法规基本要求

列明不安全的情况，不安全的不能销售，检出不合格后应判定整批不合格（也可以对同批剩余产品进行详细评估后确定是否合格）；标签、宣传不能误导；列明企业和官方职责，企业是食品或饲料安全第一责任人，官方应实施监督管理确保企业符合安全要求；产品需具有可追溯性。

（3）三项与食品安全有关的工作机制

一是快速预警机制：收集风险信息；二是应急处理机制：应急处理一般在 10 个工作日内应进行确认、修订、取消或延期；三是危机管理机制：如成立临时的危机管理部门，负责收集信息及与公众沟通。

2. 初级生产管理要求

初级生产包括种植、养殖和运输环节。初级生产管理要求涉及种植、养殖和动物福利要求。

3. 生产卫生管理要求

生产卫生管理要求主要规定了水产品在生产加工过程中应遵守的生产

加工设施要求、生产加工卫生要求、食品安全管理体系（如 HACCP 体系）要求、生产加工过程卫生验证要求（微生物检测）、生产过程中消毒剂使用要求等。

4. 产品安全标准

产品安全标准包括产品中农药残留限量要求、兽药残留限量要求、污染物限量要求、微生物限量要求、标签和营养要求、食品添加剂要求、香料要求、色素要求、食品接触物质要求等。

5. 官方管理要求

官方管理要求主要包括对水产品生产企业的注册备案要求、官方监管要求、残留监控要求、进口食品管理要求等。

6. 指南文件

为了指导官方管理人员、企业深入理解和正确执行相关法律法规，确保符合法律法规要求，欧盟在三个层面制定了指南文件：欧盟指南文件、各成员国指南文件、协会指南文件。指南文件不能作为法律法规的依据，只能作为指导性材料。目前，欧盟指南文件包括指导企业实施卫生管理和食品安全管理体系（如 HACCP 体系）的指南，官方对复合食品（即含动物源性成分又含非动物源性成分的食品）的界定和管理指南等。

7.2.2 欧盟水产品安全管理机构及职责

欧盟实行立法、司法和行政三权分立的管理架构。

1. 欧盟立法机构：欧盟理事会和欧洲议会

（1）欧盟理事会

欧盟理事会（Council of the European Union）由欧盟各成员国部长组成，因此又称"部长理事会"，简称"理事会"（the Council），是欧盟的重要决策机构。欧盟理事会负责日常决策并拥有欧盟立法权。

（2）欧洲议会

欧洲议会（the European Parliament）是欧盟的立法、预算、监督机构。

欧洲议会成员由选民直接选举产生，任期5年。主要权力包括立法权、预算决定权、民主监督权。

2.欧盟行政机构：欧盟委员会

欧盟委员会（European Commission）是欧盟的常设执行机构，是最高的行政机构。欧盟委员会在政治上独立，代表并维护欧盟的整体利益。欧盟委员会由每个成员国各1名代表组成。

3.欧盟食品安全管理具体执行机构

（1）欧盟委员会下设的健康和食品安全总司

健康和食品安全总司是直接负责管理和执行欧盟食品安全法规和政策的机构。其主要职责包括："从农田到餐桌"食品链全过程的管理，生物和化学风险的管理，残留、食品饲料添加剂、接触材料，植物健康和植物保护产品，动物健康和福利、动物饲料安全，食品标签，成员国和第三国食品法规的检查和监控，快速预警系统和风险管理，以及代表欧盟履行国际卫生和食品安全事务等。

（2）健康、食品审核和分析司

健康、食品审核和分析司负责监督欧盟政策的执行。主要任务是监督成员国和第三国是否遵守欧盟的兽医、植物卫生和食品卫生法律。通过检查确定整个生产链是否符合欧盟食品安全和卫生立法，向利益相关者通报评估的结果，进而提高食品安全和质量。

在欧盟有关指令和决议的授权下，负责制订每年核查计划，选择优先国家并实施核查；核查后形成报告，草案先给被核查国主管当局评议；向被核查国提出整改建议，要求对方拿出整改措施；与欧盟委员会其他部门一起评估整改行动计划，并通过随后的一系列活动监督整改行动计划的执行；在合适的时期，提请欧盟委员会明晰、修正法规或新立法规；负责欧盟农药残留年度报告以及年度工作报告，评估核查计划的进展，提交全球核查结果等。

核查范围包括：检查成员国动物源性食品的监控系统，化学品（如兽药、生长激素、农药）使用和进口产品；流行病（如猪瘟）；动物运输、屠宰等；水果和蔬菜的农药残留，转基因产品等。

（3）欧洲食品安全局

欧洲食品安全局（EFSA）是在欧盟层面成立的风险评估和科学研究机构。欧盟立法机构和欧盟委员会在提出立法建议时，需要在实施风险分析的基础上合理制定相关的法律法规，欧洲食品安全局具体实施风险评估，并提出科学建议，为立法工作提供技术支撑。科学工作组具体实施风险评估。科学工作组主要包括食品添加剂和营养物质工作组，饲料添加剂工作组，植物保护产品（农药等）及其残留工作组，转基因物质工作组，减肥产品、营养物质和过敏原工作组，生物危害工作组，污染物工作组，动物健康和福利工作组，植物健康工作组，食品接触材料、酶制剂、调味品和加工助剂工作组。科学工作组和另外6名独立的专家共同组成科学委员会，具体负责风险评估和科学研究的组织协调工作。

7.3 水产品进口监管体系

7.3.1 进口前监管

欧盟对水产品生产企业采用注册管理方式，主管部门对注册企业进行现场检查。如果检查发现企业需要改进，将给予3~6个月的有条件批准期限，以便企业完成必要的整改。

（EU）2017/625《官方控制法规》规定应制定允许向欧盟出口动物源性食品的国家名单，允许向欧盟出口动物源性食品的国家应有欧盟批准的人畜共患病控制计划和残留监控计划。同时根据产品类别制定具体的允许向欧盟出口的企业名单，在某些情况下也可以不制定企业名单，如（EC）No 853/2004《动物源性食品特殊要求》附件没有规定要求的可以不必制定企业名单。欧盟对进口食品的具体管理要求包括：

1. 进口食品管理基本要求

①确定需要实施准入的产品名单；

②制定准入国家名单；

③制定准入企业名单；

④制定证书样本；

⑤针对具体国家制定特殊的保护措施；

⑥口岸管理。

（EC）No 853/2004 附件规定的动物源性食品都需要实施准入；2011/163/
EU《批准第三国根据 96/23/EC 提交的残留监控计划》列举了能够向欧盟出
口动物源性食品的国家，其中批准我国的动物品种包括：禽、养殖水产品、蛋、
兔和蜂蜜。

2. 具体产品的准入国家名单和证书要求

①（EU）2021/405《输欧动物源性食品准入名单》：中国目前获准向欧
盟出口的水产品包括扇贝柱，但双壳软体类、棘皮类、被囊类和海洋腹足
动物等暂未列入许可范围。此外，中国可向欧盟出口的养殖水产品主要涵
盖易患流行性溃疡综合征的鱼类，如鲤鱼、草鱼等。

②（EU）2020/2235《动物源性产品卫生证书模板》：该法规制定了某些
动物源性产品的卫生证书模板，其中包括了水产品的卫生证书模板。

7.3.2 进口时监管

进口时欧盟会对水产品进行口岸检查。

（EU）2017/625《官方控制法规》要求对进口货物进行检查，主要涉及
文件检查、随机识别检查以及物理检查等。

2002/994/EC《针对中国输欧动物源性食品采取的保护措施》规定，中
国产的养殖水产品、虾、小龙虾在出口前官方主管部门必须检测氯霉素、硝
基呋喃及其代谢物，养殖水产品还需检测孔雀石绿、结晶紫及其代谢物。

7.3.3 进口后监管

1. 记录保留和溯源制度

根据（EC）No 178/2002 要求，水产品在生产、加工和分销的所有环节都必须具有可追溯性。产品必须被适当标识，便于追溯。欧盟法规要求食品经营者能够分辨其所提供的商品从哪里来，卖到哪里去，并具备相应的系统或程序，该程序在主管当局提出要求时可为其提供供货方及货物购买方的相关信息。为了保证水产品可追溯，2011/91/EU《食品应标示明确的批次记号》规定，所有的食品（除初级农产品、非预包装食品、包装物的最大面积小于 10cm² 的预包装食品）都需要按照一定的规则标注产品批号。

为便于追溯，欧盟已经要求各成员国采用国际物品协会的"全球统一编码系统"（EAN.UCC）。利用全球统一编码系统，可以掌握水产品的全部必要信息，一旦发生威胁人类健康的突发性食品安全事件，可以立即追踪到储运、加工和生产的各个环节，直至农产品种植或饲养的源头。该系统自20 世纪 70 年代在欧洲建成以来，被成员国广泛应用。欧盟还制定了一系列配套的法律、法规和技术法规来确保农产品供应链上各个环节信息的真实、可靠。应用 EAN 编码技术后，水产品等农产品销售商在供货时会多出一个条形码，主要用于标识水产品的批次、养殖过程等信息。同一品种、同一生产条件、同一批次的产品使用同一个条形码，专门用于产品追溯。水产品拥有了统一编码，就相当于被颁发了"身份证"，欧盟可根据这种"身份证"了解产品的上游供应链，跟踪产品的下游消费者，在必要时将水产品对消费者产生的不良影响降至最低，同时也可以最大限度减少企业的损失。

2. 风险监控制度

欧盟健康、食品审核和分析司专门负责农兽药和化学污染物残留监控行动。该办公室负责制订年度残留监测计划，并与各成员国内相应机构联系，督促其制订本国残留监测计划和协作残留监测计划，公布残留监测结果，并对第三国残留监控情况进行核查验证。欧盟自 1996 年起启动了共同体农药残留监控计划。该计划共分为两个层面：欧盟层面和国家层面。欧盟层面监控计划是一个覆盖主要农兽药和农产品的周期滚动计划。以指令形式制定一个 3 年的食品监控计划，选取欧盟市场上常见的 30 种食品，监测 200 个左右农兽药项目。根据成员国消费量，通过二项式概率分布统计分析确定各成员国需要采集的最小样品量。国家层面监控计划根据欧盟层面监控计划的要求和各国的生产消费情况确定需要检测的产品和农药，一般也需覆盖多年。实施一年以上的监控计划必须每年向欧盟委员会的健康、食品审核和分析司提交监测报告，以提供在本区域和本国对检测结果处理的措施。如果在共同体内检出阳性样品，成员国的主管当局需及时获取所有必要信息，及时调查残留出现的原因，并采取相应的措施。如果从第三国进口的食品检测呈阳性，会将所有使用制品的种类和有关批次通告欧盟委员会，并立即通知所涉及的边检站。

欧盟对进口水产品的监控涵盖在整体监控计划中，没有指定专门针对进口水产品的监控计划。根据（EU）2017/625《官方控制法规》，对于出口到欧盟的水产品，欧盟要求第三国必须实施与欧盟等效的兽药及特定活性物质的监控计划，并经检查核实。

3. 风险预警制度

为加强水产品风险信息的评估与交流，欧盟专门建立了食品和饲料快速预警系统（RASFF）。RASFF 是一个基于信息传递网络的预警体系，欧盟委员会对 RASFF 网络的管理负责（具体由欧盟委员会健康和食品安全总司负责协调），欧洲食品安全局也是体系成员之一。在 RASFF 系统下，各个成员国有义务对所发现的水产品安全信息向 RASFF 通报。网络中的某一成员国如发现任何有关水产品引发人类健康直接或间接风险的信息，应立即在快速预警系统下通知委员会，委员会将信息传达给网络中的各成员国。欧洲食品安全局可补充发布一些科学技术信息通知，以利于成员国采取快速、适当的风险管理活动。同时，对于各成员国所采取的下列措施都应向 RASFF 通报：

①为了保护人类健康而采取的任何措施和快速行动，如严格限制市场准入，强制撤出市场，水产品的召回等。

②当对人体健康有严重风险，需要采取快速行动时，对经营者提出任何建议或与其达成任何协定（不论是自愿的还是强制的）。这包括旨在阻止、限制市场准入，对市场准入提出特殊条件，或阻止、限制水产品的最终用处，对其最终用途提出特殊条件。

③欧盟境内发生的，由于对人类健康产生直接或间接风险，而由边境的管理部门拒绝入境任何一批或一个集装箱的水产品。

发布通报信息的成员国，应同时提供其食品安全管理部门为何采取此类措施的详细说明，并在适当时候，特别是在通报的措施已更改或取消时，后继通报其补充信息。欧盟委员会应立即将获得的通报信息及补充信息传达给网络的各成员国。在欧盟境内，边境食品安全管理部门拒绝一批或一个集装箱货物入境时，欧盟委员会应立即通报欧盟的所有边境和作为原产地的第三国。如果警示通报所涉及的产品已经对第三国出口，欧盟委员会则有义务通知该国；当原产于某国的产品被通报时，欧盟委员会也要通知该国，以使其能采取措施避免再次重复同样的问题。

在 RASFF 系统中，欧盟委员会每周发布警示通报和信息通报。为了在保持公开度和保护商业秘密之间寻求平衡，通报不公布相关贸易和公司的名称。这样操作并不会影响对消费者的保护，因为 RASFF 通报意味着已经采取或正在采取相应措施。但当对人类健康的保护要求更大的透明度时，欧盟委员会会通过其正常渠道采取必要的行动。同时，欧盟委员会还会对上一年度的通报情况做系统、全面的分析，形成年度分析报告。

4. 不合格产品召回制度

欧盟要求，如果经营者对其进口、生产、加工制造或营销的水产品感到或有理由认为不符合安全要求时，应立即着手从市场撤除，并通知有关部门。经营者应准确地通知消费者撤出的原因，在其他办法效果欠佳时，应从消费者处召回有关产品。从事零售、营销活动的经营者应在其相应行为范围内从市场上撤出不符合安全要求的食品，并应通过提供有关追溯信息，配合生产者、加工者、制造者和有关部门的措施而为食品安全做贡献。

7.4 欧盟通报中国水产品不合格情况分析

根据欧盟统计局和中国统计年鉴的分析，中国水产品对欧盟的出口在2023年经历了下降趋势，但在2024年出现了回升迹象。欧盟作为中国水产品的关键出口市场之一，在双边贸易中占据了重要位置。然而，中国水产品在出口至欧盟的过程中也面临着挑战。

2019年11月至2024年10月，欧盟通报了92批次中国出口水产品及其加工品不合格的情况。通过食品抽检信息查询分析系统的统计与分析，发现中国向欧盟出口的水产品在微生物、食品添加剂、污染物、资质和农药残留等方面存在不合格问题（图7-1）。这些挑战凸显了出口企业在满足欧盟严格标准方面需要付出更多努力。

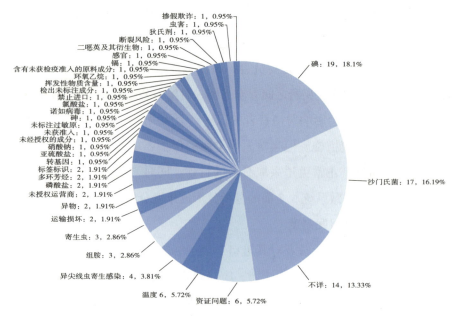

图7-1 欧盟通报中国出口水产品不合格原因数量及占比

在水产品出口领域，碘含量超标是中国藻类产品（如海带、紫菜）输欧不合格的主要原因。同时，在占中国水产品出口主要比例的动物性水产品中，沙门氏菌超标在输欧不合格原因中占据首位，需予以重点关注。（EC）No 2073/2005《食品微生物标准》规定了不同类型的水产品中沙门氏菌的限量要求，如规定熟制的甲壳动物和软体贝类动物沙门氏菌的限量为 $n=5$，$c=0$，在 25g 样品中未检测到，检测方法为 EN ISO 6579–1。

7.5 中欧对比分析

7.5.1 水产品安全管理体系对比分析

欧盟各成员国食品安全管理体系各不相同，农产品、食品由不同部门管理。食品安全主管部门可以授权有资格的机构参与食品安全管理，主管部门定期对其实施考核，确保其能够持续符合资格条件。被授权单位仅能行使对企业的监管职能，不能实施执法处理活动。欧盟要求各成员国指定一个联络机构，具体负责协调不同主管部门的工作，制订和提交跨部门、跨年度的监管计划，确保欧盟法规在各成员国统一实施。

欧盟根据"从农田到餐桌"的全过程管理原则，从种植、养殖、运输到加工生产、零售，包括饲料、农兽药、有机食品和转基因食品等，实施全方位的管理。官方管理措施包括对企业的备案、注册、监管、取样监测等。

中国和欧盟在食品安全监管体系方面存在较多相似之处，如在整个食品链中均采取多部门管理，官方管理的措施和内容基本相同。不同之处主要表现在两个方面：一是欧盟的食品安全管理机构主要负责制定统一的食品安全法律法规，而不直接参与具体的食品安全监管工作，这些具体监管工作由各欧盟成员国自行负责实施；而中国的食品安全管理机构不仅负责制定相应的法规，还直接承担着具体的监管职能。二是部门间协调，欧盟各成员国指定一个监管部门作为联络机构，负责与欧盟联系和协调各主管部门的监管工作，制订和提交跨部门、跨年度的监管计划；中国国务院食品安全委员会作为高层次的协调机构，负责统筹协调食品安全工作，但具体监管职能分散在多个部门，如国家市场监督管理总局、农业农村部、海关总署等。

7.5.2 水产品安全法规体系对比分析

综观欧盟食品安全体系，其法律渊源众多，结构完整，系统性强，在法律制定过程中强调以科学研究为后盾，严格遵守风险评估制度，可操作性强；在执行层面上，各成员国均发布相应的法律或指令，将欧盟指令转化为本国法律予以适用。

1. 法规系统性

欧盟在食品安全设计上围绕保证食品安全这一终极目标，贯穿风险分析、从业者责任、可追溯性和高透明度这 4 个基本要求，形成了一个包含食品化学安全、生物安全、食品标签、食品加工，以及部分重要食品的垂直性立法的完善的食品安全法规体系。这种一条主线、多个分支、脉络清晰的法律框架体系，使得欧盟的食品安全法规体系拥有一个从指导思想到宏观要求，再到具体规定的严谨的内在结构。我国的食品安全法规也很多，系统性还需加强。

2. 法规与标准的一致性

欧盟建立了全欧洲统一的食品安全管理机构，通过发布一系列的法规和指令来完善覆盖食品生产"从农田到餐桌"整个食物链的技术标准，真正做到了各成员国法规、标准的一致性。欧盟食品安全质量标准的制定，一方面尽可能参照或直接引用国际先进标准，同时参照各成员国的标准，既避免多重标准，又节约了制定标准所消耗的资源。这与我国目前多部门立法有所不同。

3. "从农田到餐桌"的全过程管理

欧盟的食品安全管理体系是最早引入"从农田到餐桌"概念的体系。欧盟的食品安全管理，十分注重强调执行 HACCP 管理程序，并在欧盟食品安全管理基本法中予以规定，尤其是对生产源头的安全质量控制。食品生产者、加工者都严格遵照有关环境质量标准、生产操作规范和投入品控制的有关标准，自觉地对各个环节实施严格管理，注重环境、生产、加工、包装、运输等各个环节的控制，并对各个环节都设置了相应的标准。我国近年来也提出了"从农田到餐桌"食品安全管理的概念，正在向真正的全过程管理努力。

4. 生产者、经营者对食品安全的责任

欧盟的食品安全管理体系以及所制定的一系列法规、指令，确立了食品生产商、销售商对食品安全需负主要责任的原则。这一原则加大了经营者的安全责任感，使生产经营者依靠自我核查机制及对污染物的现代控制技术来确保食品的安全卫生，自觉采纳 HACCP 等国际通用标准。在欧盟食品安全管理体系中，生产者、经营者不仅仅是被管理者，更是主要的参与者。欧盟对农场主提出了良好生产指南，规定了生产的原则和措施，以及如何处理可能出现的安全危害，从而保证了农产品能在适当的安全条件下生产出来。同时，欧盟的食品生产企业或经销企业都积极参与标准的制定，并向政府建议法律法规的修改，企业是标准制定的主体。我国在《中华人民共和国食品安全法》中也明确规定了相关的食品经营者的责任和义务。

7.5.3 水产品进出口监管体系对比分析

在水产品进出口管理方面，中国与欧盟展现出相似的严格监管态度。中国对进出口水产品实施了严格的检验检疫制度，由海关部门统一负责，以确保进口产品符合中国的食品安全国家标准，出口产品满足国际市场的要求，从而保护国内消费者的健康和维护国际贸易秩序。欧盟则通过其成员国执行严格的进出口监管措施，要求出口至欧盟的水产品必须遵守欧盟统一的法规以及各成员国制定的特殊要求。

在国家准入方面，中国和欧盟都对进口水产品实施了准入管理，包括对进口国家食品安全管理体系的评估，确保其水产品安全。在企业注册方面，中国和欧盟均要求境外水产品生产企业获得注册或备案，以满足进口要求。

在进口查验环节，欧盟对水产品实施边境查验，并针对中国向欧盟出口的水产品制定了特别的检查要求。

对于出口食品，欧盟主要要求产品满足进口国的标准，而中国则实行出口食品特有的"一个模式，十项制度"的管理模式。这种模式覆盖了从源头到出口环节的全过程管理，并由专门的进出口食品管理机构执行，职能专一且管理严格，从根本上保障了中国出口食品的质量安全。

7.5.4 具体技术性贸易措施对比分析

针对欧盟通报中国出口水产品不合格原因及欧盟水产品法规标准情况，以下将从微生物和污染物方面做简要分析。

1. 微生物

根据欧盟通报的中国输欧水产品近五年不合格预警信息分析，微生物中的沙门氏菌含量超标成为中国水产品进入欧盟市场的主要障碍。通过对比中国和欧盟微生物法规标准，我们发现中国要求水产制品中沙门氏菌的限量为 $n=5$，$c=0$，在 25g（mL）样品中不得检出，检测方法为 GB 4789.4；而欧盟要求水产制品中沙门氏菌的限量为 $n=5$，$c=0$，在 25g 样品中不得检出，检测方法为 EN ISO 6579–1。由此可见，中国和欧盟对沙门氏菌的限量要求在数值上是一致的，但使用的检测方法不同，这可能导致出口食品企业在检测过程中出现偏差。此外，欧盟除了制定沙门氏菌的限量要求外，还对水产品中的大肠杆菌提出了限量要求。

2. 污染物

欧盟法规（EU）2023/915《规定食品中某些污染物的最高限量》明确了水产品中二噁英类污染物的残留限量标准，而中国在污染物和真菌毒素的食品安全国家标准中尚未对二噁英类污染物设定具体的限量要求。这表明，在污染物限量标准方面，中国与欧盟之间存在显著差异。因此，向欧盟出口水产品的企业必须严格遵守欧盟制定的相关法规和标准，以确保其产品符合进口国的法规要求。

第八章

Chapter 8

加拿大水产品技术性贸易措施与对比分析

8.1 水产品安全法律法规标准体系

加拿大形成了较为完善的食品安全法律法规体系，其中与水产品安全相关的最主要的两部法律为《食品药品法》和《食品安全法》。依据这两部基础性法律制定了《食品药品条例》《食品安全条例》等法规。另外，《虫害管理法》和《动物卫生法》分别在农药安全使用和动物及其制品卫生安全管理方面发挥着积极作用。这些法律大都经过修订并有配套的实施条例，共同构成了加拿大较为完整的食品安全法律体系。

8.1.1《食品药品法》及其条例

《食品药品法》是基础性法律，主要针对包含水产品在内的各类食品、药品、化妆品和医疗器械的卫生安全以及防止商业欺诈。本法制定了保护消费者食品安全和健康的最低标准，食品、药品及化妆品的检验和管理措施，具体包括标签、认证、广告、进出口、生产及仪器设备等规定。

《食品药品条例》作为《食品药品法》的实施条例,对食品和药品的标准、标签、广告、销售等方面做了详细规定。《食品药品条例》与水产品相关的内容为 B 部分,其内容包括水产品等食品的标签标识、包装材料、新食品原料使用、辐照食品等相关规定,也有对具体食品产品标准的规定,包括食品质量规定、食品中微生物限量、食品添加剂和营养强化剂的使用等内容。其中 B.21 部分规定了海洋和淡水动物产品等的安全指标、食品添加剂使用、包装标识、加工过程、贮存运输方面的要求。

1. 食品添加剂

《食品药品条例》B 部分第 B.01.001(1)条明确了食品添加剂的定义。目前,加拿大水产品中允许使用的食品添加剂管理由加拿大卫生部负责,加拿大卫生部将食品添加剂按照作用类别分为 15 类,并对这 15 类食品添加剂进行营销授权,加拿大卫生部在其网站中公开食品添加剂列表,并随时修订。《食品药品条例》B 部分以 15 个列表的形式列出了允许使用的食品添加剂及使用条件。

2. 食品中兽药最大残留限量

《食品药品法》规定,兽药上市前需要经过充分的科学评估和风险分析,并根据评估结果制定食品中兽药最大残留限量。加拿大卫生部负责审批兽药上市许可,并根据评估报告修订食品中兽药最大残留限量列表,将修订草案信息发布在卫生部网站上,进行为期大约 75 天的公开意见征询。经过公众意见征询后,卫生部将发布最终的修订结果通知,并及时更新相应列表内容。

加拿大部分水产品中兽药残留限量见表 8-1。

表 8-1　加拿大部分水产品中兽药残留限量

中文名称	英文名称	适用范围	残留限量
孔雀石绿	Malachite Green	所有水产养殖鱼类和甲壳类动物	0.5 μg/kg
龙胆紫	Gentian Violet	所有水产养殖鱼类和甲壳类动物	0.5 μg/kg
四环素	Tetracycline	所有水产养殖鱼类和甲壳类动物	不接受使用
金霉素	Chlorotetracycline	所有水产养殖鱼类和甲壳类动物	不接受使用
土霉素	Oxytetracycline	鲑鱼的肌肉	0.2mg/kg
多西环素	Doxycycline	所有水产养殖鱼类和甲壳类动物	不接受使用

3. 污染物和其他掺假物质

《食品中污染物和其他掺假物质列表》根据《食品药品条例》B.15 部分做出规定，包括两部分：第一部分为特定食品中禁止物质清单（共 18 种物质），其中规定的物质禁止添加于食品中，如矿物油、石蜡、凡士林、香豆素、黄樟素、二氢黄樟素等，但有特殊规定的除外；第二部分为食品中污染物及其他掺假物质的最大限量要求及所适用的食品范围。

加拿大部分水产品中污染物限量见表 8-2。

表 8-2　加拿大部分水产品中污染物限量

中文名称	英文名称	适用范围	限量要求
2，3，7，8- 四氯二苯并对二噁英	2, 3, 7, 8-Tetrachlorodibenzo-p-dioxin	鱼	20ng/kg
铅	Lead	鱼肉蛋白	0.5mg/kg
氟化物	fluoride	鱼肉蛋白	150mg/kg
总砷	Arsenic （total）	鱼肉蛋白	3.5mg/kg

加拿大《食品中化学污染物最大限量标准》规定了失忆性贝类毒素（ASP）、脱氧雪腐镰刀菌烯醇、氨基甲酸乙酯、组胺、三聚氰胺、汞、多环芳烃、多氯联苯、麻痹性贝类毒素（PSP）、扇贝毒素、腹泻性贝类毒素（DSP）等多种化学污染物在特定食品中的限量。

加拿大部分水产品中化学污染物限量见表8-3。

表8-3 加拿大部分水产品中化学污染物限量

中文名称	英文名称	适用范围	限量要求
失忆性贝类毒素（软骨藻酸）	Amnesic shellfish poisoning toxin（ASP）（Domoic acid）	双壳贝类的可食组织	20mg/kg
腹泻性贝类毒素[冈田酸与鳍藻毒素（DTX-1，DTX-2和DTX-3的总和)]	Diarrhetic shellfish poisoning toxins（DSP）[sum of okadaic acid and dinophysis toxins（DTX-1，DTX-2 and DTX-3）]	双壳贝类的可食组织	0.2mg/kg（审查中）
组胺	Histamine	凤尾鱼、发酵的鱼露或鱼酱	200mg/kg
组胺	Histamine	其他的鱼和鱼产品[不包括凤尾鱼、发酵的鱼露或鱼酱]	100mg/kg
麻痹性贝类毒素（蛤蚌毒素等价物）	Paralytic shellfish poisoning toxins（PSP）（saxitoxin equivalents）	双壳贝类的可食组织	0.8mg/kg
扇贝毒素（PTX-1，PTX-2，PTX-3，PTX-4，PTX-6和PTX-11的总和）	Pectenotoxins（PTX）（sum of PTX-1，PTX-2，PTX-3，PTX-4，PTX-6 and PTX-11）	双壳贝类的可食组织	0.2mg/kg
汞	Mercury	玉梭鱼、罗非鱼、马林鱼、新鲜和冷冻金枪鱼、鲨鱼、旗鱼的可食用部分	1mg/kg
汞	Mercury	所有零售鱼的可食部分，玉梭鱼、罗非鱼、马林鱼、新鲜和冷冻金枪鱼、鲨鱼、旗鱼除外	0.5mg/kg

8.1.2《食品安全法》及其条例

《食品安全法》整合了加拿大先前的四部重要食品安全法规，包括《加拿大农产品法》《鱼类检验法》《肉类检验法》《消费品包装与标签法》，将前三部法规的全部条款和《消费品包装与标签法》中与食品相关的条款一并纳入《食品安全法》，该法已实施，被整合的法规和条款自动废止。《食品安全法》重点关注不安全操作，保护消费者；对可能导致消费者健康和水产品等食品安全风险的行为实施更严厉的处罚；给予检查员更多权力，强制要求食品生产商定期提供标准格式的信息；对进口水产品提供更强的监控；为所有食品建立更加统一的检查制度；加强食品的可追溯性。

　　《加拿大食品安全条例》（SFCR）是加拿大《食品安全法》的配套法规，整合了原有的《鱼类检验条例》（FIR）、《肉类检验条例》和《鸡蛋条例》等十三部法规以及《消费品包装与标签条例》中与食品相关的条款。该条例主要建立了以预防为主的综合性监管方式，确定了三个关键安全要素，分别为食品企业许可、可追溯体系和食品安全预防性控制计划（PCP）。

8.1.3《动物卫生法》及其条例

　　《动物卫生法》规定了预防和控制动物及其制品的安全卫生，对动物可能感染并且有可能传染到人体的一些疾病和有毒物质，提供了有效的预防措施和检测方法，并提供了严格的处理方案。

　　《动物卫生条例》对防止动物疾病传播，防止有毒有害物质对动物的损害，防止病毒通过动物损害人类及动物保护等做了规定。主要包括隔离和检疫、进口一般规定、进口动物检疫、动物制品的运输等方面。

8.2 水产品安全监管体系

　　加拿大是联邦制国家，实行联邦、省/地区和市三级行政管理体制。在水产品安全管理方面，加拿大采取分级管理、相互合作、广泛参与的模式，联邦、各省/地区和市政当局都有管理食品安全的责任。

8.2.1 卫生部

　　加拿大卫生部是帮助维护和改善加拿大国民健康、提供公共服务的联邦机构。在食品安全监管方面，卫生部主要负责制定食品安全和营养质量的政策、法规和标准，进行健康风险评估，以及对食品检验局有关食品安全的工作进行评价。

卫生部下设多个部门，包括健康产品与食品司、有害生物管理局、健康环境与消费者安全司等，其中负责食品安全监管的机构为健康产品与食品司和有害生物管理局。

健康产品与食品司（HPFB）是负责水产品安全的主要部门之一，负责与人类健康和安全有关的所有食品的管理。

8.2.2 食品检验局

加拿大食品检验局（CFIA）是一个相对独立的联邦机构，在加拿大食品安全体系保障中起着关键作用。食品检验局于 1997 年成立，负责加拿大食品安全、动物卫生和植物卫生的监督管理工作，是加拿大负责公共安全和边界安全团队的一员。依据《加拿大食品检验局法》设立加拿大食品检验局，该法对食品检验局的组织机构、职责范围、管理模式、执法工作做出了相应规定。

食品检验局的监管范围覆盖跨省销售和进出口农业投入品（如种子、饲料、肥料）、食品（包括肉、鱼、蛋、谷物、奶制品、蔬菜和水果及其加工食品），以及动物屠宰和加工企业的食品安全检验。

作为加拿大联邦政府重要的食品安全监管机构，食品检验局的主要任务包括以下方面：对在加拿大联邦政府注册的水产品生产加工企业、销售商和进口商进行监管，核查食品标签的真实性，确保产品合规；向出口食品签发证书；对跨省销售和进出口的水产品进行检验；预防和控制食品安全风险，开展食品召回，处理食品安全突发事件；制订食品安全监控计划以发现危害食品，并提供早期预警；对不符合联邦法规要求的产品、设施、操作方法采取相应处罚措施等。

8.2.3 边境服务局

加拿大边境服务局（CBSA）成立于 2003 年，主要负责边境线安全，对所有进境的人和物（包括植物和动物）进行管理，确保人和物满足加拿大的法规要求，确保食品安全和动植物卫生。对于进口水产品，边境服务局和食品检验局分工协作管理。进口时，边境服务局在进境口岸负责初步检查，检查所需的进口许可证、证书等相关文件，实施货物检查以确保货证相符，属于需要食品检验局审核检验的内容，则将相关信息发送给食品检验局，获得食品检验局反馈指令后放行。

8.2.4 公共卫生局

加拿大公共卫生局（PHAC）成立于 2004 年，主要负责防控慢性疾病和伤害，防控传染性疾病，进行食源性疾病的监测和流行病学调查，预防和应对公共卫生突发事件，促进制定和实施公共卫生政策和规划，加强政府间在公共卫生方面的合作。

公共卫生局与卫生部、食品检验局签订了"食源性疾病暴发应急协议"，明确了各方的职责，其中食物中毒的调查、人员救治由公共卫生局负责，食品检验局负责对有关食品的调查处理，包括产品跟踪、食品召回、处罚、对外公布等。卫生部负责制定食品安全标准和政策，以减少食源性疾病的风险。

8.3 水产品进出口监管体系

8.3.1 加拿大进口食品的一般步骤

加拿大进口食品按照进口前、进口中、进口后三个环节分为 10 个步骤。

1. 进口前

第 1 步：了解进口食品有什么风险。

第 2 步：熟悉加拿大对进口食品的要求。

第 3 步：选择合适的外国供应商。

第 4 步：创建并实施预防性控制计划。

第 5 步：制定召回和投诉程序。

第 6 步：从加拿大食品检验局申请进口许可证。

2. 进口中

第 7 步：向加拿大食品检验局提供有关每批货物的信息。

3. 进口后

第 8 步：保留可追溯性记录。

第 9 步：建立并维护预防性控制计划。

第 10 步：实施召回和投诉程序。

8.3.2 加拿大进口水产品安全控制要求

根据《加拿大食品安全条例》要求，食品企业需要根据其生产和经营范围取得许可执照。企业生产经营下列食品需要取得许可执照，具体包括：进口食品；加工、包装可以销售到其他省 / 地区或出口的食品；需要出口证书的出口食品；（不需要出口证书的）出口食品；用于出口或省际贸易的屠宰肉制品；储存和装卸供食品检验局检查的进口肉类产品。食品企业需要向食品检验局申请许可执照，可以选择申请一个执照来覆盖企业的所有经营工厂和食品种类，也可以申请多个执照，覆盖特定工厂和食品种类。

在产品审批注册方面，加拿大对进口产品进行准入管理，进口此类产品需要获得审批，产品必须符合加拿大法律法规对该类产品的特定要求，保证出口企业受到出口国的食品安全主管机构的监管。产品在进入市场销售之前，由加拿大卫生部进行安全性评估检查。《加拿大食品安全条例》强调进口商作为进口食品安全的主要负责人，需要制订食品安全预防性控制计划和可追溯计划，申请进口许可证。该条例从 2019 年 1 月 15 日开始实施。食品进口商需要加强对进口食品的管理，确保进口的食品符合加拿大法律法规要求。

加拿大倡导风险管理，采取以预防为主的综合性监管方式，通过可追溯体系和食品安全预防性控制计划对食品企业的生产过程进行监管。可追溯体系的建立，可以减少食源性疾病的发生，在发生食品安全事故或投诉时，可以迅速实施食品召回，切断源头，消除危害，减少企业风险。从事进口食品生产经营活动的食品企业需要实施可追溯体系。

　　食品安全预防性控制计划是基于危害分析与关键控制点建立的书面文件，阐明食品的风险是如何发现和得到控制的。对于进口商而言，PCP 应描述进口商及其外国供应商如何满足食品安全预防性控制要求。需要制订 PCP 的食品企业，其经营食品类别包括：进口食品及装运供出口或运往其他省或地区的鱼类等。食品安全预防性控制措施能够帮助企业在生产过程的早期发现问题并纠正问题。食品安全预防性控制措施需要企业根据食品类别识别风险，制订计划，有效预防由以下因素引发的风险：卫生和有害生物防治，处理和加工，设备，生产设施的危害和运营，卸载、装载和储存食物，员工能力，员工卫生，员工健康，投诉与召回。

8.3.3 加拿大进口水产品的具体要求

　　进口鱼品的具体进口要求可在自动进口参考系统（AIRS）中找到。2019 年 1 月 15 日之前，加拿大进口水产品控制主要依据《鱼类检验条例》进行。2019 年 1 月 15 日之后，《加拿大食品安全条例》实施，相关要求发生了变化。表 8-4 概述了二者对于部分规定内容的主要区别。本部分主要依据《加拿大食品安全条例》的规定进行介绍。

表 8-4　《鱼类检验条例》和《加拿大食品安全条例》部分内容对比

项　目	《鱼类检验条例》 （于 2019 年 1 月 15 日废止）	《加拿大食品安全条例》 （于 2019 年 1 月 15 日生效）
货物进口通知和放行	进口商使用鱼类进口通知（FIN）表格	进口商使用单窗口 – 电子数据交换（EDI）
	进口商在进口后 48 小时内发出通知	进口商在进口前或进口时发出通知
	如果边境服务局放行鱼类货物： 对于持有所有货物的普通进口商，直到食品检验局发布通知后才可以再进一步分销货物； 对于进口商质量管理计划（QMPI）进口商，可以立即分销货物	如果边境服务局放行了鱼类货物，所有的鱼类货物都可以立即分销

续表

项　目	《鱼类检验条例》 （于 2019 年 1 月 15 日废止）	《加拿大食品安全条例》 （于 2019 年 1 月 15 日生效）
进口许可证及相关进口费用	两种许可证类型：普通和 QMPI。产品进口费用由许可证的类型决定	一种许可证类型，食品安全预防性控制计划（PCP）是强制性的。有关许可证费用和产品进口费用，请参考食品检验局的费用通知
食品检验局检查	触发食品检验局强制性产品检查的因素如下： 首次进口； 随机进口； 被列入强制检查清单（MIL）和加强检查清单（EIL）	撤销 MIL 和 EIL。 食品检验局对产品进行的检查和抽样将基于检验员对进口商 PCP 的合规性核查
	对 QMPI 进口商及其 QMPI 的合规性进行核查	对持证进口商及其 PCP 的合规性进行核查
	接受食品检验局检验员抽样 / 检验的鱼产品通常会被扣留	接受食品检验局检验员抽样 / 检验的鱼产品通常不会被扣留（除非检验员怀疑有问题）
申请复检	当一批货物未能通过抽检 / 检验，且不合格原因不涉及健康和安全问题时，进口商可以向食品检验局申请重新检查	食品检验局不再提供复检。进口商必须采取纠正措施

1. 一般要求

进口商有责任确保他们进口的鱼类符合《加拿大食品安全条例》中规定的所有适用于食品安全和消费者保护的要求以及《动物健康条例》的任何适用要求。加拿大食品检验局验证是否符合加拿大的监管要求，并与加拿大主要贸易伙伴的主管当局合作，为进口产品安全并满足监管要求提供合理的保证。在加拿大，来自某些国家的某些水生动物物种可能被归类为"易感"受关注疾病，并且可能需要水生动物卫生进口许可证。

2. 进口鱼品的具体要求

进口冷冻鱼的运输方式必须能防止进口鱼脱水和氧化。进口商有责任采取措施解决进口供人类食用的水产养殖有鳍鱼类中的特殊使用问题，确保产品符合规定。供人类食用的鱼类必须符合加拿大食品检验局水产养殖药物残留监测清单中概述的最大残留限量的要求。该清单确定了目前正在对进口和国内生产的水产养殖鱼类和甲壳类动物进行监测的药物，以符合加拿大的监管要求。该清单包括加拿大卫生部规定的阿维菌素类、磺胺类、类固醇类等类别的药物在鱼类中的禁限用情况及残留限量要求。

违禁药物是指《食品药品条例》（B.01.048 和 C.01.610.1）中规定的禁止在食用的动物（包括鱼类）上销售和使用的药物。例如，在加拿大，孔雀石绿、龙胆紫不允许在水产养殖鱼类生产生命周期的任何部分使用。当样品中检测到的氟苯尼考（母体药物）和氟苯尼考胺（代谢物）的总和超过氟苯尼考最大残留限量（0.8μg/g）时，大部分鱼将被视为不合格。

3. 进口贝类的具体要求

进口活体的和生的软体动物贝类的进口商必须从已获准出口到加拿大的授权捕捞国进口。进口、加工或以其他方式处理活体软体动物贝类的外国船只必须遵守美国国家贝类卫生计划的规定，并且必须出现在州际认证贝类托运人名单（ICSSL）中。副溶血性弧菌（Vp）是一种可引起人类胃肠道疾病的细菌，它自然栖息在世界各地的沿海水域，在温暖的月份数量增加。进口商必须有效控制用于生食的双壳类贝类的 Vp，并且必须核实其供应商是否进行了 Vp 控制。

4. 鱼类进口通知（FIN）和货物放行

鱼类进口商无须将鱼翅片送交加拿大食品检验局；所有进口信息必须由进口商在进口前或进口时（而不是在进口后 48 小时内）作为纸质或电子申报的一部分提交；鱼类进口商不再需要等待食品检验局的通知或批准，然后才能分发由边境服务局放行的商业货物。

5. 进口商许可证和相关进口费用

（1）《加拿大食品安全条例》下的进口许可证

《加拿大食品安全条例》实施后，进口许可证类型由《鱼类检验条例》规定的两种变为一种。目前的普通进口商将被要求满足额外的要求，包括对 PCP 的要求。

在《加拿大食品安全条例》生效的第一年，鱼类进口商（包括普通进口商和 QMPI 进口商）可以继续使用《加拿大食品安全条例》生效前颁发的现有进口许可证，直至许可证到期。一旦现有许可证到期，进口商将需要获得根据《加拿大食品安全条例》颁发的许可证。

（2）《加拿大食品安全条例》下的进口费用

两类不同类别的鱼类进口许可证的收费将不再适用；这些费用将被根据《加拿大食品安全条例》签发的 2 年牌照的费用所取代。在《加拿大食品安全条例》之前，正在进口并在联邦监管的机构中直接进行进一步加工的产品，每批货物都收取固定的进口费。根据《加拿大食品安全条例》，加拿大食品检验局将继续采用这种方法。在《加拿大食品安全条例》之前，正在进口但未被指示进一步加工的产品将被收取进口费用，这些费用是根据产品类型、重量和许可证的分类（基本或 QMPI）计算的。

6. 进口检验

加拿大食品检验局根据《加拿大食品安全条例》用基于风险的产品检验和抽样方法取代强制性检查和加强检查；鱼类进口商将负责通过其 PCP 证明合规，鱼类进口一般不予扣留；没有强制性的"保持和测试"，但进口商需要保留 PCP 记录并验证其 PCP 的有效性。加拿大食品检验局检查员将对有执照的鱼类进口商进行检查。这种检查方法的重点是核实和监测进口商所实施的预防性控制措施的有效性，并解决不合规问题。

7. 复查

根据《加拿大食品安全条例》：加拿大食品检验局不再提供复查。根据

PCP，剔除、返工或移除可疑批次等行动将被视为一种纠正措施，进口商将继续能够根据其 PCP 剔除、返工或移除可疑批次，但他们将不得不采取额外行动以防止再次发生不合规情况。

8. 鱼类的鉴定和等级标准

《鱼类检验条例》中提到了一些等级和标准，通过《加拿大食品安全条例》，这些等级标准已合并为一系列文件。申报加拿大规定的通用名称的进口鱼类必须符合相应的标准，并且任何等级声明必须符合加拿大等级纲要中规定的等级。

在《加拿大食品安全条例》第 12 部分（PART 12 – DIVISION 4 SUBDIVISION C ）317~319 条列出了鱼贝类的等级名称的具体要求。其中规定：

进出口的预装鱼，必须贴上等级文件中规定的任何适用的类别名称和尺寸名称的标签。类别名称或尺寸名称必须显示在等级名称附近，并且字符高度至少为 3.2mm。

如果按照本条例贴有标签的预包装鱼被放在另一个容器内，而产生新的预包装鱼产品，则第二个容器不需要贴上等级名称的标签。

如预包装鱼类的净含量为 900g 或以下，其等级名称字符高度至少为 3.2mm。

9. 标签要求

进口预包装鱼的标签上必须标明外国原产国的名称，此外还必须符合食品标签的基本要求。必须标示项目包括通用名称、净含量、日期标识和储存说明、营养成分表、包装正面（FOP）营养标识、等级名称、类别名称、尺寸标识、原产国信息等。

8.4 加拿大通报中国水产品不合格情况分析

2019 年 11 月 1 日至 2024 年 10 月 31 日，加拿大通报中国出口水产品不合格的共计 21 批次，均为水产制品。

加拿大通报中国出口水产品主要不合格原因是产品未标注过敏原，其次是单核细胞增生李斯特氏菌超标。详细不合格原因见图 8-1。

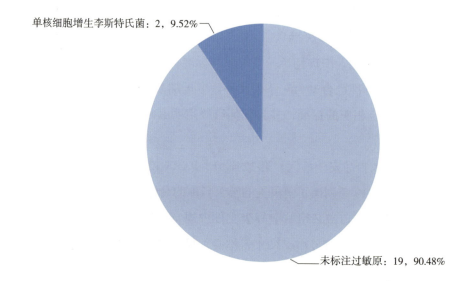

单核细胞增生李斯特氏菌：2，9.52%

未标注过敏原：19，90.48%

图 8-1　加拿大通报中国出口水产品不合格原因数量及占比

8.5 中加对比分析

8.5.1 法律法规标准体系对比分析

中国的水产品质量安全法律法规体系以《中华人民共和国食品安全法》和《中华人民共和国农产品质量安全法》为核心，涵盖了生产、加工、流通等各个环节的详细规定。这些法律法规为水产品的质量安全提供了有力的法律保障。

加拿大的食品安全法律法规体系同样完善，与美国类似，其法律法规更加系统化和科学化。加拿大食品检验局和卫生部等机构制定了一系列针对水产品的具体法律法规和标准，这些法律法规不仅涵盖了生产、加工和流通环节，还注重风险管理和预防措施。此外，加拿大还采用了实质等同性等原则来管理转基因产品等新型食品。

8.5.2 水产品安全监管体系对比分析

1. 机构职能划分

中国在水产品质量安全监管方面采取多部门协同的机制。加拿大的食品安全监管体系相对集中和统一。加拿大食品检验局是负责食品安全的主要机构，它涵盖了"从农田到餐桌"的各个环节的监管。此外，加拿大卫生部和环境部门也在转基因产品、食品安全等方面发挥着重要作用。这种相对集中的监管体系有助于提高监管效率和一致性。

2. 不合格品管理

中国对于不合格水产品的管理主要依赖于政府部门的监督和处罚。通过严格的检验检疫制度和法律法规来确保不合格产品不得流入市场。

加拿大对于不合格产品的管理同样严格。一旦发现不合格产品，加拿大食品检验局将立即采取措施予以召回或销毁，并追究相关企业的责任。此外，加拿大还建立了完善的水产品安全危机预警体系和案源发现机制，以及时发现和处理食品安全问题。

《加拿大食品安全条例》对食品召回的相关要求进行了明确规定。一是风险调查。企业对于存在确信理由怀疑存在风险的食品以及不满足此条例生产的食品必须立即启动调查。二是通知程序。对于调查结果明示存在食品安全风险的情况，企业必须即刻告知政府相关主管责任人并采取应对措施。三是投诉程序。企业事先应当具备食品安全事故处置文件，列明收到与食品相关的投诉进行的接收、调查和回复程序；在接收到投诉时应立即启动该程序，并出具针对投诉详情、调查结果以及基于这些结果采取措施的文件，该文件应留存两年。四是召回程序。企业采取的主动召回应立即通知政府相关主管责任人，在实施召回时应具备明确召回细节的记录文件，该文件应保留两年。同时，《加拿大食品安全条例》规定经营者应至少每12个月进行一次召回模拟，并留存记录文件两年。

对于存在安全风险的食品，加拿大食品检验局会启动食品安全调查与召回程序，该程序包含 5 个步骤，分别为事前触发、食品安全调查、健康风险评估、召回程序以及事后跟踪。

3. 追溯制度

中国的水产品追溯制度正在逐步完善中。通过加强信息化建设和标准化管理，中国正在逐步实现从生产源头到消费终端的全链条追溯，信息化和标准化程度在不断提高。

加拿大的水产品追溯制度相对完善。加拿大建立了先进的食品物流溯源追踪系统。该系统能够快速识别食品信息，并能够向前一步追溯到国外供应商、往后一步追溯到消费者。可追溯性文档可以是电子版或纸质版，至少要保存两年。食品物流溯源追踪系统的建立，能够减少食源性疾病的发生，在发现食品安全问题或发生食品安全事故时快速从加拿大市场上召回问题食品。此外，加拿大政府还加强了与消费者的沟通和宣传，提高了公众对食品安全追溯制度的认知度和信任度。

8.5.3 水产品进出口安全监管体系对比分析

中国对进出口水产品实施严格的检验检疫制度。海关作为进出口监管的主要机构，负责对进口水产品进行严格的检验检疫，确保其符合中国的标准和要求。同时，中国也加强了出口水产品的质量控制和监管，以提高其国际竞争力。境外水产品生产企业需要经过所在国家（地区）主管当局的审核检查，由所在国家（地区）主管当局向海关总署推荐注册，海关总署注册通过后统一赋予企业在华注册编号。只有注册在案的企业才能向中国出口水产品，这一制度确保了进口水产品的来源可追溯和质量可控。

加拿大对进出口水产品的监管同样严格。加拿大食品检验局负责进口水产品的检验检疫工作，确保其符合加拿大的标准和要求。

为确保进口食品的安全，加拿大要求进口食品的生产过程要具有与加拿大食品企业同等水平的食品安全控制措施，并通过以下三大关键食品安全要素对进口商进行管理：①进口许可。大多数情况下进口商需要取得进口许可证才能进口食品。该制度的实施有助于加拿大食品检验局收集企业进口活动的信息，更好地识别食品安全风险并进行针对性检查，以及在发生不符合监管要求的情况时采取不同程度的强制措施，包括要求采取纠正措施、吊销许可证等。②食品安全预防性控制计划（PCP）。PCP 是基于HACCP 建立的一个书面文件，用来阐明进口商及其国外供应商如何识别并控制风险。进口商需要编写、保存、实施和维护 PCP，重点介绍解决食品安全隐患而采取的控制措施，能够证明采取的措施有效并提供证据。③可追溯性。《加拿大食品安全条例》要求进口商建立可追溯体系，实现产品的可追溯性。

8.5.4 具体技术性贸易措施对比分析

针对加拿大通报中国出口水产品主要不合格原因分析如下。

1. 过敏原

（1）加拿大食品标签中必须强制标示过敏原，过敏原包括如下 13 类：杏仁、巴西坚果、腰果、榛子、澳洲坚果、核桃、松子、腰果、核桃；花生；芝麻；小麦或黑小麦；蛋类；牛奶；大豆；甲壳类动物；贝类；鱼类；芥菜籽；含麸质谷物，包括大麦、燕麦、黑麦、黑小麦或小麦、改性面筋蛋白；添加了超过 10mg/kg 的亚硫酸盐。

标示形式有两种：

①在配料表中声明。例如，配料表：面粉（小麦）、液体蛋白（鸡蛋）。

②使用粗体"Contains"的方式声明过敏原、含麸质谷物和超过 10 mg/kg 的亚硫酸盐。过敏原与配料表出现在同一版面且与配料表具有相同的易读性，字体最小高度 1.1mm。

英语与法语版本的过敏原声明若出现在标签的同一版面，则英语声明与法语声明不能出现在同一行中，除非标签版面小于 $100cm^2$。

过敏原、麸质和亚硫酸盐只能使用规定的来源名称声明 [见加拿大《食品药品条例》B.01.010.1（6）]。

（2）中国《食品安全国家标准　预包装食品标签通则》（GB 7718—2025）规定，以下食品配料可能导致敏感人群产生过敏反应，如用作配料，应在配料表中加以提示，或在配料表邻近位置标示提示信息。

①含有麸质的谷物及其制品（如小麦、黑麦、大麦、燕麦、斯佩耳特小麦或它们的杂交品系）；

②甲壳纲类动物及其制品（如虾、龙虾、蟹等）；

③鱼类及其制品；

④蛋类及其制品；

⑤花生及其制品；

⑥大豆及其制品；

⑦乳及乳制品（包括乳糖）；

⑧坚果及其果仁类制品。

上述配料以外的其他可能的致敏物质可自愿标示提示信息。

生产加工过程中可能带入致敏物质时，如共用生产车间、共用生产线时，鼓励标示致敏物质的提示信息，标示形式包括以下两种：

①在配料表中使用易辨识的名称和标示方式（可使用字体加粗或下划线两种标示方式）进行提示；

②在配料表邻近位置专门标示提示信息，可使用"食物致（过）敏原（提示）""致（过）敏物质（提示）"或"致（过）敏原信息（提示）"为引导词，或不使用引导词。

由此可见，中国与加拿大的过敏原种类、标示方式和要求均不相同，加拿大将超过 10mg/kg 的亚硫酸盐列为过敏原，而中国并无此要求，出口企业应尤其注意。

2. 单核细胞增生李斯特氏菌

针对单核细胞增生李斯特氏菌，中国《食品安全国家标准 预包装食品中致病菌限量》（GB 29921—2021）规定水产制品中限量为 $n=5$，$c=0$，$m=100CFU/g$；加拿大《即食食品中单核细胞增生李斯特氏菌的政策（2011）》规定即食食品中限量为 100CFU/g。

第九章

Chapter 9

日本水产品技术性贸易措施与对比分析

9.1 水产品安全法律法规标准体系

作为一个四面环海的岛国，日本拥有丰富的水产品资源，其水产品监管体系在保障国内消费安全及促进国际贸易方面积累了丰富经验。日本食品安全法规制定的基本原则为：优先保护消费者健康，并通过导入风险分析方法确保食品"从农田到餐桌"全产业链的安全。旨在制定并综合推进确保食品安全的政策措施，提供食品信息，确保消费者饮食安全及自主合理选择权，防止误导消费者，保障消费者合法权益等。

日本的水产品安全法律法规体系主要通过《食品安全基本法》《食品卫生法》及其相关法规、《水产基本法》《水产资源保护法》及其相关法规、《食品添加剂等的规格标准》等来规范和管理。

9.1.1 《食品安全基本法》

《食品安全基本法》是日本于 2003 年颁布的一部食品安全方面的框架性法律,规定了食品的定义,即"除《医药品、医疗器械法》中规定的医药品、外用医药及再生医疗器械外的所有饮食品"。该法规定了中央和地方、生产者、运输者、销售者、经营者和消费者各自的责任，建立了食品健康风险评估制度，赋予了食品安全委员会进行食品安全风险评估的职责。该法为日本确保食品安全提供了可靠的法律保障。

9.1.2 《食品卫生法》及其相关法规

日本于 1947 年制定《食品卫生法》，该法从公共卫生的角度出发，采取必要规制及措施，意图避免因饮食卫生引发安全问题，以此来确保食品的安全性，保护国民健康，是日本确保食品质量安全的基石。《食品卫生法》主要对总则、食品及食品添加剂、器具及容器包装、标示及广告、食品添加剂公定书、监督指导、检查、登记检查机关、营业、杂则、罚则共 11 部分内容进行了框架性的规定。

《食品卫生法实施令》及《食品卫生法实施细则》是对《食品卫生法》的补充和细化。《食品卫生法实施令》中规定了包括水产品制造业在内的 32 种需要办理营业许可的食品行业。《食品卫生法实施细则》规定了日本厚生劳动大臣批准的添加剂清单，以及进口申报书记载事项等内容，并对《食品卫生法》中有关保持内外设施清洁、驱虫驱鼠的要求、其他一般卫生管理事项、生产过程管理事项以及其他公共卫生上的必要措施的规定进行了详细的补充。

基于《食品卫生法》及其相关法规要求，日本食品相关行业已全面引入 HACCP 原则进行生产卫生管理，并颁布了包括"水产加工品篇"在内的 11 部食品制造业 HACCP 入门手册。

9.1.3 《水产基本法》

《水产基本法》是日本为保护和促进水产行业发展而制定的水产类基础性法规，其前身是 1963 年制定的《沿岸渔业振兴法》。《水产基本法》以法律的形式明确了水产品和水产资源的重要性，规定了制定水产行业政策的基本理念和基本事项，明确了国家和地方政府、水产相关从业者、消费者各方的职责，旨在保护水产资源的可持续利用、促进水产行业健康发展、保证水产品的稳定供应。

依据《水产基本法》，日本制定了《水产基本计划》。《水产基本计划》每 5 年修订一次，其中明确了水产品自给率目标等工作计划。同时，日本水产厅每年会将水产行业的发展现状、产业动向、国际形势等内容整理成《水产白皮书》予以公布。

9.1.4 《水产资源保护法》及其相关法规

《水产资源保护法》共分 6 章，旨在通过保护和培育海洋资源，促进渔业发展。

第一章为总则，规定了该法的适用范围：（1）非公用水面，除另有规定者外，不适用本法之规定。（2）与公用水面相连接且构成一体的非公用水面适用本法之规定。

第二章为水产资源的保护培育，共分 5 节。其中第一节规定了丢弃对水生动植物有害的物质的限制、水生动植物捕捞方式的限制及特定鱼种或水域允许的最大渔船定额数的限制。第二节为水产防疫相关要求，规定了为了防止可能对渔业造成重大损害的水生动物疾病（即需要进口检疫的疾病）进入日本并在日本传播，向日本出口可能染病的相关水生动物前，必须获得进口许可证。第三节规定了保护水面的定义及相关要求。第四节规定了关于溯河洄游鱼类的保护及培育的要求。第五节为水生动植物种苗的保护要求。

第三章为水产资源的调查，规定农林水产大臣必须对水产资源保护和养殖所必需的渔业类型的捕捞量、作业状况、海洋条件等进行科学研究。

第四章规定了基于本法允许进行财政补助的范围。

第五章和第六章则分别为杂则和罚则。

基于《水产资源保护法》，农林水产省制定了《水产资源保护法施行规则》，对水产防疫要求进行了更细致的补充，列出了需要进口许可的鱼类、甲壳类、贝类水生动物及相关疫病名称的清单，规定了进口许可证的申请事项及样张等内容。

9.1.5《食品添加剂等的规格标准》

《食品添加剂等的规格标准》（其中部分水产品规格标准见附录3）是依据《食品卫生法》制定的一部综合性法典，该标准主要分为5部分内容，分别为：第1部分"食品"、第2部分"食品添加剂"、第3部分"器具及容器包装"、第4部分"儿童玩具"、第5部分"清洗剂"。

第1部分"食品"，规定了食品通用的成分规格、制造加工及调理标准、保存标准以及23类产品标准。

通用成分规格中规定了包括水产品在内的食品中农兽药残留限量要求。日本从2006年起实施农兽药肯定列表（Positive List，PL）制度，规定了食品原材料及60种加工食品的农兽药残留限量标准，规定原则上食品中不得含有任何抗生素或化学合成的抗菌剂，列出了2，4，5-滴等24种不得检出物质，规定了即使食物中含有也不会对人体产生危害的物质（即"对象外物质清单"，目前该清单中包括植酸钙等78种物质），以及一律限量（0.01mg/kg）。此外，通用成分规格中还规定了水产品中放射性物质（铯134及铯137）的限量为100Bq/kg。

通用制造加工及调理标准中规定了生食用水产品的加工用水规格要求。通用保存标准中规定了与食品接触的冰块中大肠菌群必须为阴性，不得使用辐照工艺和抗生素保存食品。

23类产品标准中，与水产品相关的产品标准有"鱼糜制品""鲑鱼子鲑鱼卵巢及鳕鱼子""水煮章鱼""水煮螃蟹""生食用鲜水产品""生食用牡蛎""冷冻食品"等。产品标准主要包括产品分类、技术要求（主要是微生物指标），各种技术要求的检测方法以及包装、贮存运输等方面的要求。

例如，"生食用鲜水产品"产品标准中规定，生食用鲜水产品是指用于生食目的销售的，除牡蛎外的鲜水产动物的切片或可食用部分。标准中规定了该类产品中副溶血性弧菌最大可能数（MPN）指标、加工标准及保存标准。根据标准要求，该类产品必须使用食品生产用水、杀菌海水或符合要求的人工海水清洗、加工，加工过程中不得使用化学合成的添加剂（亚氯酸盐水、次氯酸盐水、次氯酸钠、盐酸和用作氢离子浓度调节剂的二氧化碳除外），产品必须装入清洁卫生的容器，保存在 10℃以下。

第 2 部分"食品添加剂"，对食品添加剂的成分规格、使用标准、检测方法及试剂、储存要求、制造标准等方面做出了规定。这些规定也可以在《添加剂公定书》中找到。《添加剂公定书》是根据《食品卫生法》第 21 条制定的一部集合了添加剂所有要求的官方文件，大约每 5 年修订一次，以跟上食品添加剂相关制造和质量控制技术以及测试方法的进步。

第 3 部分"器具及容器包装"，对食品接触材料的通用要求、各类材质的成分规格、析出限量及检测方法和试剂，以及可以接触的食品类别做出了规定。尤其对于合成树脂类材料，日本实施正向清单制度，要求只有使用清单内规定的物质及添加剂生产的聚合物才能作为食品接触材料。

9.1.6 其他补充性通知

日本没有针对污染物、真菌毒素及微生物限量制定专门的法规或标准，仅颁布了《关于含有总黄曲霉毒素食品的管理》《关于食品中残留的多氯联苯（PCB）的限制》等通知，对水产品中的污染物及生物毒素限量进行了规定。

《关于含有总黄曲霉毒素食品的管理》中规定了所有食品中总黄曲霉毒素（B_1、B_2、G_1、G_2 的总和）及乳中黄曲霉毒素 M_1 的限量要求，《关于食品中残留的多氯联苯（PCB）的限制》中分别规定了远洋近海水产可食用部分中的 PCB 限量要求和内海内湾（包括内陆水域）水产可食用部分中的 PCB 限量要求。

《关于含贝毒贝类的管理》中规定了贝类可食用部分中麻痹性贝毒和腹

泻性贝毒的毒量限量要求。

《水产中汞的暂定限量》中规定了水产中总汞和甲基汞的限量要求。

日本部分水产品中污染物和生物毒素限量要求见表9–1。

表9–1　日本部分水产品中污染物和生物毒素限量

指标名称	限量要求	适用范围
总黄曲霉毒素（B_1、B_2、G_1、G_2的总和	10μg/kg	所有食品
多氯联苯（PCB）	0.5mg/kg	远洋近海水产可食用部分
	3mg/kg	内海内湾（包括内陆水域）水产可食用部分
麻痹性贝毒	4MU/g	贝类（可食用部分）
腹泻性贝毒（冈田酸当量）	0.16mg/kg	贝类（可食用部分）
总汞	0.4mg/kg	水产动物，不适用于金枪鱼（金枪鱼、剑鱼和鲣鱼）以及内陆水域的河产水产类（湖产水产除外），也不适用于深海水产等（平鲉属、金目鲷、银鳕鱼、雪蟹、越白蛤和鲨鱼类）
甲基汞	0.3mg/kg（以汞计）	

9.2　水产品安全监管体系

日本的食品安全监管体系由"风险评估""风险管理""风险沟通"三个部分构成。其中，食品安全评估机构为食品安全委员会，风险管理机构包括农林水产省、厚生劳动省、消费者厅等部门。各机构独立开展工作，同时相互协作沟通，共同推动保障食品安全。

9.2.1 食品安全委员会

食品安全委员会（Food Safety Commission of Japan，FSCJ）于2003年7月1日由日本内阁府设立。《食品安全基本法》明确其作为食品安全风险评估机构参与食品安全监管。食品安全委员会主要负责对食品添加剂、食品接触材料、污染物及所有食品的安全性进行科学分析、检验，并指导有关食品安全风险管理部门采取必要的应对措施，同时通过接受消费者厅的委托，对相关的食品添加剂、食品的成分规格等进行安全性评估，向消费者厅提供科学意见和建议。类似于中国国家食品安全风险评估中心的职能。

9.2.2 农林水产省

农林水产省（Ministry of Agriculture, Forestry and Fisheries, MAFF）的主要职责包括保障日本国内粮食稳定供应、发展农林渔业、森林维保、海洋资源保护与管理等方面。在水产品安全方面主要负责水产捕捞养殖环节的质量安全管理，农兽药、饲料相关使用标准、管理政策的制定和实施，管理水产品的消费流通，制定水产品疫病及生物防治相关措施。农林水产省下设大臣官房、消费安全局、输出国际局、农产局、畜产局、经营局、农村振兴局7个内部机构及农林水产技术会、林野厅、水产厅3个独立单位。其中，消费安全局下设的水产安全室和动物检疫所负责进出口水产动物的辨识及检疫防疫工作，水产厅则主管海洋生物资源的保护管理、渔政监管、渔场渔港维护等事项。

9.2.3 厚生劳动省

厚生劳动省（Ministry of Health, Labour and Welfare, MHLW）是日本中央行政机关之一，由厚生省和劳动省于2001年合并而成，掌管健康、医疗、食品安全与卫生、福利、护理、就业、劳动、养老金等多方面的行政职能，并与经济产业省和环境省合作共同负责对危险化学品的监督管理。2023年，为减轻厚生劳动省的负担，同时强化其在传染病应对方面的能力，日本国会表决通过了《为加强公共卫生及其相关行政职能的法律改正法》（令和5年法律第36号）。该法对日本《食品卫生法》《水道法》《厚生劳动省组织架构法》《消费者厅及消费者委员会组织架构法》《国土交通省组织架构法》《环境省组织架构法》等多项法律做出了修改。依据该法，2024年4月1日起，厚生劳动省的一部分食品卫生职责移交给消费者厅，同时将自来水相关职责划归国土交通省和环境省，但仍保留厚生劳动省对食品卫生的监管行政职责。目前，在食品安全方面，厚生劳动省依据《食品卫生法》赋予的职能，负责日本国内食品相关行业生产经营许可的审批，食品各相关环节的安全监管及检验，每年制定"进口食品监控指导计划"，并指导其下辖的检疫所对进出口食品实施监管和检查，承担着食品风险管理和保障食品卫生安全的重要职责。

9.2.4 消费者厅

消费者厅（Consumer Affairs Agency，CAA）是日本主管消费者事务的行政机构，也是食品安全风险沟通的司令塔。职能范围以保护消费者权益为核心，涵盖广告宣传监管、产品质量安全事故调查、物价调查等多个方面。作为食品安全风险管理机构之一，在食品方面，消费者厅原本主要负责保健食品的审批监管、产品标签标示的监管及食品安全知识的普及和教育工作以及食品安全事件的调查等工作。自 2024 年 4 月起，消费者厅接替厚生劳动省，承担起日本食品卫生标准的行政职能，其下设的食品卫生标准审查课负责日本食品的成分规格标准、食品中污染物及放射性元素含量、农兽药残留，以及食品接触材料相关标准的制定和修订，负责食品添加剂及转基因食品的批准与管理等工作。

9.3 水产品进出口监管体系

9.3.1 进口前监管

日本为防止动植物病虫害、疫病等传入日本境内，对部分动植物源性食品实施准入进口制度。水产品的准入主要基于《水产资源保护法》及其配套法规《水产资源保护法施行规则》（见附录 4）的相关检疫规定，由日本农林水产省消费安全局下设的水产安全室和动物检疫所负责进出口水生动物及水产品的检疫防疫工作。

1. 进口许可制度

日本要求特定水生动物及其制品必须接受动物检疫、取得进口许可证明，并且只有日本与出口国缔结了双边共识的卫生条件的前提下才能向日本出口。

（1）进口许可制度的对象

进口许可制度的对象包括《水产资源保护法施行规则》第一条中规定的鱼类、甲壳类、贝类动物的活体（包括食用及养殖用的，食用用途的情况下仅限可能或需要在公共水面或直接排水的设施中保管的活体动物），以及养殖用途的非活体及其加工品（鱼油、鱼粉除外）。

也就是说，对于供食用的所有非活体水产品以及用作饲料的鱼油、鱼粉，不需要进口许可，按照普通食品进口即可。

（2）水产品进口许可证的申请流程

①确认日本与出口国缔结了双边共识的卫生条件，且水产品满足卫生条件中的要求。

②水生动物到港至少 5 日前，向当地动物检疫所提交进口许可申请书及出口国政府机关出具的未感染对象病检查证明书。此外，由于养殖用活体水生动物在进口后需要接受地方政府的上岸检查，还需要将进口许可证申请书和检查证明书的副本发送给目的地的渔业防疫主管部门。

③动物检疫所进行文件检查和实物抽检，确认可以进口后出具进口许可证。

2.企业资质

日本对于进口水产品不强制要求生产企业境外注册或备案。

9.3.2 进口时监管

包括水产品在内的所有食品在进口时，还需由进口商向厚生劳动省下属的检疫所进行进口申报。检疫所首先根据申报资料进行书面审核，判定进口食品是否符合日本法规要求，并判断其是否需要进口检验。如果检疫所认为该类食品无须进行进口检验，会直接出具"进口申报完成证明"，货物在税务部门缴税后即可完成通关。

对于需要进口检验的食品，由日本检疫所或进口商委托的检测机构对货物进行进口检查，检查合格的产品方可完成通关。厚生劳动省会在每年 3 月底发布当年的"进口食品监控指导计划"，指导检疫所对进口食品进行监管，确保进口食品的质量与安全。

日本的进口检查分为四类，分别是自主检查、监控检查、命令检查和行政检查。

1. 自主检查

自主检查，又称指导检查，是指检疫所根据食品的产品规格、添加剂使用情况，以及过往同类别食品的违规通报事例，指导进口商对必要的检查项目送检的检查方式，一般多实施于初次出口到日本的食品。对于需要自主检查的食品，由进口商自选样本送至厚生劳动省认证的检验机构进行检验，费用由进口商负担。需要注意的是，自主检查虽由进口商送检，但并非"走过场"。如果检出问题，必须如实报告。

2. 监控检查

监控检查是依据《食品卫生法》第 28 条第（1）款要求，每年按"进口食品监控指导计划"系统性进行的一种日常抽检。监控检查无须等待检验结果，货物可先行通关销售，对于冰鲜水产等保质期较短的食品较为便利。如果发现检验结果不合格，厚生劳动省会采取召回等措施追责。对于出现如下情况的产品，还会触发强化监控检查。强化监控检查的抽检频率为 30%，强化监控检查期间再次抽检违规的进口食品，会转化为命令检查。

（1）触发条件

①当进口食品被发现存在违反《食品安全法》的情况或被日本地方监管部门通报存在危害人体健康隐患时，便会触发强化监控检查。

②对于农兽药残留，会根据同类产品的过往通报情况，针对某类产品中的某些项目实施强化监控检查。

（2）解除条件

①当出口国查清违规原因，并采取有效措施确保可以防止相同情况再

次发生时，可解除强化监控检查。

②强化监控检查开始后一年内或者 60 批次以上检查没有发现相同违规情况的进口食品，原则上可解除强化监控检查。

3. 命令检查

命令检查是根据《食品安全法》第 26 条第（2）或（3）款的规定，对于高风险食品，由检疫所强制进口商在每次进口时都对指定项目进行检验的检查方式。命令检查的抽检频率为 100%，其触发条件和解除条件如下：

（1）触发条件

①当进口食品被通报发生危害人体健康的事件，或检出黄曲霉毒素、病原性微生物等不合格项时，便会触发命令检查。

②对于农兽药残留，如果来自同一生产企业（或加工企业）或同一国家的某一类食品多次抽检不合格，便会对来自该企业或国家的进口食品的全部或部分实施命令检查。

（2）解除条件

①当出口国查清违规原因，并采取有效措施确保可以防止相同情况再次发生，经双边磋商、实地考察或进口检查后，可解除命令检查。

②命令检查开始后两年内没有新的违规通报或者一年内经 300 批次以上检查没有违规通报的进口食品，原则上可解除命令检查。

注：解除命令检查的进口食品会先转为强化监控检查，抽检频率为 30%。

4. 行政检查

行政检查是指食品初次进口时，发现食品违反《食品卫生法》或食品运输途中发生事故时等，根据需要由检疫所的食品卫生监视员实施的现场检查。

以上进口检查不合格的产品无法进入日本市场流通，同时厚生劳动省会将违反《食品卫生法》的进口食品的名称、生产商、进口商及该产品的不合格事项等信息在其官方网页上进行公示。

除上述通用进口要求外，日本还对部分水产品制定了特殊要求。

第一，根据日本《食品卫生法》及《食品卫生法实施细则》的相关规定，进口的河鲀及生食用牡蛎必须随附由出口国政府机关出具的卫生证书，否则无法进口到日本。

第二，根据日本《关于特定水产动植物等在国内流通合理化等相关法律》第11条、《关于特定水产动植物等在国内流通合理化等相关法律的实施细则》第25条的规定，自2022年12月1日起，出口的鲭鱼、秋刀鱼、沙丁鱼、鱿鱼、墨鱼或出口以上述水产品作为原料的加工食品时，必须提供由出口国政府出具的"合法捕捞证明"。同时《关于特定水产动植物等在国内流通合理化等相关法律的实施细则》中规定，由船旗国出具的证明中应记载出具该证明的政府机构的相关信息，捕捞渔船的相关信息，鲭鱼、秋刀鱼、沙丁鱼、鱿鱼或墨鱼的相关信息，进口商、出口商、运输细节等事项。

9.3.3 进口后监管

食品进口后，由厚生劳动省的地方分局对食品进行监督检查。各级地方主管部门会依据当年制订的"食品安全监控指导计划"对日本境内流通的食品、进口食品执行食品卫生法规方面的监督检查，并配合厚生劳动省对违规进口食品进行召回、销毁或处罚。

此外，当生产商或进口商在意识到自己所生产或进口的产品有可能违反食品卫生法规，或可能对消费者健康产生影响时，可选择自主召回相关产品。相关经营者进行自主召回时，必须将召回的相关信息向属地监管部门申报。地方监管部门收到自主召回申请后，会报告厚生劳动省，厚生劳动省将在其官网的食品召回在线数据库中对相关信息进行公示。同时，召回信息还会分享到消费者厅的商品召回公示网上。

9.4 日本通报中国水产品不合格情况分析

根据日本农林水产省《水产白皮书（2023）》中的统计数据，受国际水产品需求的增长和日本国内水产消费量下降的影响，日本对水产品的进口总量呈现逐步递减趋势。2023 年，日本水产品进口量为 216 万吨，进口额达 2 兆 160 亿日元，占当年农林水产品及食品总进口额的 16%。从贸易额看，中国一直是首要对日水产品出口国，占日本当年水产品进口额的 17.7%，对日出口水产品类别前三位分别为鳗鱼加工食品（如蒲烧鳗鱼等调味鳗鱼制品）、冷冻鱿鱼、鱿鱼加工食品（如熏制鱿鱼、调味鱿鱼等）。

根据厚生劳动省发布的不合格食品通报数据，2019 年 11 月 1 日至 2024 年 10 月 31 日，中国出口水产品共计被通报 147 批次。从通报原因看，这些不合格水产品大致可划分为 5 类，分别为微生物超标、添加剂违规、农药残留超标、生物毒素超标及兽药残留超标（图 9-1）。

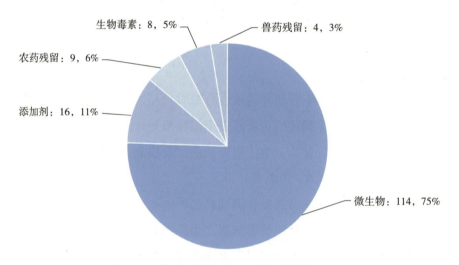

图 9-1　日本通报中国水产品不合格原因数量及占比

从图 9-1 不难看出，微生物超标占所有水产品通报原因类别的 75%，应重点关注。具体来说，大肠杆菌超标在所有微生物通报中占比超过六成。

日本水产品相关产品标准中，大部分要求大肠菌群必须为阴性。此外，《食品卫生法》中也规定，食品中不得含有任何可能危害人体健康的物质。因此，食品中原则上也不得检出病原微生物（如沙门氏菌、志贺氏菌、致病性大肠杆菌等）。水产品中检出大肠菌群，除了法规要求差异及产品加工过程中杀菌不到位等因素外，由于水产品多为冰鲜或冷冻食品，长途跋涉时储运条件不达标等导致的二次污染也可能是一大成因。

添加剂方面，不合格原因主要集中在二氧化硫残留超标。日本《食品添加剂等的规格标准》规定，二氧化硫在鲜虾及冷冻鱿鱼的可食部中残留量不得超过 0.10g/kg，在其他水产品中残留量不得超过 0.03g/kg，而中国标准中对于多种水产品中的二氧化硫残留量则统一设定在 0.10g/kg，普遍高于日本限量要求。此外，甜蜜素及山梨酸（钾）也是日本进口水产品通报较多的风险因素，被厚生劳动省列入典型通报案例。甜蜜素在中国及国际食品法典委员会（CAC）等国家或国际组织是允许使用的甜味剂，但日本早在1969 年就已禁用。日本对于山梨酸（钾）的使用标准与主流国家或国际组织差异比较大，很多在中国、欧美可以使用山梨酸（钾）的食品在日本都不得使用。例如我国允许山梨酸（钾）用于经烹调或油炸的水产品，但日本山梨酸（钾）的使用范围中不包括此类产品。

9.5　中日对比分析

中国和日本都是水产品消费大国，都制定了较为完善成熟的水产品法规标准和监管体系，涵盖了从养殖、加工到出口的全过程。

9.5.1 法律法规体系对比分析

中国建立了以《中华人民共和国食品安全法》和《中华人民共和国农产品质量安全法》为基础的水产品质量安全法规体系，涵盖了生产、加工、流通全链条的详细规定，为水产品的质量安全提供了有力的法律保障。日本作为水产品消费大国，水产品法规体系起步较早，依托《食品卫生法》在全食品行业强制导入 HACCP 原则进行生产管理，并根据生产企业体量不同分别制定了水产品 HACCP 生产指南。

1.《中华人民共和国食品安全法》与日本《食品安全基本法》《食品卫生法》对比

在食品安全管理方面，中国最重要、最基础的法律是《中华人民共和国食品安全法》，日本的是《食品安全基本法》和《食品卫生法》。

《中华人民共和国食品安全法》与日本《食品安全基本法》有相似之处，即都是为了保护国民的健康，保证食品安全。在食品安全政策方面，都引入了风险评估的基本原理。特别是都强调了食品安全管理部门、生产经营者在食品安全中的责任，食品安全应急处置要求，以及食品安全风险评估机构的建立等。

不同之处在于，《中华人民共和国食品安全法》中包含关于生产经营的规定以及对食品安全标准、食品检验、食品进出口等方面的规定，日本不是在《食品安全基本法》里而是在《食品卫生法》及其相关法规中做出了详细规定。另外，两国法规在消费者参与食品安全监督方面的侧重不同。日本《食品安全基本法》明确规定："消费者应该在确保食品安全方面发挥积极作用，努力获取食品安全知识、了解食品安全，并努力表达其对食品安全政策的意见。"《中华人民共和国食品安全法》的规定是："任何组织或者个人有权举报食品安全违法行为，依法向有关部门了解食品安全信息，对食品安全监督管理工作提出意见和建议。"

2. 水产品标准体系对比

总体来看，中日两国在水产品标准体系方面各有优势和特色。

首先，在标准制定层面，中国由国家卫生健康委员会专门制定食品安全国家标准，体现了对标准制定的重视程度。日本未设置专门的标准制定及管理机构，食品标准的制定由各食品风险管理机构负责。

其次，在标准体系方面，中日两国的食品标准都是由通用标准与具体食品类别标准构成的。不同之处在于，中国现有水产品标准体系以产品标准为主，而日本的食品标准更侧重于原材料和初级加工品，且在食品行业强制引入 HACCP 原则，体现了日本从源头把控食品安全的管理理念。

最后，在标准国际化进程方面，中日两国呈现出不同的发展路径。日本较早启动与国际标准的体系化对接，在标准研制过程中注重参考国际食品法典委员会等国际组织框架及发达经济体实践，同时积极参与国际标准规则的制定，通过将国内优势领域的技术规范转化为国际标准，增强自身在全球贸易中的主动性。中国作为标准化建设的后发力量，当前正以更开放的姿态加速推进国内标准与国际体系的有机衔接，特别是在食品领域，国家标准化管理委员会印发的《国家标准采用国际标准工作指南（2020 年版）》中已将食品标准列入重点采标领域，通过建立国际标准转化专项机制、完善采标政策工具箱等系统性举措，展现出标准互认进程中的中国加速度。

9.5.2 监管机构职能对比分析

在监管机构职能方面，虽然中日两国都引进了风险评估、风险管理的监管理念，设立了各自的风险评估机构，但在监管方面逻辑差异比较明显。

1. 中国农业农村部与日本农林水产省

中国农业农村部与日本农林水产省在兽药残留监控、水产动物疫病管理、渔业资源管理、水产养殖和水产饲料监管方面职能相似，各自为保障本国水产品的质量安全与渔业的可持续发展做出了积极贡献。

但日本农林水产省下设的水产安全室和动物检疫所还负责进出口水产动物的辨识及检疫防疫工作，类似中国海关的动植物检疫司的部分职能。相比中国农业农村部，日本农林水产省的职能范围更加广泛。

2. 中国国家市场监督管理总局与日本厚生劳动省

中国国家市场监督管理总局与日本厚生劳动省虽然在食品安全监管方面职能重合度较高，但在监管领域和职责范围上总体差异较大。

中国国家市场监督管理总局是国务院直属机构，负责市场综合监督管理，整合了原国家工商行政管理总局、原国家质量监督检验检疫总局、原国家食品药品监督管理总局等部门的职责，形成了一个统一的市场监管体系。相比之下，日本厚生劳动省是日本中央政府负责医疗卫生和社会福利保障的主要部门，其职能除市场监管外，还涵盖国民健康、医疗保险、劳动就业及弱势群体社会救助等方面。

在食品安全监管方面，中国国家市场监督管理总局与日本厚生劳动省都负责拟订食品生产监督管理和食品生产者落实主体责任的制度措施并组织实施；负责经营环节的监督管理工作；负责食品安全监督抽检和风险监测等相关工作。不同之处在于，中国国家市场监督管理总局还参与制定食品安全标准、对网络交易及广告宣传进行监督管理。在日本，这部分职能划归消费者厅。此外，中国国家市场监督管理总局只负责中国境内市场的监管工作，日本厚生劳动省还对进口食品进行监管，每年制订进口食品抽检计划，并由设在各口岸的检疫所对进口食品进行安全卫生检验检疫。

3. 中国海关总署与日本关税局

中国海关总署与日本关税局虽然在名称上比较相似，但地位和职能存在显著的差异。

从地位上看，中国海关总署是国务院直属机构，直接向国务院报告工作。而日本关税局隶属于日本财务省，是财务省下属的一个内部机构，接受财务省的监督和指挥。

在职能方面，中国海关总署的职责非常广泛，包括负责出入境卫生检疫、出入境动植物及其产品检验检疫，负责进出口关税及其他税费征收管理等。相比之下，日本关税局的主要职能集中在征收关税、通关管理、贸易监管和保税管理等方面。

综上，中国对水产品的监管可以看作横向划分，以产品通关为界，分段管理。农业农村部和国家市场监督管理总局负责境内水产品市场监管，海关总署负责水产品进出口申报及检验检疫、关税缴纳。这样的好处是各部门职责划分清晰，通关监管和手续办理高度集约，方便企业进出口贸易，对于风险能够快速反应、统一分析研判和集中指挥处置。日本则是纵向划分，在垂直领域"主内又主外"。日本农林水产省除在渔业资源管理、水产养殖管理、水产动物用药及饲料监管、水产动物疫病管理等方面发挥作用，还负责动植物进口检验检疫工作。厚生劳动省除监管境内市场外，还负责进口食品的申报以及质量安全检查。日本关税局只负责关税及国际公约相关的工作。这样的好处是，保证了相关部门在各自职责领域内的高度连贯性和专业性，但各部门职能存在重叠也导致处理突发性食品安全事件启动程序复杂，运作较慢，并且食品进口流程长、对接部门多，隐性提高了对日出口企业的贸易成本。

9.5.3 进出口监管对比分析

中日两国对不合格食品的处罚措施基本一致，都采取退货、销毁、改作他用的方式，对已上市的食品进行召回。在水产品的进出口管理上存在一定差异，主要体现在以下方面。

1. 企业资质要求不同

《中华人民共和国食品安全法》第96条规定，食品的出口商或代理商、进口商应当进行备案。境外食品生产企业应当进行注册。国家出入境检验检疫部门会定期公布已经备案的境外出口商、代理商、进口商和已经注册的境外食品生产企业名单。而日本对食品进口秉承自由贸易原则，个人或企业都可作为食品进口商，境外出口商或者代理商、进口食品的进口商无须备案，除畜禽肉制品等个别品类外，对境外食品（包括水产品）生产企业不要求注册。

2. 监管部门不同

中国对动植物及其制品的进出口管理从头至尾集约在海关总署及各地海关。而日本则涉及农林水产省、厚生劳动省、财务省关税局三个部门。农林水产省和厚生劳动省在职能上既有分工，也有合作，各有侧重。农林水产省主要负责生鲜农产品及其粗加工产品的安全性，侧重在这些农产品的生产和加工阶段，重点关注动植物传染病的控制，即动植物传染病能否通过相关制品带入日本。厚生劳动省负责进口食品的安全性，侧重在这些食品的进口和流通阶段，重点关注食品中食源性微生物和农兽药残留等情况。

3. 抽检方式不同

日本的抽检方式包括监控检查、强化监控检查、命令检查等多种方式，且一旦进入强化监控检查或命令检查状态，其解除条件和解除周期非常严格，最少需要一年或60批次无违规才能解除。而中国则通过发布警示通报对后续进口食品进行强化基础，一般实施期为90天，如无违规可以解除。日本监控检查允许产品先通关后出结果，对于注重新鲜度的水产品来说非常友好。中国目前暂未有类似的抽检方式，产品必须等待抽检结果合格后才能进入下一流程，对于水产品而言，这种抽检方式无疑提高了废弃率风险。

9.5.4 限量指标等技术性贸易措施对比分析

根据《2024财年进口食品监控指导计划》，日本对于进口水产品主要检测农兽药残留、病原性微生物、添加剂及成分规格（如贝毒等）。

中国水产品中的农兽药残留标准主要由《食品安全国家标准 食品中农药最大残留限量》（GB 2763）、《食品安全国家标准 食品中兽药最大残留限量》（GB 31650）规定，日本则是通过农兽药肯定列表制度统一管理。

日本基于《食品卫生法》的相关规定，从2006年起实施农兽药肯定列表制度。它是日本为加强食品（包括可食用农产品）中农业化学品（包括农药、兽药和饲料添加剂）残留管理而制定的一项制度。日本对食品中农兽药的残留限量标准可以概括为以下四类：

①残留限量。当某种农兽药在某种食品中有具体残留限量值规定时，检出值不得超过残留限量要求。

②不得检出。食品中不得检出"不得检出物质清单"中列出的物质。

目前该清单中包括 2，4，5- 滴等 24 种物质。

③豁免物质。豁免物质指即使食物中含有也不会对人体产生危害的物质（即"对象外物质清单"）。目前该清单中包括植酸钙等 78 种物质。

④一律限量。对未涵盖在上述标准中的所有其他农兽药制定一个统一限量标准，即 0.01mg/kg。一般认为，低于该浓度的残留不会对人体产生危害。例如，硅氟唑在胡萝卜中未规定残留限量值，如果在胡萝卜中检出，则检出值不得超过一律限量，即 0.01mg/kg。

此外，对于抗生素或化学合成的抗菌剂，原则上食品中不得含有任何抗生素或化学合成的抗菌剂，另有规定可以使用的除外。例如，氧氟沙星在鸡肉中规定了残留限量值，鸡肉中检出氧氟沙星时，只要检出值不超过限量值即可；对于未规定限量值的食品，不得检出氧氟沙星。

中日两国农兽药残留标准的主要差异如下：

（1）日本农兽药肯定列表制度制定限量的农兽药品种远高于中国已经制定的品种。目前，日本农兽药肯定列表涉及农兽药 800 多种，比中国多 100 余种。日本规定了百余种农兽药在水产品中的最大残留限量，是目前世界上规定水产品药物最大残留限量品种最多的国家，药物品种涉及激素类、抗生素等多项内容。

（2）日本农兽药肯定列表中对水产品的分类更详细，不仅对鱼类、甲壳类、贝类及其他水生动物规定了不同的残留限量，并且又进一步对鱼类下的鲑形目、鳗鲡目、鲈形目、其他鱼类也分别进行了规定。而中国《食品安全国家标准　食品中兽药最大残留限量》（GB 31650—2019）及《无公害食品　水产品中渔药残留限量》（NY 5070—2002）中仅简单分类为"鱼"，没有考虑到不同品种鱼类及水产动物由于生活区域及习性的不同，其对药物的耐受力及排出体外的过程也有差异。

（3）日本农兽药肯定列表对农兽药制定了一律限量，这种兜底性的限量标准使得其监管从理论上可以覆盖所有农兽药。目前中国在法规上没有这方面的明确规定，导致残留限量监管存在一些"真空区域"。过去 5 年间，中国曾有 8 批次水产品因农药扑草净残留超标被日本通报。

（4）日本农兽药肯定列表对抗生素类药品监管更为严格。以恩诺沙星为例，日本在水生动物中没有制定恩诺沙星的限量，因此不得使用恩诺沙星。但中国允许鱼类中使用恩诺沙星，导致中国烤鳗多次被日本通报、退回。

（5）日本对农兽药残留限量的修订更为频繁。日本每年都会对农兽药残留限量进行多次修订，最频繁时甚至一个月内发布了两次农兽药残留修订通知，并且将限量分类整理成农兽药残留在线数据库，方便社会查询。而中国受制于食品安全国家标准修订流程的限制，农兽药残留标准的修订往往以年为单位，且残留限量仅通过标准文件方式发布。

质量安全问题是现阶段制约中国水产品出口的主要障碍。事实上，中国食品安全国家标准中的部分农兽药检测法的检测限量是要严于日本的。但个别养殖者不遵守用药规定、不遵守停药期，少数不法厂商在添加剂甚至渔药中添加违禁药物，是导致水产品农兽药残留超标屡禁不止的重要原因。

日本通过严格且细致的农兽药肯定列表制度构筑起了贸易壁垒。这就要求中国水产品必须抓紧完善质量保证体系，强化水产品质量安全管理，提高出口水产品竞争力，跨越发达国家设置的市场"高门槛"。同时，在水产品法规标准体系及监管机制方面借鉴日本的经验，并积极参与国际标准制定，为水产品出航赢得主动权。

第十章

Chapter 10

韩国水产品技术性贸易措施与对比分析

10.1 水产品安全法律法规标准体系

韩国位于亚洲东北部，其海域面积是陆地面积的 4.5 倍，海洋资源丰富，为发展水产业提供了良好的条件。韩国是世界上重要的水产品生产、消费和贸易国。韩国通过综合性的水产品监管体系来确保水产品的质量和安全，保护消费者权益，并促进水产业的发展。

10.1.1 水产品安全管理相关法律法规

目前，韩国水产品安全管理相关的法律法规主要有《食品卫生法》《食品安全基本法》《进口食品安全管理特别法》《农水产品质量管理法》《农水产品流通及价格稳定相关法律》《农水产品原产地标示等相关法律》《水产品流通管理及支援相关法律》《水产食品产业培育及支援相关法律》等。其中，《食品卫生法》和《食品安全基本法》是最基本、最重要的两部法律。

1.《食品卫生法》

《食品卫生法》共包括 13 章内容，其制定的目的是"防止由食品产生的卫生上的危害，提高食品营养质量，提供与食品相关的正确信息，为保护和增进国民健康做出贡献"。其中明文规定：食品生产经营者禁止销售有害的食品、病害动物肉类、未规定标准的化学性合成品；禁止销售和使用有毒器具等；认真贯彻落实自行检查工作，进行进口申报，禁止一些特定食品的进口和销售等行为。同时并行的还有《食品卫生法实施令》及《食品卫生法实施规则》，主要对《食品卫生法》进行了补充规定。《食品卫生法》的配套法规包括《食品法典》《食品添加剂法典》《器具及容器、包装的标准及规格》《食品等的标示标准》等。

2.《食品安全基本法》

《食品安全基本法》是韩国食品监管的另一部重要法规，其制定的目的是"通过明确规定食品安全相关的国民权利和义务及中央和地方政府的责任，以及食品安全政策的制定、调整等相关基本事项，为国民营造健康、安全的饮食条件"。该法明确了国家食品安全政策制定的原则以及中央和地方政府在食品安全方面的职责。《食品安全基本法》总共包括6章内容，主要规定了食品安全管理的基本计划的制定与实施、食品安全政策委员会的主要职责及委员会的构成、发生重大食品安全事故时的紧急应对方案、预防食品安全事故的食品相关风险评估、行政部门相互协作、消费者参与食品安全相关委员会等相关事项。同时并行的还有《食品安全基本法实施令》，主要对《食品安全基本法》进行了补充规定。

3.《进口食品安全管理特别法》

《进口食品安全管理特别法》是韩国针对进口食品的安全管理制定的法规，该法对进口食品分进口前阶段、通关阶段和进口后流通阶段3个阶段进行管理。在进口前阶段，对境外生产企业实施注册制度，要求所有输韩生产企业在进口申报前，提前向韩国食品药品安全部进行注册。与韩国签订水产品卫生协议的国家，企业应通过其政府向韩国食品药品安全部申请注册。未提前进行注册的，食品药品安全部可不受理进口申报，并对所有境外生产企业进行现场审核，拒绝、妨碍或逃避现场审核或者现场审核结果认为进口食品等可能存在安全隐患时，韩国可采取暂停进口的措施。在通关阶段，根据境外生产企业的卫生管理水平，对生产企业分为3个等级进行区分管理。在进口后流通阶段，对进口食品等从进口到销售，分阶段适用追溯制度。其实施令、实施规则主要对主法规规定的事项进行了补充说明。

4.《农水产品质量管理法》

《农水产品质量管理法》共包括9章内容，其制定的目的是"通过适当的农水产品质量管理，确保农水产品的安全，提高其商品价值，引导公正透明的交易，为增加农渔业从业者的收入和保护消费者权益做出贡献"。该法主要规定了农水产品质量管理审议会的设置及其职责、农水产品的标准规格及质量管理、水产品质量认证、环保农水产品认证、追溯管理、事后管理、地理标志、转基因农水产品标识、农水产品的安全性调查及生产加工设施的注册管理、农水产品检验等相关事项。同时并行的还有《农水产品质量管理法实施令》及《农水产品质量管理法实施规则》，主要对《农水产品质量管理法》进行了补充规定。

5.《农水产品流通及价格稳定相关法律》

《农水产品流通及价格稳定相关法律》旨在确保农水产品的顺畅流通，维持合理价格，以保护生产者和消费者的利益，促进国民生活稳定。该法律定义了农水产品、批发市场、中间批发市场等关键术语，规定了批发市场的设立、运营和管理，以及农水产品的生产调整和出货调节。该法还涉及海外市场信息等调查分析，农水产品的观测、统计、综合信息系统建设，以及通过合同生产、价格示范、市场调节命令等手段进行价格稳定。此外，该法还规定了对违反法律的行为的处罚，包括罚款和拘留等。

6.《农水产品原产地标示等相关法律》

《农水产品原产地标示等相关法律》共包括4章内容，该法旨在规范农水产品及其加工品的原产地标示，增强消费者对农水产品的信心，确保交易公平和消费者知情权，保障农水产品的质量和安全，从而保护生产者和消费者的利益。该法适用于农水产品及其加工品的原产地标示，以及进口农水产品和加工品的流通管理。

该法涉及的产品包括农水产品、农水产品加工品及其原料。该法规定，相关产品在进口、生产、加工、销售、储藏或展示过程中必须标示原产地。此外，该法还禁止虚假标示原产地或误导消费者的行为。

为了提高原产地标示制度的有效性，该法还引入了追溯管理的概念，要求进口商和交易商记录并报告产品的流通记录，以确保产品从进口到最终销售的全过程可追溯。

对违法行为，该法规定了举报和奖励机制，鼓励公众参与监督和举报违反原产地标示规定的行为。同时，该法还规定了相关培训措施，以提高行业对原产地标示重要性的认识。

7.《水产品流通管理及支援相关法律》

《水产品流通管理及支援相关法律》制定的目的是通过法规和支援措施，规范水产品流通，提高水产品流通效率，保障食品安全，维护生产者和消费者权益，提升水产品流通产业的竞争力，促进韩国水产品行业的健康发展。该法明确了水产品流通相关术语的定义，规定了水产品流通管理、追溯管理、质量及卫生控制要求等。

该法强调了国家和地方政府在推进水产品流通体系高效化和产业竞争力强化中的责任，要求制订水产品流通发展的基本计划和执行计划。此外，该法还涉及水产品批发市场的设立、运营标准、现代化支持，以及对违规行为的处罚措施。

该法还要求生产者和销售者记录并管理水产品的流通记录，以实现产品追溯。对于违法行为，该法规定了罚款和刑事处罚。

8.《水产食品产业培育及支援相关法律》

《水产食品产业培育及支援相关法律》由海洋水产部负责监督执行，

旨在通过建立水产食品产业的培育和支持体系，提升产业的附加值，确保水产食品产业和水产产业的持续发展，从而促进国民经济的发展。该法规定了国家和地方政府在推动水产食品产业发展方面的职责，强调了水产食品产业的培育基础，包括制订和执行水产食品产业培育基本计划，以及相关的年度执行计划。这些计划涵盖了产业发展趋势、产业竞争力提升、传统水产食品的开发与推广、功能性水产食品的开发、产品质量提升、技术发展、专业人才培养等多个方面。

此外，该法还提出了对水产食品产业的财政和行政支持措施，包括对产业相关技术研发的支持、国际合作与市场推广、水产食品产业集群的支持与培育等。该法还规定了对违反法律的行为的处罚，包括对虚假标示原产地等行为的罚款和刑事处罚。

9.《中韩进出口水产品卫生管理协议》

2008 年 8 月，中韩两国签署了《中华人民共和国国家质量监督检验检疫总局和大韩民国农林水产食品部关于进出口水产品卫生管理协议》（见附录 5，简称《中韩进出口水产品卫生管理协议》），对中国输往韩国的水产品卫生标准做了详细规定。因两国政府组织机构调整，2023 年，韩国将国立水产品质量管理院公布的《中韩进出口水产品卫生管理协议》改为由海洋水产部公布。该协议主要规定了告示的适用对象、加工工厂注册、进出口水产品标识、提供的卫生证明要求等相关事项。中国水产品加工厂应按照该卫生协议通过政府向韩国申请注册。

10.1.2 水产品安全管理相关标准

在韩国水产品安全管理的法律法规的框架下，韩国水产品安全管理相关标准主要包括《食品法典》《食品添加剂法典》《器具及容器、包装的标准及规格》《食品等的标示标准》等。《食品法典》规定了食品质量和安全性相关信息，包括一般食品的通用标准（即致病菌、污染物、霉菌毒素、辐照及其他有害物质等），以及各类食品的产品标准（包括水产加工品的产品标准，以食品药品安全部告示第 2024-22 号为准，下同）。韩国对于食品添加剂的管理独立于一般食品标准，《食品添加剂法典》对食品添加剂的使用做了规定。《食品等的标示标准》用于规范韩国食品、添加剂、容器包装相关标签管理。

韩国水产品中原料要求、微生物、污染物、农兽药残留限量等既要符合《食品法典》中一般食品的通用标准要求，又要符合其产品标准的要求，有产品标准的产品，则优先适用产品标准的要求。以下将对水产品生产、加工环节相关要求进行介绍。

1. 食品原料标准

《食品法典》第 1 章总则按照植物性原料和动物性原料，对各原料以大分类、中分类、小分类形式进行了分类，大分类动物性原料以畜产品、水产品、其他动物进行了分类。《食品法典》第 2 章对食品原料标准即原料等应具备的条件及食品原料判断标准进行了规定，包括对原料的质量及卫生的一般性规定及特殊条款。目前，韩国对食品原料实施肯定列表制度，将食品原料分为可用原料及暂定临时性使用原料（限制使用的原料），不在该目录中的原料则禁止使用。《食品法典》的附录 1 为韩国可使用原料的目录，附录 2 为韩国可限制性使用的原料目录，均按照植物性原料、动物性原料、微生物原料以及其他原料进行了分类。水产品属于动物性原料，应按照《食品法典》规定的原料目录使用。

2. 食品中微生物限量标准

《食品法典》第 2 章第 3 节对微生物限量进行了规定。食品中微生物限量分为卫生指标菌和致病菌。该法典规定了肉食（制造加工用原料除外）以及经杀菌或灭菌处理或无须再加工、加热烹制的即食加工食品中沙门氏菌、副溶血弧菌、单核细胞增生李斯特氏菌、肠出血性大肠杆菌、弯曲杆菌、结肠炎耶尔森杆菌等致病菌的限量要求。除上述规定外，韩国还对部分加工食品中的蜡样芽孢杆菌、产气荚膜梭菌、金黄色葡萄球菌等致病菌进行了规定。关于卫生指标菌，《食品法典》第 2 章第 3 节通用标准中就普通食品中的菌落总数及大肠菌群，水产品中的菌落总数、大肠杆菌的限量做出了规定。另外，《食品法典》各类产品的标准中针对具体产品的卫生指标菌限量也做出了相应的规定。

3. 食品中污染物和霉菌毒素等限量标准

《食品法典》第 2 章第 3 节规定了食品中的污染物限量要求。《食品法典》将污染物分为重金属、霉菌毒素、二噁英、多氯联苯、苯并芘、三聚氰胺、3- 氯 -1，2- 丙二醇（3-MCPD）、贝类毒素、放射性物质 9 类。因干燥过程水分含量发生变化的干燥农、林、畜、水产品，在适用污染物中重金属、贝类毒素、多氯联苯的标准时，应充分考虑水分含量，以鲜重为标准进行换算适用。

（1）重金属

食品中的重金属限量按照农产品、畜产品、水产品、加工食品及食用昆虫分类进行适用。涉及的重金属指标有铅、镉、砷、无机砷（仅限大米）、汞、甲基汞。其中，水产品中铅、镉、汞、甲基汞涉及的食品类别有鱼类、软体类、甲壳类、海藻类、冷冻食用鱼头及其内脏。韩国部分水产品中污染物限量如表 10-1 所示。

表 10-1　韩国部分水产品中污染物限量

类别	铅（mg/kg）	镉（mg/kg）	汞（mg/kg）	甲基汞（mg/kg）
鱼类	≤ 0.5	≤ 0.1（限于淡水鱼类及洄游鱼类） ≤ 0.2（限于海洋鱼类）	≤ 0.5（法规规定的部分深海鱼类除外）	≤ 1.0（仅限法规规定的部分深海鱼类）
软体类	≤ 2.0（但鱿鱼 ≤ 1.0，带有内脏的章鱼 ≤ 2.0）	≤ 2.0（但鱿鱼 ≤ 1.5，带有内脏的章鱼 ≤ 3.0）	≤ 0.5	—
甲壳类	≤ 0.5（但带有内脏的花蟹类 ≤ 2.0）	≤ 1.0（但带有内脏的花蟹类 ≤ 5.0）	—	—

（2）霉菌毒素

韩国霉菌毒素的限量分为总黄曲霉毒素（B_1、B_2、G_1、G_2 的总和）、黄曲霉毒素 M_1、棒曲霉素（Patulin）、伏马菌素（Fumonisin）、赭曲霉毒素 A（Ochratoxin A）、脱氧雪腐镰刀菌烯醇（Deoxynivalenol）、玉米赤霉烯酮（Zearalenone）。其中，总黄曲霉毒素（B_1、B_2、G_1、G_2 的总和）适用的产品类别分为植物性原料和加工食品（不包括婴儿配方食品、成长期配方食品、婴幼儿辅食）。

（3）多氯联苯、苯并芘、贝类毒素等

《食品法典》第 2 章第 3 节对鱼类中的多氯联苯限量进行了规定，其限量应在 0.3mg/kg 以下。

苯并芘限量涉及的水产品类别有熏鱼肉、熏制干鱼肉、鱼类、贝类、软体类（贝类除外）及甲壳类。鱼类中苯并芘应在 2.0μg/kg 以下。熏鱼肉（不包括干燥品）、软体类（贝类除外）及甲壳类，苯并芘应在 5.0μg/kg 以下。对于熏制干鱼肉、贝类，苯并芘应在 10.0μg/kg 以下。

贝类毒素限量主要涉及贝类产品中的麻痹性贝类毒素及腹泻性贝类毒素。

另外，韩国还规定了冷冻鱼类、腌渍鱼类、罐头以及经干燥或切割等简单处理产品的组胺限量要求。

（4）放射性物质

韩国将放射性碘（^{131}I）和放射性铯（$^{134}Cs + ^{137}Cs$）作为污染物进行管理，《食品法典》第 2 章第 3 节规定了食品中放射性碘和放射性铯的最高放射活度。2011 年日本福岛核事故以后，韩国于 2012 年针对日本产食品专门制定了放射性铯的限量标准（100Bq/kg），2013 年开始禁止日本福岛、群马、栃木、千叶、茨城、宫城、岩手、青森 8 个县的所有水产品进口。同年，针对所有国家的食品，开始适用上述放射性铯的限量标准，以加强放射性污染物的管理。

4. 食品中农兽药残留限量标准

《食品法典》第 2 章第 3 节规定了农畜水产品中农药残留限量及食品中兽药残留标准适用相关内容。《食品法典》以附录形式规定了各类农产品中农药最大残留限量标准，附录 4 规定了食品中农药残留限量标准。对于附录 4 中未规定残留限量标准的农药，韩国适用肯定列表制度（即 0.01mg/kg 以下的一律标准）。附录中包含了畜产品及水产品中不允许直接使用，但通过饲料、环境污染等间接会受污染的杀虫剂、杀菌剂等农药成分。对于加工食品未规定农药残留限量的情况，允许在食品原料的残留限量标准范围内残留，即根据原料的含量适用农产品及畜产品的原料的标准，因干燥等工艺水分含量变化时需要考虑水分含量后再适用。

《食品法典》中的附录 5 规定了食品中兽药残留限量标准，附录 7 规定了食品中豁免农药及兽药残留限量标准的物质。2021 年 6 月 29 日，韩国修改《食品法典》（第 2021-54 号告示），修改兽药标准的适用方法，对于水产品检出未单独规定残留限量标准的兽药时，自 2024 年 1 月 1 日起适用肯定列表制度（即 0.01mg/kg 的一律标准）。

5. 食品添加剂及其相关产品

《食品卫生法》第 2 条规定了食品添加剂的定义：食品添加剂是指在食品生产、加工、烹饪或贮存过程中以甜化、着色、漂白或抗氧化等为目的用于食品的物质，包括器具容器包装杀菌、消毒使用的可间接迁移到食品的物质。韩国对于食品添加剂的管理采用审批制度，通过《食品添加剂法典》对添加剂进行管理。该法典规定了添加剂（包括营养强化剂）的制造标准和使用标准。水产加工品所使用食品添加剂应符合该法典的使用标准的要求。

6. 食品接触材料

在韩国，食品接触材料主要是通过《食品卫生法》及《器具及容器、包装的标准及规格》进行管理的。《食品卫生法》明确规定了禁止销售和使用有毒器具等，并对器具及容器包装相关标准及规格做出了规定。《器具及容器、包装的标准及规格》收录了韩国食品接触材料制造方法相关标准及其原材料相关规格，规定了接触材料的通用标准及各类材质的规格、试验方法等。

依据各类材质的规格，韩国将食品接触材料分为合成树脂材料、再生纤维素膜（regenerated cellulose）、橡胶、纸制品、金属材料、木质材料、玻璃、陶瓷、搪瓷及陶器类、淀粉材料，韩国《器具及容器、包装的标准及规格》的内容涵盖了各类接触材料的定义、残留标准、迁移规格及其检测方法。其中，合成树脂材料包含了 PVC、PE 及 PP、PVDC、PS、PET 等40 余种不同材质的规格。

7. 辐照食品

在韩国，允许使用 ^{60}Co-γ 射线或电子射线对某些原料或产品进行辐照处理，以抑制其发芽、杀菌、杀虫或调节成熟度，但辐照时不得超过各类产品允许的最大辐照剂量，且辐照处理的食品不得再次重复辐照，以辐照食品为原料生产、加工的食品也不得再辐照。目前，韩国鱼粉、贝类粉末、甲壳粉允许辐照杀菌。

8. 水产品适用的相关标准

韩国《食品法典》除了涉及通用食品标准外还规定了具体产品相关的要求，涉及长保质期食品及其他食品等，主要包括以下内容：

（1）水产制品的标准及规格

目前，《食品法典》第 5 章规定了 24 类食品的产品标准，第 20 节为水产制品产品标准，涵盖了鱼肉制品、鱼虾酱类、海苔等产品。产品标准中涉及定义、原料要求、生产加工标准、食品类别、规格等要求。

（2）长保质期食品的标准及规格

《食品法典》第 4 章为长保质期食品的标准及规格，包括瓶装罐装食品、甑煮食品（retort food）、冷冻食品 3 类产品的标准。产品标准中主要规定了

3类产品的定义、生产加工标准、菌落总数、大肠杆菌等微生物要求。冷冻食品又细分为无须加热即食冷冻食品和加热后食用的冷冻食品两类。水产品如果属于冷冻食品还应符合冷冻食品的要求。

9. 标签标示

目前，韩国标签广告相关内容是通过《食品等的标示、广告相关法律》进行管理的，对于普通食品（包括水产品）、食品添加剂、器具及容器包装（即食品接触材料）的具体标签标示要求是通过《食品等的标示标准》进行规定的。

《食品等的标示、广告相关法律》规定，食品、食品添加剂或畜产品，需要标示产品名称、净含量、配料名称、企业名称及地址、消费者安全注意事项、生产日期、保质期以及其他总理令规定的事项。《食品等的标示标准》规定了食品、食品添加剂、器具或容器包装的标示标准相关事项以及营养成分标示相关事项，该标准分为总则、通用标示标准、各类标示事项及标示标准（包括水产制品），该标准的附录1各标示事项的详细标示标准共4部分内容。

10.2　水产品安全监管体系

韩国的食品安全监管体系是按照产品种类（农产品、水产品、畜产品等）和按照环节（生产、进口、流通、消费等）进行分类的，形成了多元分散的食品安全监管体系。水产品的安全监管主要涉及韩国食品药品安全部（Ministry of Food and Drug Safety，MFDS）、海洋水产部（Ministry of Oceans and Fisheries，MOF）、食品安全政策委员会。为确保"从农田到餐桌"的食品安全管理，食品药品安全部总管了从生产、制造加工到进口、流通、消费整个阶段的安全管理。在生产阶段，食品药品安全部则委托海洋水产部对水产品进行管理。

10.2.1　食品药品安全部

韩国食品药品安全部主要掌管韩国食品（包括农水产品及其加工产品、

畜产品及酒类）和健康功能食品、药品、毒品、化妆品、医药外品、医疗器械等安全事务，包括进口农畜水产品、加工食品、食品添加剂、健康功能食品、食品接触材料、食品等流通及餐饮等消费阶段的管理。前身是韩国食品药品安全厅（KFDA），随着农畜水产品等食品安全管理的一体化，2013年韩国修改《政府组织法》，对其进行了扩大和改编，名称由食品药品安全厅升级为食品药品安全部，成为国务总理室下属的中央行政机关，原韩国农林水产食品部的食品安全部门划入食品药品安全部，新机构增加了农产品及水产品的安全管理职能。

10.2.2 海洋水产部

海洋水产部是掌管海洋水产政策、渔村开发以及水产品流通、海运、港湾、海洋环境、海洋调查、海洋资源开发、海洋科学技术研究开发和海洋安全审判等相关事务的中央行政机关。

为支援海洋水产部的相关事务，韩国设立了国立水产品质量管理院、国立海洋调查院、渔业管理团及国立海事高中。其中，国立水产品质量管理院主要负责：水产品检疫、出口水产品检验及相关国际合作；出口水产品生产、加工设施的登记及管理；水产品的质量认证、环保认证、履历追溯管理等质量管理；水产品的地理性标示登记、管理及原产地标示制度的运营、盐类质量检查及管理等事宜。

10.2.3 食品安全政策委员会

食品安全政策委员会直属于国务总理室的政府委员会，2008年根据《食品安全基本法》与《食品安全基本法实施令》设立，是综合协调各行政部门食品安全策略的协调机构。食品安全政策委员会成员不超过20人，由国务总理担任委员长，委员包括政府职委员（企划财政部、教育部、法务部、农林畜产食品部、保健福祉部、环境部、海洋水产部、食品药品安全部各部门长官及国务调整室长）和国务总理任命的食品安全相关专家等。

食品安全政策委员会主要审议调整基本计划相关事务、食品安全主要政策、食品安全法令及食品安全标准的制定和修订、食品等相关风险评估、重大食品安全事件相关综合对策等食品相关安全事项。

10.3 水产品进出口监管体系

按照韩国《进口食品安全管理特别法》及其实施令、实施规则，在进口前阶段，所有进口食品的境外生产企业或海外工厂运营者必须在进口申报前向韩国完成境外生产企业或海外工厂注册。与韩国签订卫生协议的国家的企业必须通过出口国政府向韩国申请注册。进口食品的申报、检查具体由韩国各地食药部门负责，海洋水产部下属的国立水产品质量管理院负责进出口水产品的检验检疫工作。

进口水产品时，进口商向食品药品安全部进行进口申报，通关时提交检验检疫机构出具的卫生证明，产品按规定流程经韩国检验检疫部门检验合格后，食品药品安全部会发放进口食品等进口申报合格证，产品在韩国国内流通。

10.3.1 进口前监管

在进口前阶段，韩国要求进口食品的进口商或境外生产企业在进口申报前提前向食品药品安全部注册，注册事项变更时应进行变更注册，未注册的则不予受理进口申报。食品药品安全部对所有境外生产企业实施现场审核，对企业相关安全及卫生管理状况等进行确认，拒绝、妨碍或逃避现场审核或者审核结果认为进口食品等可能存在安全隐患时，可暂停进口，并可对境外生产企业信息进行公开。

1. 产品准入要求

在韩国，中国的水产品原料如果在韩国《食品法典》可用原料目录内，且符合《中韩进出口水产品卫生管理协议》中检验项目和标准的要求，可以出口至韩国。协议适用于以下食用水产品：

（1）水生动物原料（活的水生动物除外）；

（2）水生动物的初级加工品，即虽经切割、加热、熟制、干燥或腌制（未使用除食盐以外的添加剂及其他原料），但从外观上可以识别水生动物原型的产品。

对于水产品加工品（如鱼虾酱类、海苔），如果所使用原料符合韩国《食品法典》的要求，按照普通加工食品流程进口即可。

2. 企业资质要求

韩国要求进口食品的进口商或境外生产企业在进口申报前提前向食品药品安全部注册，注册事项变更时应进行变更注册，未注册的可不予受理进口申报。按照《中韩进出口水产品卫生管理协议》，中国水产品企业应先在检验检疫机构进行加工厂注册登记。

依据上述协议，出口冰鲜或冷冻水产品初级产品的加工厂的卫生状况应符合进口国的卫生管理标准，经出口国检验检疫机构注册登记后，应向进口国检验检疫机构通报注册登记工厂名单，进口国收到名单后，可简化进口国已注册工厂生产、加工、包装的水产品的进口卫生检查。

对于水产品加工品（如鱼虾酱类、海苔），生产企业按照普通食品进口流程，向韩国进行境外生产企业注册即可。

3. 注册工厂管理

对于按照卫生协议出口韩国的食用水产品，出口国检验检疫机构应定期对已注册加工厂进行以下检查并对检查结果进行记录、管理。

（1）对已注册登记的加工厂进行定期检查以确保加工厂的卫生条件符合进口国的要求，并对结果进行记录及管理。

（2）对出口水产品的处理、制作、加工过程中是否混入进口国所规定的对人体构成危害的物质进行监督检查，并对结果进行记录及管理。

（3）进口国的检验检疫机构可对已注册登记的加工厂进行抽查，保证双方履行协议内容。

10.3.2 进口时监管

在通关阶段，进口食品应按照规定向食品药品安全部（具体由进口食品通关地所属的地方食药部门负责）进行进口申报。韩国根据卫生管理水平对境外生产企业分优秀、一般、特别管理 3 个等级管理，韩国将检查力度集中在特别管理企业中，并按照精密检查、随机抽样检查、现场检查、材料检查方式对进口食品进行检查。

进口食品的进口流程包括：进口商提交进口申报、进口检验、食品药品安全部发放进口食品等进口申报合格证、海关通关等环节，检查合格后进口食品可以在韩国国内流通。

韩国政府根据《进口食品安全管理特别法》及其实施令、实施规则处理进口食品相关业务。进口食品时，应由进口商向韩国食品药品安全部进行进口申报，产品按规定流程检验合格后，食品药品安全部会发放进口食品等进口申报合格证。在此环节，进口是向食品药品安全部申报，检验也是由韩国各地食药部门负责的，水产品的检疫则是由海洋水产部下的国立水产品质量管理院负责的。

依据《中韩进出口水产品卫生管理协议》，出口国的检验检疫机构应按规定出具卫生证明，确保出口水产品没有进口国所规定的对人体有害的细菌、有毒有害物质和金属异物。

10.3.3 进口后监管

韩国为确保进口食品等的安全流通，在流通环节对部分食品分阶段适用追溯管理制度，以便发现问题时及时地对问题产品采取追溯、召回等措施。产品出口到韩国后，官方也会对其进行抽检以确保食品安全。对于水产品，韩国为提高水产品的质量，确保能生产供应安全水产品，食品药品安全部每年制订并实施安全管理计划，并定期对水产品进行安全性调查。

1. 农水产品的安全性调查等

为提高农水产品的质量，确保能生产供应安全农水产品，韩国食品药品安全部每年制订、实施安全管理计划。各地方政府会根据该计划制订、实施其行政区域内详细的推进计划，确保生产流通的农水产品的安全。另外，地方食药部门或政府为确保农水产品的安全，会对农水产品或农水产品使用的农地、渔场、用水等进行安全性调查。对于水产品，会调查确认生产阶段是否符合安全标准，在贮藏及发货、交易阶段，确认是否超过《食品卫生法》等相关法规规定的残留限量标准等。

2. 进口后抽检

为确保食品安全与质量，韩国还以流通中的进口食品等为对象，每年制订和实施流通管理计划；出现食品相关风险信息时，为及时防止进口食品产生安全问题，便于卫生管理、维持营业秩序，韩国对进口食品采取抽检等措施。对于水产品，依据《农水产品质量管理法》，为进行安全性调查、风险评估或残留调查，食品药品安全部或地方政府可让相关公务员出入农水产品生产场所（车间、仓库、办公室、销售场所等）进行相应的抽样、调查。

3. 风险监测

《食品卫生法》第 15 条规定了韩国对食品采取的风险评估机制。当食品药品安全部认为某食品可能含有国内外发现的有害物质时，应迅速开展风险评估。评估完成前，食品药品安全部可暂时禁止销售该食品并采取其他控制措施。采取措施时，需经审议委员会的审议、表决，听取相关利害关系人意见。若审议委员会认为食品不存在风险，食品药品安全部应迅速解除禁止措施。该制度适用于韩国所有食品（包括进口食品）。

4. 追溯

韩国对食品（包括进口食品）采用追溯管理制度。目前，已适用追溯制度的进口食品包括婴幼儿食品、健康功能食品、配方乳制品类、孕产妇用食品、特殊用途食品、体重调节用配方食品、经营者拟进行流通履历追溯管理登记的进口食品等。韩国对水产品实施了追溯管理制度。韩国海洋水产部发布的《进口水产品流通追溯管理相关告示》主要内容包括：制定了将已证实危害性的水产品等指定为"流通追溯进口水产品"的标准，制定了"流通追溯进口水产品"的指定流程、品种、指定期限，制定了审议"流通追溯进口水产品"的流通追溯审议委员会的设立及运营。

5. 召回

韩国《食品卫生法》第 45 条规定了普通食品的召回制度。在韩国，以销售为目的的食品的生产、加工、分装、进口或销售经营者（含进口食品等进口销售经营者）已知食品属于有害食品、病害动物肉等，使用未规定标准的化学合成添加剂或标签虚假标示时，应立即召回流通中的食品、食品相关产品，或采取召回所需要的措施。对于认真实施召回措施的经营者，食品药品安全部可根据规定减免部分行政处罚。因此，食品出口韩国前应确保产品所用原料及标签都符合韩国要求。

10.4 韩国通报中国水产品不合格情况分析

韩国是全球重要的水产品消费国之一，自中韩两国签订《中韩进出口产品卫生管理协议》以来，两国在水产品贸易方面实现了质量、安全和卫生标准的统一。根据这一协议，中国成为韩国水产品进口贸易的重要来源国。根据韩国食品药品安全部 2024 年发布的进口统计数据，中国在对韩水产品进口方面占有重要地位：按报关数量计算，中国是韩国水产品（水产制品除外）最大的报关来源国，2023 年中国对韩报关 25627 批次；按重量计算，中国仅次于俄罗斯，位居第二，2023 年中国输韩水产品重量为 212161 吨。这些数据充分显示了中国在韩国水产品进口市场中的重要地位。

为确保国内食品安全，韩国食品药品安全部出台了一系列详尽且严格的规定，涉及食品中农兽药残留、重金属残留限量及其他安全标准，所有国产和进口食品都必须遵循这些限量要求。在水产品进口通关阶段，韩国执行了严谨的检验检疫程序，以保障食品的安全质量。根据抽检信息查询系统数据，2019 年 11 月至 2024 年 10 月，韩国共通报了 103 批次中国出口水产品及其加工品不合格情况，主要不合格原因为微生物污染（25 批次）、兽药残留超标（26 批次）、食品添加剂超标（14 批次），以及质量指标不达标（15 批次）等（具体数据详见图 10-1）。其中，生鲜和冷冻水产品通报批次最多，为 57 批次，其余则为加工水产品和干制水产品。

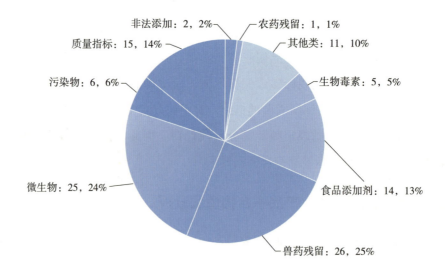

图 10-1　韩国通报中国出口水产品及其加工品不合格原因数量及占比

以生鲜和冷冻水产品为例，输往韩国的产品不合格的主要原因包括微生物污染、兽药残留超标及质量指标不达标。某些产品可能同时存在多个不合格因素。具体来说，因乙氧喹啉、氧氟沙星等兽药残留超标问题而被通报的有 26 批次，占不合格产品总数的 46%；因菌落总数、单核细胞增生李斯特氏菌等微生物污染问题而被通报的有 7 批次，占不合格产品总数的 12%；因感官等质量指标不达标而被通报的有 7 批次，占不合格产品总数的 12%。除此之外，因外来异物、包装问题、掺假等其他原因导致不合格的产品有 8 批次，占不合格产品总数的 14%（参照图 10-2、图 10-3）。

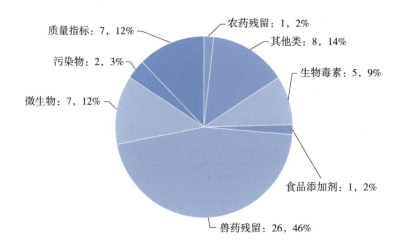

图 10-2 中国输韩生鲜和冷冻水产品不合格原因统计

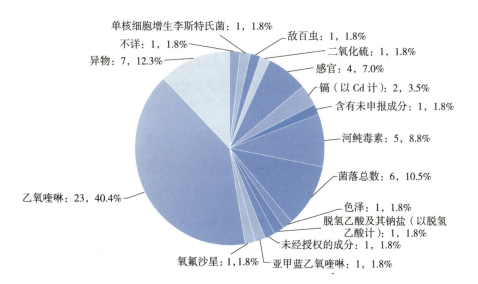

图 10-3 中国输韩生鲜和冷冻水产品不合格具体原因统计

10.5 中韩对比分析

中韩两国在水产品监管体系方面有一些相似之处，但也存在显著的差异，以下将从法律法规体系、监管机构职能、进出口监管和具体技术性贸易措施四个方面进行对比分析。

10.5.1 法律法规体系对比分析

在法律法规体系方面，中国自 1995 年《中华人民共和国食品卫生法》到 2009 年《中华人民共和国食品安全法》的出台，逐步完善了食品安全监管法律。韩国则拥有较为完善的食品安全法律法规体系，且不断进行修订和完善，以适应食品安全监管的需要。

基于中国食品市场的现状，中国政府加大了监管力度，逐步补充完善相关法律法规及标准等，充分反映了中国在食品市场不仅关注立法理念，也在逐步重视监管模式、监管定位。《中华人民共和国食品安全法》在 2015 年和 2018 年进行了修订和修正，这使得中国食品安全监管逐步完善。

韩国的食品安全法律法规体系相对完善，包括多部食品安全技术法规、多项安全卫生标准以及质量与包装标准，且韩国政府不断对食品市场相关法律法规及标准等进行修订、完善，为了更好地实施相关食品安全法律法规，韩国还颁布了与法律法规配套的实施细则及其实施令，使得食品安全立法得以落实，韩国法规修订较为频繁。

10.5.2 监管机构职能对比分析

中韩两国对水产品的监管体系都采取了多部门协作和多层级管理的方式，以确保水产品的安全。中国实行分段管理的食品安全监管体制，"从农田到餐桌"，覆盖整个链条。而韩国是按照食品类别、食品环节（种植养殖、进出口、生产加工、流通、消费）分产品类别、分环节进行监管。

中国的监管体系由农业农村部、国家市场监督管理总局和海关总署等部门构成，覆盖了从生产到消费的全过程。农业农村部主要负责渔业资源的保护和开发、水生动植物病害的防控，以及水产品兽药残留的监控。国家市场监督管理总局负责食品安全的监督管理，包括生产许可、加工、流通和餐饮服务等环节。海关总署负责进出口食品安全的监督管理，确保进口水产品符合中国的法律法规和食品安全国家标准。

韩国的水产品监管体系由多个部门协作构成，主要包括国家食品安全政策委员会、海洋水产部、食品药品安全部等。为确保"从农田到餐桌"的食品安全管理，食品药品安全部总管了从生产、制造加工到进口、流通、消费整个阶段的安全管理。在生产阶段，委托海洋水产部对水产品进行管理。韩国不仅采用了类别监管为主、分段监管为辅的监管模式，还采用了中央、省、市、郡垂直管理体制，并在各地设立垂直管理机构对食品市场进行监管，推进相关政策落实。明确的分工以及协调，在提高行政机构效率、避免行政监管重叠的同时，也可以使作为中央监管机构的食品安全政策委员会免于琐碎具体事务，而专注于对食品市场进行宏观调控、落实政策、防范重大食品安全事故的出现等，从大局上维护食品市场的稳定，促进食品市场更好发展。这些机构共同确保韩国水产品的安全和质量，从生产、加工到流通的每个环节都受到严格监管。

从中韩两国的监管模式还可以看出，中国鼓励消费者、企业和行业协会参与食品安全管理，推动社会共治。韩国则通过立法保障其他主体知情权等方式，调动食品市场消费者、企业及行业协会的积极性，形成了良好的社会氛围。

10.5.3 进出口监管对比分析

1. 进口食品监管方面

中国制定了一系列法律法规，确保进口水产品的质量和安全。这包括生产企业注册、出口商或代理商备案、进口商记录制度等。中国还实施检疫审批制度，对安全卫生风险较高的进口水产品进行严格的监管。在准入管理方面，中韩两国均对进口水产品实施严格的准入管理，即要对进口国家的食品安全管理体系进行评估，要求能够确保其水产品的安全；在企业注册方面，中韩两国均要求境外水产品生产企业获得注册/备案满足要求方可进口，但中国的要求相对韩国要严格一些，对于输华水产品，除其他鱼鱼肝油及其分离品（野生鱼、养殖鱼鱼肝油原料）外，其渔船、冷库等要通过境外主管当局推荐向中国海关总署申请注册。

在进口前阶段，韩国要求进口食品的进口商或境外生产企业在进口申报前提前向食品药品安全部注册（类似备案），注册事项变更时应进行变更注册，未注册的则不予受理进口申报。而对获得特定资格的企业进口的食品韩国则采取直接放行措施，并简化了优秀进口商的进口程序。对于进口生鲜和冷冻水产品，境外水产品生产企业必须通过推荐注册，由出口国政府向韩国申请境外生产企业注册。而对于鱼肝油、干的鱿鱼丝等水产加工品，韩国管理相对中国要宽松，按照普通加工食品进口流程，由境外生产企业自行向韩国食品药品安全部申请注册即可。除此之外，食品药品安全部对所有境外生产企业实施现场审核，对企业相关安全及卫生管理状况等进行确认，拒绝、妨碍或逃避现场审核或者审核结果认为进口食品等可能存在安全隐患时，可暂停进口，并可对境外生产企业信息进行公开。

经过韩国进口商提交进口申报、进口检验、食品药品安全部发放进口食品等进口申报合格证、海关通关等环节，检查合格后进口食品可以在韩国国内流通。依据《中韩进出口水产品卫生管理协议》，出口国的检验检疫机构应按规定出具卫生证明，确保出口水产品符合韩国要求。韩国对于进口水产品，主要依据其官方与各国监管部门签订的水产品卫生协议、《食品法典》中规定的重金属污染物等进行检查。中国输韩水产品则依据韩国海洋水产部 2023 年公布的《中韩进出口水产品卫生管理协议》的规定检验，告示中涉及麻痹性贝类毒素，沙门氏菌、大肠菌群等微生物，抗生素、禁用物质、异物等各类检验项目。其中，包括新鲜、冷藏及冷冻水产品适用的国际禁用物质：不得检出氯霉素、孔雀绿、硝基呋喃，焦油色素为阴性，同时不得检出金属异物。

为确保食品安全与质量，韩国还以流通中的进口食品等为对象，每年制订和实施流通管理计划。例如，韩国 2024 年下半年进口水产品重点管理对象品种监管计划。

2. 出口食品监管方面

中国积极推动 HACCP 体系建立和实施，特别是对出口水产品生产企业。出口水产品生产企业需要通过官方验证，确保其产品在安全、卫生和质量方面达到国际标准。根据《中韩进出口水产品卫生管理协议》，中国要求向韩国出口的水产品加工厂应符合其卫生管理标准，并经出口国检验检疫机构注册登记后，向进口国检验检疫机构通报注册登记工厂名单。

韩国通过 HACCP 体系的强制推广，实现食品安全风险预防和过程控制。韩国通过立法强制实施 HACCP 体系，规定了强制进行 HACCP 认证的品类等，对达到一定规模的食品企业实施 HACCP 体系，并进行严格监督和评估。目前，鱼糕、冷冻水产品（鱼类、软体动物、调味食品和加工食品）、鱼肠产品属于强制进行 HACCP 认证的品类。

10.5.4 具体技术性贸易措施对比分析

尽管中韩两国已就水产品卫生管理达成协议，但在实际监管执行中，双方在技术法规方面仍存在若干差异。以生鲜及冷冻水产品为例，韩国并未单独制定该类产品的产品标准，但《食品法典》中规定了冷冻食品的产品标准，其中包括对菌落总数和大肠杆菌的限量要求。针对进口食品（涵盖水产品），韩国制定了《进口食品等申报及检查相关规定》，该规定明确了进口水产品的检查对象、检查方法等。此外，韩国《食品法典》及其进口相关法规对进口水产品的具体检查要求做出了规定。根据韩国《进口食品安全管理特别法实施规则》附表 9 的规定，对于未制定标准的农林产品、水产品、畜产品进行现场检查时，还将综合考虑产品的性状、气味、色泽、标签、包装情况及精密检查记录等因素，以判定产品是否合格。

针对韩国通报中国出口水产品不合格原因，以下将从微生物和兽药残留两方面做分析。

1. 微生物

根据韩国通报的中国输韩水产品 2019 年 11 月—2024 年 10 月不合格预警信息分析，微生物污染成为中国水产品在韩市场准入的主要障碍。在众多不合格项目中，菌落总数超标现象尤为突出，大肠杆菌问题亦不容忽视。不合格水产品范围广泛，不仅包括各类冷冻水产品，亦涵盖干明太鱼等水产干制品及鱼排等熟制加工品。例如，中国某企业出口韩国的干明太鱼等鱼类干制品因大肠杆菌超标而被韩国通报，另一中国企业同类产品干明太鱼丝因菌落总数超标而被韩国通报。

针对包装的可即食的冷冻水产品，韩国在《食品法典》一般食品的标准及规格中设定了严格的菌落总数和大肠杆菌限量标准。具体而言，菌落总数的标准为 $n=5$，$c=2$，$m=100000CFU/g（mL）$，$M=500000CFU/g（mL）$；大肠杆菌的标准为 $n=5$，$c=2$，$m=0$，$M=10CFU/g（mL）$。《食品法典》第 5 章第 20 节进一步针对不同品类的水产加工品，规定了菌落总数、大肠杆菌、大肠菌群等限量要求，大肠杆菌限量标准同为 $n=5$，$c=2$，$m=0$，$M=10CFU/g（mL）$。此外，《食品法典》还专门制定了冷冻食品的产品标准，根据食用前是否需要加热，将产品分为即食冷冻食品和需加热后食用的冷冻食品两类，并为每类产品设定了菌落总数、大肠杆菌等微生物的限量要求。例如，即食冷冻食品的菌落总数应符合 $n=5$，$c=2$，$m=100000CFU/g（mL）$，$M=500000CFU/g（mL）$的限量要求（发酵产品、添加发酵产品或乳酸菌的产品除外）。需加热后食用的冷冻食品，菌落总数应满足 $n=5$，$c=2$，$m=1000000CFU/g（mL）$，$M=5000000CFU/g（mL）$的限量要求（杀菌产品菌落总数的限量要求为 $n=5$，$c=2$，$m=100000CFU/g（mL）$，$M= 500000CFU/g（mL）$，同样不包括发酵产品、添加发酵产品或乳酸菌的产品）。输韩产品如果属于卫生协议的产品，还应符合协议规定的标准。

经过风险评估，中国对于生鲜、冷冻水产品及水产干制品等水产加工品的指示性微生物未制定具体的限量标准。然而，针对即食水产制品，《食品安全国家标准　动物性水产制品》（GB 10136—2015）明确规定了即食生制动物性水产制品的微生物限量标准，其中菌落总数的标准为 $n=5$，$c=2$，$m=5×10^4$CFU/g，$M=10^5$CFU/g，大肠菌群限量标准为 $n=5$，$c=2$，$m=10$CFU/g，$M=100$CFU/g。此外，《食品安全国家标准　预包装食品中致病菌限量》（GB 29921—2021）对熟制水产品和即食生制水产品中的沙门氏菌、副溶血性弧菌、单核细胞增生李斯特氏菌等致病菌的限量要求也做了明确规定。

由此可见，中韩两国在微生物限量标准方面存在显著差异。

2. 兽药残留

根据韩国通报的中国输韩水产品 2019 年 11 月—2024 年 10 月不合格预警信息，兽药残留超标是中国生鲜和冷冻水产品在韩市场准入的另一主要障碍。2019 年 11 月—2024 年 10 月，因兽药残留超标而被判定为不合格的 26 批次生鲜、冷冻水产品中，有 23 批次产品因乙氧喹啉超标而被韩国通报。因乙氧喹啉通过饲料可能会残留在水产品中，韩国于 2019 年 7 月制定了水产品中乙氧喹啉的残留限量标准，《食品法典》中规定鱼类中乙氧喹啉的残留限量不得超过 1.0mg/kg。此外，为了进一步保障水产品的安全性，乙氧喹啉也成为韩国在进口环节中加强监管的重点之一。

在中国，依据《食品安全国家标准　食品中农药最大残留限量》（GB 2763—2021），乙氧喹啉被作为杀菌剂用于仁果类水果，但并未规定水产品中乙氧喹啉的残留限量标准。依据农业部公告第 2045 号《饲料添加剂品种目录》（2013），乙氧喹啉作为饲料抗氧化剂被应用于养殖动物的饲料产品中。

由此可见，在微生物标准和兽药残留限量标准等方面，中国与韩国存在不同的限量要求。因此，出口企业需要特别注意进口国的具体法规规定，以规避因不符合进口国的标准而导致出口产品被召回的风险。

第十一章

Chapter 11

俄罗斯水产品技术性贸易措施与对比分析

11.1 水产品安全法律法规标准体系

俄罗斯是欧亚经济联盟（EAEU，2015 年成立的经济一体化组织，成员国包括俄罗斯、白俄罗斯、哈萨克斯坦、吉尔吉斯斯坦和亚美尼亚，总部在莫斯科，常设执行机构为欧亚经济委员会）成员国之一，对俄罗斯的食品安全法律法规体系的分析应从欧亚经济联盟和俄罗斯两个层面进行。在食品监管领域，欧亚经济联盟层面的法规和指令等是各成员国均应强制执行的食品安全通用要求以及特定类别产品的标准规定，俄罗斯层面的法律法规则符合俄罗斯食品安全监管实际和国情。

11.1.1 欧亚经济联盟食品安全法律法规

1. 通用食品安全技术法规

目前，欧亚经济联盟在食品安全领域积极制定、采用和实施技术法规。截至 2021 年 11 月，欧亚经济联盟颁发并实施的与食品安全相关的通用技术法规包括：TR CU 005/2011《包装安全》、TR CU 021/2011《食品安全》、

TR CU 022/2011《食品标签》和 TR CU 029/2012《食品添加剂、香精香料和加工助剂安全》。

　　TR CU 021/2011《食品安全》为欧亚经济联盟各成员国必须遵循的食品安全监管通用法规，是欧亚经济联盟各成员国食品安全技术法规和标准体系的基础。该法规分为 6 个章节 40 个条款和 10 个附件，详细规定了在欧亚经济联盟共同关税区域内生产和流通的食品的定义，市场流通规则，食品安全的一般要求，特定食品的安全要求，食品生产、存储、运输、销售及回收过程中的安全规范与要求，特定食品和新食品等的国家注册要求，食品标签，流通标志，包装要求，合格评定和符合性声明程序等。其附件部分主要规定了食品中微生物、放射性、农兽药残留、重金属、寄生虫、转基因等的相关限量标准，以及儿童食品的安全卫生要求，对肉、乳、蛋、水产品、粮谷、罐头、糖果糕点、饮料等 20 余类的几百种食品列出了 1000 多项安全卫生项目限量标准和品质要求。

　　TR CU 022/2011《食品标签》是出口到俄罗斯和欧亚经济联盟其他成员国的产品的标签标示需强制遵循的技术法规，规定了标签标示中相关项目的定义、预包装食品和运输食品标签标示要求、致敏原信息和转基因标示要求、特定项目豁免标示要求等。该法规附录中详细规定了营养成分表中营养素标示的修约要求、营养素含量声称和比较声称要求以及营养素的每日推荐摄入量等。

　　TR CU 005/2011《包装安全》规定了与食品接触的包装材料（封闭物）的迁移物质的安全和卫生指标。该法规中规定的相关包装材料包括：高分子材料和塑料，石蜡和蜡，纸、纸板和羊皮纸，玻璃、瓷器和陶器，用于覆盖包装的聚合物（如硅酸盐珐琅质），用于涂漆包装的聚合物材料（如酚醛清漆），以及木材及其制品、天然和压制软木等。该法规第 5 章"安全要求"、附录 1 和附录 2 中分别规定了与食品接触的材料的理化指标要求和密封性要求、卫生指标和限量要求及卫生化学研究的建模条件要求等。

该法规明确要求用于包装食品的包装物，其所发散的对人体健康有害的物质的暴露含量不得超过与模型和空气环境接触所允许的最大迁移量的要求。

俄罗斯对食品添加剂、香精香料和加工助剂使用的监管主要基于 TR CU 029/2012《食品添加剂、香精香料和加工助剂》技术法规，该技术法规主要规定了食品添加剂的类别和种类、食品安全要求、食品添加剂的鉴别规范、各类食品添加剂的最大使用量水平要求、食品添加剂合格评定要求、香精香料使用要求等，并在不同附录中对防腐剂、着色剂、增味剂（不包括营养强化剂）等在不同类别产品中的最大使用量要求进行了规范，对某些类别产品中禁用的添加剂类别进行了说明。关于香精香料和加工助剂的使用要求，TR CU 029/2012 在不同的附录中均制定了允许使用的香精香料列表和加工助剂列表，表中所列的香精香料和加工助剂均允许在食品生产中按需使用。

2. 具体产品类技术法规

欧亚经济联盟对水产品及其制品等消费量大、安全风险系数高的食品以及针对特殊人群开发的特殊膳食类食品均制定了相应产品安全技术规范。与水产品相关的法规为欧亚经济联盟 TR EAEU 040/2016《水产品及其制品安全性技术法规》（见附录6）。

TR EAEU 040/2016《水产品及其制品安全性技术法规》由欧亚经济委员会理事会于 2016 年 10 月 18 日通过，并于 2017 年 9 月 1 日生效。该技术法规就水产品的安全性（包含鱼类和海产品的强制性安全要求，包括生产、包装、储存、处置、运输、销售过程，以便保护人类生命和健康）的相关过程进行了规定，同时制定了相关规则，防止对消费者的误导行为。该技术法规适用于：来自水生生物资源和水产养殖捕捞的加工或未加工的植物和动物来源的鱼产品及其制造、包装、储存、处置、运输和销售过程；不适用于：鱼类育种方法；专门的鱼和鱼产品（婴儿食品除外）；以鱼类、无脊椎动物或哺乳动物、藻类或水生植物为原料的食品补充剂；欧亚经济联盟用于工业生产的加工、包装、储存、处置、运输和销售鱼产品；非食品类的鱼和鱼制品。

2023年5月11日，欧亚经济委员会理事会发布第58号决议，对《水产品及其制品安全性技术法规》中涉及进口时需提交符合性声明并接受强制性检查评估的水产品清单进行了明确：具体包括冷冻、新鲜或干燥食用藻类，冷冻水生无脊椎动物，干制、腌制或熏制鱼类，鱼子酱等产品（不包括专供儿童食用水产品、以水产品为主要原料制成的膳食补充剂等）。该法规附表分别规定了水产制品的微生物和寄生虫学指标等要求。部分指标要求见表11-1。

表 11-1　水产品及其制品的微生物安全标准

指标名称	限量水平	备注
1	2	3
中温需氧和兼性厌氧微生物（KMAFAnM），CFU/g，≤	1×10^3	水煮和冷冻水产品及其制品 - 结构化食品（"蟹棒"等） 巴氏杀菌的颗粒鱼子酱（鲟鱼）
	5×10^3	巴氏杀菌的鱼子酱（其他鱼） 由海洋水生生物捕捞物生产的干水产品 - 贻贝水解物 活的双壳贝类软体动物（贻贝、牡蛎、扇贝等） 海藻酱
	1×10^4	热熏水产品，包括冷冻 未切割的冷熏水产品（包括冷冻） 未经热处理的烹饪水产品，包括冷冻水产品，- 鱼和肉末制品、糊状物、肉馅、烘焙、油炸、煮熟、馅料等，以及面粉成分（馅饼、饺子等） 未经热处理的烹饪混合水产品；- 鱼和海鲜色拉，不加调料 未经热处理的烹饪鱼子酱 鲟科鱼类颗粒鱼子酱罐头，压制 鱼子酱类似物，包括蛋白质 熟制冷冻水产品及其制品 - 贝肉类菜肴
	2×10^4	熟制冷冻水产品及其制品 - 速冻即食午餐和休闲水产品菜肴、含水产品的煎饼、鱼馅，包括真空包装 包装熟制冷冻水产品及其制品 - 甲壳纲动物、贝肉、双壳软体动物肉菜肴、虾肉菜肴、蟹、磷虾 以海洋无脊椎动物生产的干水产品
	3×10^4	冷熏水产品，包括冷冻，切片
	7.5×10^4	冷熏水产品，包括冷冻，切片

续表

指标名称	限量水平	备注
1	2	3
中温需氧和兼性厌氧微生物（KMAFAnM），CFU/g，≤	5×10^4	生鲜鱼和活鱼 冰鲜、微冻、冷冻水产品及其制品－鱼糜 热加工调制水产品 微咸辛辣调制水产品和切好的咸鱼 由双壳类软体动物的肉生产的调制水产品 熏水产品，微腌包括海水鱼鱼片，真空包装的鱼， 干水产品、预制水产干制品 经过热处理的烹饪水产制品－多组分产品，包括冷冻（大杂烩、肉馅、零食、蔬菜炖海鲜），肉酱产品（肉酱、鱼酱等） 未经热处理的烹饪混合产品－鱼沙拉和海鲜沙拉（蛋黄酱、酱汁等） 冷冻、微冻和冷冻鱼卵和鱼子酱 鲟科鱼类的鱼卵，稍经腌制 鲑科鱼类的鱼卵，用冷冻鱼卵腌制而成 活的甲壳类动物和其他无脊椎动物 冷藏、微冻和冷冻双壳类软体动物（贻贝、牡蛎、扇贝等） 干水产品及其制品－贻贝肉汤粉、肉酱和分离蛋白 生鲜藻类、新鲜的水生植物，海藻和其他冷冻和干燥的水生植物
	1×10^5	冷藏，微冻和冷冻水产品－包括鱼、鱼片、切割鱼、鱼糜，模制鱼糜制品 含面粉的冷藏、微冻和冷冻的甲壳类动物和其他无脊椎动物 冷冻肝脏和鱼头 腌制的辛辣调制水产品 未切割和切制的稍腌辛辣调制水产品，未切割腌制水产品及其制品 蛋白酱 冷熏水产制品，包括冷冻食品，－什锦鱼、肉末、加香辛料的产品 腌制、辣水产品及其制品，包括冷冻－切割或未切割的腌和轻腌水产品及其制品，包括不含防腐剂的产品，以及鱼片，并加入馅料、香辛料、配菜、植物油（包括鲑科鱼类的鱼片） 咸鱼卵 鲑科鱼类的鱼子酱罐头，粒状腌制 鱼子酱（其他鱼）－分解、腌制、熏制、干
	2×10^5	添加植物油、馅料、酱料，添加或不添加配菜的切割调制水产品（包括鲑科鱼类） 添加植物油、馅料、酱料，添加或不添加配菜的切割调制水产品（其他水生生物捕获物） 未经热处理烹饪混合水产品及其制品－腌制鱼糜、肉酱、酱、鲱鱼油、鱼子酱、磷虾等 烹饪鱼子酱－在混合后不进行热处理的多成分菜肴
	5×10^5	调制水产品－鱼干意大利面鱼汤，需要煮食

指标名称	限量水平	备注
1	2	3
大肠菌群（BGKP），不得检出，g	1	经热处理的调制水产品 热熏水产品，包括冷冻的 经热处理的烹饪水产制品，包括冷冻产品－鱼糜及其制品、糊状物、酱料、焙烤、油炸、煮沸、馅料等；以及面粉成分（馅饼、饺子等） 混合后未经热处理的烹饪水产制品－未调味的鱼和海鲜沙拉 经热处理的烹饪鱼子酱 冷冻水产品及其制品－结构化产品（"蟹棒"等），贝类菜肴 鲟科鱼类的鱼子酱－粒状、payusnaya、巴氏杀菌颗粒状、盐渍鱼卵 鲑鱼的鱼子酱－灌装、桶装、来自鱼卵 巴氏杀菌鱼子酱（其他鱼） 天然双壳贝类（蛤、牡蛎、扇贝等） 海洋无脊椎动物生产的干水产品 海洋生物捕捞物生产的干水产品－贻贝水解物、贻贝蛋白质和碳水化合物浓缩物 藻类和其他水生植物生产的干水产品 海芥蓝酱
	0.1	冷熏水产制品，包括冷冻、未切割，切割（包括切片），冷冻烟熏 BAYLK 鱼（包括切片） 切成薄片、轻腌水产制品，包括真空包装的海鱼片 咸鱼，辣、腌制鱼（包括冷冻） 未切割水产品及其制品，干水产品及其制品 调制水产品 调制水产品－蛋白酱 双壳软体动物肉生产的调制水产品 经热处理的烹饪水产制品－肉酱产品（肉酱、鱼酱等） 未经热处理的烹饪混合产品－鱼沙拉和海鲜沙拉（蛋黄酱、酱汁等） 烹饪鱼子酱－在混合后不进行热处理的多成分菜 熟制冷冻水产品及其制品－速冻即食午餐和休闲水产品菜肴、含水产品的煎饼、鱼馅，包括真空包装甲壳纲动物、贝肉、双壳软体动物肉菜肴、虾肉菜肴，蟹、磷虾 盐渍鱼卵 鱼子酱（不包括鲟科和鲑科鱼类）－腌制、轻腌、熏制、干鱼子酱类似物，包括蛋白质 冷藏、微冻和冷冻双壳类软体动物（贻贝、牡蛎、扇贝等） 由捕捞海洋生物生产的干水产品及其制品－贻贝肉汤粉、肉酱和分离蛋白 生鲜藻类，新鲜海洋水生植物 冷冻的海藻等水生植物

续表

指标名称	限量水平	备注
1	2	3
大肠菌群（BGKP），不得检出，g	0.01	生鲜鱼和活鱼 甲壳类动物和其他无脊椎动物 冷冻、微冻和冷冻水产品及其制品－鱼糜 切割和未切割的辛辣和腌制调制水产品 切成鱼的腌制肉末，再加上植物油、馅料、调味料，以及带或不带小菜（包括鲑科鱼类） 添加植物油、馅料、酱料，添加或不添加配菜的切割调制水产品（其他水生生物捕获物） 调制水产品－鱼卵 冷熏水产制品，包括冷冻食品，－什锦鱼、肉末、加香辛料的产品 腌制、辣水产品及其制品，包括冷冻－切割或未切割的腌和轻腌水产品及其制品，包括不含防腐剂的产品，以及鱼片，并加入馅料、香辛料、配菜、植物油（包括鲑科鱼类的鱼片） 经过热处理的烹饪水产制品－多组分产品，包括冷冻（大杂烩、肉馅、零食、蔬菜炖海鲜） 混合后未经过热处理的烹饪产品－鱼糜、肉酱、意大利面
	0.001	冷冻、微冻和冷冻水产品及其制品 冷藏、微冻和冷冻水产品－包括鱼、鱼片、切割鱼、鱼糜，模制鱼糜制品 冷冻、微冻和冷冻甲壳类动物和其他水生无脊椎动物 水产汤粉 未经热处理烹饪混合水产品及其制品－腌制鱼糜、肉酱、酱、鲱鱼油、鱼子酱、磷虾等 冷冻、微冻和冷冻的鱼卵和鱼卵 冷冻的肝脏和鱼头
产品中金黄色葡萄球菌个数，不得检出，g	1	切割或未切割的轻腌鲜味调制水产品和腌制调制水产品 添加植物油、馅料、酱料，添加或不添加配菜的切割调制水产品（包括鲑科鱼类） 经过热处理的调制水产品 添加植物油、馅料、酱料，添加或不添加配菜的切割调制水产品（其他水生生物捕获物） 热熏水产品，包括冷冻的 冷熏水产品，包括冷冻的－未切割的或切割的（包括切片），冷熏巴利希产品（包括切片）、鱼拼盘、鱼糜、添加香辛料的产品

续表

指标名称	限量水平	备注
1	2	3
产品中金黄色葡萄球菌个数，不得检出，g	1	热处理鱼子酱 未经热处理的烹饪混合产品 – 鱼沙拉和海鲜沙拉 无须调味的冷冻水产品及其制品 – 结构化产品（"蟹棒"等）、贝肉、贝肉类菜肴、虾类、蟹类、磷虾类产品 鲟科鱼类颗粒鱼子酱罐头，压制 鱼子和盐腌鲑科鱼类的鱼子酱，粒状 – 罐装，桶装 冷冻鱼子酱（其他鱼）– 腌制、轻腌，熏制、腌制、干鱼子酱类似物，包括蛋白质 海洋生物捕捞物生产的干水产品、贻贝肉汤粉、贻贝肉汤块和糊状物、贻贝分离蛋白、贻贝水解物、贻贝蛋白质和碳水化合物浓缩物
	0.1	冷藏、微冻和冷冻水产品及其制品 – 鱼糜 以双壳贝类软体动物为原料生产的调制水产品 切成薄片、轻腌水产制品，包括真空包装的海鱼片 添加植物油、馅料、酱料，添加或不添加配菜的切割调制水产品（包括鲑科鱼类） 未经热处理的烹饪混合产品 – 鱼沙拉和海鲜沙拉（蛋黄酱、酱汁等），腌制鱼糜、肉酱、酱、鲱鱼油、鱼子酱、磷虾等 经过热处理的烹饪水产制品 – 多组分产品 熟制冷冻水产品及其制品 – 速冻即食午餐和休闲水产品菜肴、含水产品的煎饼、鱼馅，包括真空包装甲壳纲动物 冷藏、微冻和冷冻双壳类软体动物（贻贝、牡蛎、扇贝等） 咸奶 调制水产品 – 鱼卵
	0.01	生鲜鱼和活鱼 冷藏、微冻和冷冻水产品及其制品 冷冻、微冻和冷冻甲壳类动物和其他水生无脊椎动物 冷藏、微冻和冷冻水产品 – 包括鱼、鱼片、切割鱼、鱼糜，模制鱼糜制品，包括面粉成分 冷冻、微冻和冷冻的鱼卵和鱼卵 冷冻的肝和鱼头
副溶血弧菌，CFU/g，≤	10	冷熏水产品（海鱼），包括冷冻 – 未切割或切割（包括切片） 切割海鱼，熏制，轻腌，包括海鱼片，包括真空包装
	100	生鲜海产品和活海产品 海产品，包括冷冻、微冻和速冻 冷冻、微冻和速冻海产品 – 鱼片、切割鱼、切碎的鱼、鱼糜，包含面粉成分 冷冻、微冻和速冻的海水鱼卵和海水鱼鱼卵 冷冻海水鱼肝和头 冷冻、微冻和速冻甲壳类动物和其他水生无脊椎动物 冷藏、微冻双壳类软体动物（贻贝、牡蛎、扇贝等）

续表

指标名称	限量水平	备注
1	2	3
副溶血弧菌， ≤（g/cm³）	25	活的双壳软体动物（贻贝、牡蛎、扇贝等）
肠球菌属细菌， ≤（g/cm³）	0.1	活的双壳软体动物（贻贝、牡蛎、扇贝等）
肠球菌属细菌， CFU/g，≤	1×10^3	熟制冷冻水产品及其制品－速冻即食午餐和休闲水产品菜肴、含水产品的煎饼、鱼馅，包括真空包装甲壳纲动物（分装产品）、贝肉（分装产品）、双壳软体动物肉菜肴、虾肉菜肴、蟹、磷虾（分装产品）
	2×10^3	经水煮的冷冻水产品及其制品－结构化产品（"蟹棒"等）、贝肉、贝肉类菜肴（糜状）、虾类、蟹类、磷虾类产品（糜状）
亚硫酸盐还原梭状芽孢杆菌，不得检出（g）	1	经过热处理的调制水产品 干水产品 经热处理的烹饪水产制品，包括冷冻产品－鱼糜及其制品、糊状物、酱料、焙烤、油炸、煮沸、馅料等；以及面粉成分（馅饼、饺子等），包括冷冻的多成分产品，包括冷冻的（大杂烩、抓饭、小吃、蔬菜炖海鲜） 真空包装水煮冷冻水产品及其制品－结构化产品（"蟹棒"等）、贝肉、贝肉类菜肴、虾类、蟹类、磷虾类产品 鲟科鱼类鱼子酱罐头－粒状，压制，巴氏杀菌，轻腌鱼子和盐腌鲑鱼的鱼子酱，粒状－罐头，桶装冷冻鱼子酱（其他鱼）－轻腌，熏制，干水生生物捕捞物生产的干水产品－贻贝蛋白质和碳水化合物浓缩物，真空包装
	0.1	冷藏、微冻和冷冻水产品及其制品－鱼糜 调制水产品－鱼卵 鱼子酱类似物，包括蛋白质 真空包装的热熏水产品，包括冷冻的 真空包装冷熏水产制品，包括冷冻食品，－未切割和切割（包括切片），冷熏巴力克产品（包括切片）、什锦鱼、肉末、加香辛料的产品 切片熏制和轻腌水产品，包括海鱼片，真空包装 腌制、辣水产品及其制品，包括冷冻，真空包装－切割或未切割的腌和轻腌水产品及其制品，包括不含防腐剂的产品，以及鱼片，并加入馅料、香辛料、配菜、植物油（包括鲑科鱼类的鱼片） 干水产品、预制水产纸制品，真空包装 包装冷冻水产品及其制品－速冻即食午餐和休闲水产品菜肴、含水产品的煎饼、鱼馅，包括真空 活的双壳软体动物（贻贝、牡蛎、扇贝等） 海洋无脊椎动物生产的干水产品

续表

指标名称	限量水平	备注
1	2	3
亚硫酸盐还原梭状芽孢杆菌，不得检出（g）	0.01	真空包装的冷藏、微冻和冷冻水产品 – 包括鱼、鱼片、切割鱼、鱼糜，模制鱼糜制品，包括面粉成分 切割或未切割的辛辣调制水产品和腌制调制水产品 切割或未切割的辛辣调制水产品和轻腌调制水产品 添加植物油、馅料、酱料，添加或不添加配菜的切割调制水产品（包括鲑科鱼类） 调制水产品 – 鱼卵 添加植物油、馅料、酱料，添加或不添加配菜的切割调制水产品（其他水生生物捕获物） 海洋生物捕捞物生产的干水产品 – 贻贝肉汤粉、贻贝肉汤块和糊状物、贻贝分离蛋白
霉菌，不得检出（g）	0.1	巴氏杀菌的鱼子酱（鲟鱼） 巴氏杀菌的鱼子酱（其他鱼）
霉菌，CFU/g，≤	10	辛辣调制水产品和腌制调制水产品 切割或未切割的辛辣轻腌调制水产品和腌制调制水产品 添加植物油、馅料、酱料，添加或不添加配菜的切割调制水产品（包括鲑科鱼类） 调制水产品 – 鱼酱；调制水产品 – 鱼卵 添加植物油、馅料、酱料，添加或不添加配菜的切割调制水产品（其他水生生物捕获物） 双壳软体动物肉生产的调制水产品
	50	干水产品 未经热处理的烹饪混合产品 – 鱼沙拉和海鲜沙拉（蛋黄酱、酱汁等） 鲟科鱼类鱼子酱罐头 – 粒状，压制，轻腌，腌制 鱼子和盐腌鲑鱼的鱼子酱，粒状 – 罐头，桶装 鱼子酱（其他鱼）– 腌制，轻腌，熏制，干 鱼子酱类似物，包括蛋白质
	100	干燥的藻类和其他海洋水生植物
酵母，≤（g）	0.1	巴氏杀菌的鱼子酱（鲟鱼） 巴氏杀菌的鱼子酱（其他鱼）
酵母，CFU/g，≤	50	鲑科鱼类鱼子酱 – 粒状，罐头，压制 鱼子酱类似物，包括蛋白质

续表

指标名称	限量水平	备注
1	2	3
酵母，CFU/g，≤	100	腌辣和腌制调制水产品 切割或未切割的辛辣轻腌调制水产品和腌制调制水产品 添加植物油、馅料、酱料，添加或不添加配菜的切割调制水产品（包括鲑科鱼类） 添加植物油、馅料、酱料，添加或不添加配菜的切割调制水产品（其他水生生物捕获物） 以双壳贝类软体动物为原料生产的调制水产品 调制水产品－鱼卵 干水产品 未经热处理的烹饪混合产品－鱼沙拉和海鲜沙拉（蛋黄酱、酱汁等） 鲟科鱼类鱼子酱－轻腌、腌制
	200	鲑鱼卵中冷冻鱼子的粒状盐味鱼子酱
	300	冷冻腌制鲑鱼颗粒状鱼子酱罐头 鱼子酱和桶装鱼子酱（其他鱼）－腌制，轻腌，熏制，干
霉菌和酵母总数，CFU/g，≤	100	干水产品 以海洋无脊椎动物为原料生产的干水产品 水产汤粉，需烹饪 经热处理的烹饪水产制品，包括冷冻产品－鱼糜及其制品、糊状物、酱料、焙烤、油炸、煮沸、馅料等；以及面粉成分（馅饼、饺子等）
变形杆菌属的细菌，≤（g）	0.1	未经热处理的烹饪混合产品－添加或不添加调味料的鱼沙拉和海鲜沙拉（蛋黄酱、酱汁等），腌制鱼糜、肉酱、酱、意大利面、鲱鱼油、鱼子酱、磷虾等 烹饪鱼子酱－在混合后不进行热处理的多成分菜
	1	双壳软体动物（贻贝、牡蛎、扇贝等）

注：表中的标点符号是按照相关法规的专业表述使用的。

3. 官方控制要求

为确保欧亚经济联盟成员国动物福利与健康、植物检疫及环境卫生安全，并有效控制联盟成员国及第三国食品卫生方面的安全，自 2011 年以来，欧亚经济联盟相继颁发了 N.94《关于对物体进行联合检查和对受兽医管控的货物进行抽查的统一程序的规定》，该决议规定了联盟成员国对第三国企业进行审计的程序及规范性要求，明确规定第三国企业注册基于俄罗斯联邦兽医和植物卫生监督局对该国官方监管系统的审计调查结果，若对该国官方监管体系的审计工作顺利完成，则该企业将依据出口国主管当局提供的清单情况将其列入第三国企业登记册内，证明第三国获得对俄出口相应产品的权利；此外，欧亚经济联盟还颁发了 N.317《欧亚经济联盟实施兽医和卫生措施的规定》和 N.318《在欧亚经济联盟海关边境及关税区内植物卫生检疫受控产品清单及实施检疫程序规定要求》，分别规定了动物、动物源性产品，植物、植物源性产品出口至联盟共同关税区域内的兽医卫生、动物福利以及植物检疫、随附文件证明等要求。

11.1.2 俄罗斯食品安全法律法规

俄罗斯食品安全领域的法律法规主要分为通用基本法及各类配套的法规、决议，卫生及流行病学法规条例、技术法规等，涵盖了食品生产流通全链条管理的各项基本要求。

1.《食品质量与安全法》

2000 年 1 月 2 日发布并实施的 N.29-FZ《食品质量与安全法》是俄罗斯食品安全领域法律体系的基础，主要用于调整保障食品品质与食品对人体健康安全方面的关系。该法共分为 6 章 30 条，详细阐述了俄罗斯在保障食品质量与安全方面的有关规定与要求，明确了食品生产企业在食品开发、生产、储存、运输和销售等方面应遵循的原则，规定了食品出口至俄罗斯市场的准入条件，明确了首次输入俄罗斯境内的食品、材料和制品需要进行国家注册的要求，确立了俄罗斯联邦和各联邦主体在保障食品质量与安全方面的职责与权力。该法制定的主要目的是：确保建立一个管理食品"生产至消费"链条关系的法律框架；突出关于食品的国家监管、注册、许可和认证以及相关领域相关问题的范围；确定国家机构、组织和法律实体在食品质量和安全领域的能力和责任。

2. 配套食品安全法律法规

俄罗斯食品安全法律体系以 N.29-FZ《食品质量与安全法》为基础，但在该法发布之前，俄罗斯已颁发并实施的相关法律法规也涉及食品安全领域的监管，在不同领域和环节对基本法的内容起到了补充协调作用。在基本法发布之后，一系列与食品安全相关的重要法规不断发布和修订，从而不断完善俄罗斯的食品安全法律法规体系。

《俄罗斯联邦消费者权益保护法》是作为保护消费者权利的基本法，规定了为保护消费者权益，必须确保产品的质量安全要求，消费者对产品有知情权。该法明确了为保护消费者权益，生产方、销售方、进口方及监管方等各方应行使的权利与义务等。

N4979-1《兽医法》规定了国家管理动物源性食品的基本规则，对如何管控本国及进口动物源性产品的相关要求进行了明确规范。

N.38-FZ《广告法》规定了广告法的制定目的、适用范围、基本概念、通用要求、禁止广告的范围、社交广告、广告形式等要求，对酒精产品、烟草产品等特定产品的广告宣传要求较为规范细致，并对违反广告宣传要求的处罚细则进行了规范。

3. 卫生规范及卫生标准

俄罗斯卫生及流行病学条例 SanPiN 2.3.2.1293-03《食品添加剂使用的卫生要求》及其修订单 SanPiN 2.3.2.2364-08《补充条例》（2008 年 5 月修订）主要对食品添加剂的种类、使用范围及使用标准等进行了规定。

俄罗斯卫生及流行病学条例 SanPiN 2.3.2.1078-01《食品安全和营养价值的卫生要求》是规范食品安全标准的最基本文件，该条例明确了食品安全和营养价值的卫生标准，以及在食品生产、进口和流通中如何符合这些标准的要求。该条例包含 17 个附录，分别规定了水产及其制品等十大类产品的微生物指标、污染物指标、放射性污染指标，以及农兽药的限量要求，鱼类、软体动物等的寄生虫指标，食品安全控制相关文件清单，食品中放射性元素的最低限量要求，卫生评估规范和特定食品中脂肪、蛋白质和碳水化合物的推荐含量等。

在食品接触材料要求领域，俄罗斯联邦卫生部2000年4月29日通过（经2001年2月13日进行修订）的卫生标准 GN 2.3.3.972–00. 2.3.3.《食品接触材料迁移的化学物质最大限量卫生标准》，对于与食品接触的容器、餐具、包装、设备及其他类型的产品中包含的化学物质的限量测定方法及限量值进行了规定。该标准要求用于与食品或相关介质接触的聚合物和其他合成材料制成的产品，不应将对人体健康有害的物质迁移到其接触的模拟物溶液和空气环境中，若超过允许的迁移量，则会引起致癌及病突变等不良影响。

4. 技术法规

2002年12月27日，俄罗斯杜马颁发联邦法 N.184–FZ《技术调节法》，该法于2003年6月27日正式生效。该法规范了在产品开发、设计、生产、建造、安装、应用、储存、销售和处置产品过程中的强制性要求（如兽医和植物检疫要求），以及为确保安全要求而制定的各行业最低要求（如辐射安全、生物安全、消防安全及产品安全等），明确了为自愿确认合规性目的而进行的工程或提供的各类服务要求，并明确了相关参与者的权利和义务等。

11.2 水产品安全监管体系

《欧亚经济联盟条约》规定，成员国在食品安全监管领域必须遵循联盟制定的各项法规和决议要求。因此，俄罗斯的食品安全监管（包括监管部门和监管法规）必须从欧亚经济联盟和俄罗斯双层面进行分析。

11.2.1 欧亚经济联盟

欧亚经济联盟作为经济一体化组织，其运作管理机构及其相关职能较为全面系统，涵盖联盟法律法规制定、修订和颁发实施的全过程。欧亚经济联盟是一个具有法人性质的超国家非政治化的经济组织，欧亚经济委员会是目前欧亚经济联盟的常设管理机构，是负责协调欧亚经济联盟经济一体化进程的超国家机构，总部设在莫斯科。欧亚经济委员会有制定食品安全技术法规、关税政策、竞争规则、能源和财政政策等宏观经济领域的决策权,有权独立以决议、命令和建议等形式通过或批准各类法规和技术规范,并由各成员国政府确定执行监管机构负责实施,这些实施的措施有利于进一步促进成员国间市场开放、实行统一标准,促进成员国间的商品、服务、资本和人员的自由流动。

在欧亚经济联盟共同关税区域内流通的产品均需接受欧亚经济委员会的监管,食品安全法规和相应的食品技术规范均须经过欧亚经济委员会理事会以决议的形式通过并发布后才能生效。

11.2.2 俄罗斯

俄罗斯的食品安全监管由联邦政府有关部门和地方主管当局共同负责。在中央一级,俄罗斯食品安全监管机构主要包括消费者权益保护和福利监督局、隶属于农业部的兽医和植物卫生监督局和联邦渔业局、技术法规和计量局、海关总署等。在地方一级,消费者权益保护和福利监督局与兽医和植物卫生监督局在俄 87 个联邦主体均设有分局,各个分局又在其所辖范围内设立地区分支机构,负责当地的食品安全检查和监督工作,履行国家卫生、流行病防疫监督职能和动植物检疫等相关食品安全监管职能。

1. 农业部

农业部是联邦权力执行机构,主要负责制定农业领域,农产品市场,农产品、原材料和初级产品,食品及其加工业,农村地区的可持续发展,以及土地关系方面的国家政策和法律法规等。

2. 兽医和植物卫生监督局

俄罗斯联邦兽医和植物卫生监督局是联邦权力执行机构,主要负责兽医的控制和监督,兽医用药品的流通、检疫和植物保护,农药和农用化学品的安全使用,土壤肥力、谷物及动物饲料的质量和安全,粮食加工的副产品,土地关系(农业用地),监督与农业植物种子有关的种子生产领域等。具体职责有:实施或撤销检疫措施的相关提案;发放兽医、检疫、植物卫生和其他许可证和证明；监督和检查动物源性产品（肉类制品）对于兽医卫生安全要求的执行情况；负责进口动物源性食品境外生产企业注册；监督和检查进口蔬菜水果以及国内蔬菜水果销售市场的检疫情况；发布进口不合格产品预警通报等。

3. 消费者权益保护和福利监督局

俄罗斯联邦消费者权益保护和福利监督局的具体职责包括：负责制定和实施消费者保护权益的法律法规；制定和批准国家卫生和流行病学规则领域的公共政策、法律法规和卫生标准；组织实施联邦州级卫生和流行病学监测；履行政府在消费者保护领域的监督职能。该局直接或通过各地方的分局履行职能。主要职能包括：参与食品安全标准制定和修订、特定食品国家注册、食品安全风险评估和国际食品安全合作交流沟通等事宜。

4. 海关总署

俄罗斯联邦海关总署是联邦权力执行机构之一，根据俄罗斯联邦立法履行海关领域的控制和监督职能、货币管理的职能、保护知识产权的职能、监督运输的职能；在进出口食品管控领域与兽医和植物卫生监督局边境检查站在边境开展联合执法，对文件、货物、运输工具等进行检查、检验检疫并做出放行或进一步检查、退运等决定。

11.3 水产品进出口监管体系

俄罗斯作为欧亚经济联盟成员国之一，在食品安全监管包括进口食品注册、认证及监管方面必须遵循联盟统一的强制性要求。欧亚经济联盟食品安全技术法规规定，凡进入联盟成员国市场的食品（包括成员国生产和进口自成员国以外国家的食品）必须符合食品安全通用法及特定食品如水产及其制品技术法规和技术规范要求，且不同食品类别需在通过国家注册或认证并获取联盟技术法规证书后，经加施欧亚经济联盟统一的流通标志，方可在联盟成员国统一关税境内流通销售。

进口食品安全监管按食品进口流程分为进口前市场准入、进口时产品查验通关及产品上市流通监管三个阶段。

11.3.1 进口前监管

尽管俄罗斯已于 2012 年 8 月加入 WTO，但该国对进口食品的管控系统仍旧复杂，虽然在法律框架内某些政策有所改善，但实际上俄罗斯在改善贸易环境领域方面的措施力度不明显。但欧亚经济联盟已建立一套完整的机制用以识别 WTO 成员方食品安全体系的等效性，以及检查第三国向俄罗斯和其他联盟成员国出口产品的企业审核规则。

在符合欧亚经济联盟对水产制品的标准要求基础上，俄罗斯对进口水产品市场准入的要求主要分为市场准入、境外生产企业注册和特定类别水产制品国家注册（普通食品进行符合性声明即可）三个层面。

1. 产品要求

欧亚经济联盟 N.317《欧亚经济联盟实施兽医和卫生措施的规定》第 29 节内容规定了向联盟出口鱼类、甲壳类、软体动物以及其他渔业产品的兽医和卫生要求，包括：水生生物资源产品（活鱼、冰鲜鱼、冷冻鱼、鱼子酱、甲壳类动物、软体动物、哺乳动物和其他渔业产品）等应检查产品是否含有寄生虫、是否存在细菌和病毒感染（若寄生虫限量符合要求，则通过水产品加工使其无害）；软体动物应在净化中心进行必要的暴露处理。

不允许进口以下几类渔业产品：冷冻温度高于 −18℃，遭沙门氏菌或其他致病菌污染；经着色、辐照或紫外线处理；遭传染病侵染；感官质量差；有毒鱼类 [鲀科（Tetraodontidae）、翻车鲀科（Molidae）、刺鲀科（Diodontidae）等]；含有对人体健康有害的生物毒素；含有天然或合成的雌激素、激素物质、抑制性甲状腺药物、抗生素和农药等。

2. 市场准入

为应对西方国家和地区对俄罗斯采取的一系列制裁措施，俄罗斯总统令将 2011 年出台的食品反制裁措施延长至 2023 年 12 月 31 日，这项反制裁措施规定，禁止进口原产于美国、欧盟、加拿大、澳大利亚、挪威的部分食品，包括牛肉、猪肉、水产类、禽类、乳制品、水果、蔬菜、坚果等，原产于上述国家的儿童食品进口不受限制。不在上述国家和地区清单内的国家水产品允许对俄罗斯出口，无市场准入限制。

3. 境外生产企业注册

欧亚经济联盟 N.299《受管制产品的统一卫生及流行病学要求》、N.317《欧亚经济联盟实施兽医和卫生措施的规定》中规定：对来自从第三国进口到欧亚经济联盟的受管制货物中，将受兽医检查控制的动物源性食品包括畜肉类、奶类、蛋类、水产类等品类的境外生产加工企业需要通过注册并取得注册编号后方可出口。而对于其他类别食品，则未制定第三国企业准入注册制，相关企业产品仅需符合联盟统一的卫生质量要求即可。

欧亚经济联盟决议 N.94《关于对物体进行联合检查和对受兽医管控的货物进行抽查的统一程序的规定》中规定了境外生产企业注册的程序、时间、人员等详细要求。

4. 产品合格声明

根据 TR CU 021/2011《食品安全》技术法规第 4 章 "合格评定" 规定，出口到俄罗斯的水产制品，根据产品类别、适用人群等差异化要求，需采用不同的合格评定形式证明其符合俄方要求，主要包括兽医卫生检查、国家注册和符合性声明（EAC 认证）三种方式。

（1）兽医卫生检查

未加工的水产及其制品在出口至俄罗斯前，需经过专业的兽医卫生检查并随附相应的证明其安全性的文件，从而确保食品符合生产、储存、运输、销售和处理等方面的安全要求，以及符合海关联盟对特定食品类型的技术规定并确保动物来源的生产设施在兽医方面的健康卫生安全。

（2）国家注册

根据《欧亚经济联盟条约》、TR CU 021/2011《食品安全》第 3.5 条规定和欧亚经济联盟第 80 号决议《国家注册证书管理要求》相关规定，在联盟统一关税区域内各成员国在产品注册管理内必须遵循上述法规及决议的各类规定，包括：需经国家注册的产品类别、申请方需提交的文件要求、注册时间及结果通知要求等。欧亚经济联盟 N.299《受管制产品的统一卫生及流行病学要求》附录 2 中规定了国家注册证书的单一统一形式。但上述法规均未对酒精产品、用于生产生物活性食品添加剂的原料和有机产品（专用有机产品除外）的注册内容进行规范说明。其中《食品安全性技术法规》中明确了需进行国家注册的产品名单：儿童食品如儿童水产制品，包括生产儿童食品的饮用水；保健食品；盐度高于 $1mg/dm^3$ 或含矿物质较少的天然矿物质水、药用水、药用矿泉水；运动员、孕妇和哺乳期妇女营养食品；具有生物活性的食品添加剂以及新资源食品。

（3）符合性声明（EAC 认证）

除上述食品类别外，出口俄罗斯的其他食品类别均应随附符合性声明，证明产品符合俄罗斯方面的强制性要求。该声明必须由俄罗斯的进口商作为申请人才可申报，且必须提供贸易合同和营业执照等资料；必须由成员国认可的认证机构颁发，持证的也必须为俄境内注册的进口商或代理商；认证和实验室会在符合性声明的有效期内对获证的产品进行工厂检查监督和产品测试，包括产品样品抽检、工厂现场监督检查等；成功认证的产品必须贴上 EAC 认证标志，这是欧亚经济联盟的统一合格标志，表明产品符合技术法规的最低安全要求。

11.3.2 进口时监管

1. 海关申报规定

《俄罗斯海关法典》规定，海关手续应在发货人（出口时）或收货人（进口时）或其分支机构所在地的俄海关机关的指定地点办理。办理时间为俄罗斯联邦海关总署规定的海关机关工作时间。

根据有关方面的请求，海关手续可在其他地点和非海关工作时间办理，但需收取双倍手续费。俄罗斯联邦海关总署有权决定某些种类的商品和交通工具只能在指定的海关机关办理海关手续。某些商品只有办理完动植物检疫、生态及其他检验后方可办理海关手续。

办理海关手续所必需的单证包括：货物报关单，海关价值申报单，许可证（指受许可证和配额管理的商品），商检证书（需进行商检的商品）；有关商品的许可证书（指受有关国家机关监督的商品），原产地证（指商品产地为享受关税优惠的国家），法律规定的关税、税费付讫的单据，进口合同登记证和其他补充单证。

2. 海关手续

海关手续分为初步手续和基本手续两部分。

初步手续系指货物按一定的海关制度存放之前应办理的手续，旨在防止运入违禁品并为海关进行商品验证。

基本手续系指在海关接收报关单后，由海关、报关人及其他对货物和交通工具拥有全权的人员应办理的手续。

3. 海关手续受理时限

应受海关进行监管的进口货物和交通工具通常运到收货人或其分支机构所在地的海关并在当地办理海关手续。对货物和交通工具拥有全权的人员应在俄罗斯联邦海关总署规定的期限内提交报关单，该期限不得超过向海关提交货物后的 15 天（若是酒精饮料和烟草制品则不得超过 10 天）。

如海关确认受理报关单，则应将报关单编号并注明受理日期。如对所提交的单证、信息产生怀疑，海关有权索要补充单证和信息，以便检查报关单和提交的单证所含信息是否准确。

在预计货物过境之日前 10~30 天内须向海关提交临时报关单并将海关税费保证金存入海关账户。海关负责人须在不超过 10 天的期限内审查单证并做出是否放行的决定（易腐货物不得超过3天），上述期限自报关单提交之日起计。此外，使用汽车运输的产品进入俄罗斯境内的相关信息需比产品提前到达2小时，铁路要求信息比货物时间提前2~4小时，航空运输要求信息比货物时间提前2~4小时。

4. 查验放行

根据俄罗斯联邦政府令《联邦海关总署服务条例》相关规定，产品在进入俄罗斯时，只要不涉及动植物卫生检疫问题，在口岸一般只有海关审查包括符合性声明在内的相关资料，经现场查验货证相符即可通关放行。但这并不意味着海关不会对此类产品进行现场抽检，若海关对进口产品的品质产生怀疑，则会开箱验货，货物将会提交至俄罗斯联邦兽医和植物卫生监督局位于边境的检查站，相关官员会对产品进行质量及安全性指标检测，若产品无问题，则产品会被加盖"合格"印章，产品办理完毕清关手续（海关申报、查验、征税及放行）即可入境，货主或申报人才能提货，清关通常需要2~4天；若产品被检出有害物质，则产品会被加盖"不合格"印章，产品会被做退运、销毁处理（某些产品需要在销毁前进行消毒处理），相关责任方会被处以罚金，严重者会被监禁。

5. 强化实验室检测制度

需注意的是，俄罗斯联邦兽医和植物卫生监督局位于边境的检查站对进口动物源性产品实施较为严格的抽检和复检制度，对水产制品抽检率为1/20，即20批次抽检1批次，检查的项目主要包括：寄生虫、微生物（如李斯特氏菌、沙门氏菌）、重金属、组胺、真菌毒素等。若某批次被检不合格，则俄罗斯联邦兽医和植物卫生监督局会将产品不合格信息通报给出口国主管当局，并分发给各相关部门（如海关总署等），提示进口食品安全风险并要求出口国主管当局采取相应的应对措施；同时俄方会即刻启动强化实验室检测制度，被检不合格企业对俄出口的被通报产品再次对俄出口将面临为期3个月的每批次均被检的后果，若产品再次被检不合格，则该出口企业的此类产品将被禁出口俄罗斯，恢复出口资质期限无法预估。

在俄罗斯，进口货物只有在海关批准产品进入俄罗斯境内并加盖"批准流通"专用章之后，进口货物才能自由流通。

11.3.3 进口后监管

在俄罗斯，主要由消费者权益保护和福利监督局及兽医和植物卫生监督局对境内流通的食品质量及安全进行监管，对进口产品进行抽检和通报并处置。

1. 官方抽检

消费者权益保护和福利监督局主要负责对市售食品进行定期或不定期的抽检，并及时在官网中通报产品不合规信息（主要包括产品标签标示规范性、运输文件完备性及产品合规证明文件等），要求违法企业或个人限期整改，或采取强制性措施勒令产品退出流通并对当事人提起诉讼。此外，该局还负责消费者权益保护方面的相关管理工作，倡导消费者在遇到产品质量问题或其他问题时可向该局或其下属的地方分局进行举报（以电话或邮件的形式），该局会及时跟进并切实维护消费者的合法权益。

兽医和植物卫生监督局主要负责对市场中流通的高风险动植物产品（如乳品、肉制品、油脂制品以及谷物产品等）的质量及安全性进行抽检及不定时检查，并每日在官网中发布抽检不合格产品信息及原因。此外，该局电子兽医认证系统功能强大，使用该系统可有效地完成动物源性食品的溯源及违法行为查处。

2. 国民举报

俄罗斯监管食品安全的另一个措施是依靠国民举报，实行食品安全人人参与的准则。在消费者权益保护和福利监督局网页上，公众举报热线电话的位置很明显。联邦政府鼓励消费者在购买或者使用食品时如发现质量问题要及时举报。俄食品安全机构会及时跟进调查，并根据食品可追溯原则和调查结果对企业进行严厉处罚，严重违反食品法律者将被提起公诉，违规违法者将面临经济处罚乃至监禁的处罚。

11.4 俄罗斯通报中国水产品不合格情况分析

俄罗斯对进境不合格产品的通报壁垒程度相对较高。从通报情况来看，俄罗斯没有固定的可查询的官方网站，发布频次及频率无规律可循，不利于监控追踪。通报形式为官方发布的指令，仅包括通报的不合格产品的品名和检测项目等，相较于欧盟公开通报检测结果并提供法定要求来讲，俄罗斯不透明的预警通报对于企业了解和把握不合格产品的违规信息并制定相应的整改措施发挥的作用不明显。

经统计，2019 年 11 月 1 日至 2024 年 10 月 31 日，俄罗斯通报中国出口水产品不合格的共计 64 批次，涉及的产品主要包括：冷冻制品（如小龙虾、烤鳗鱼片、鳕鱼片、罗非鱼、贻贝肉、金枪鱼），干制的鱿鱼干、鳕鱼干和鲽鱼干等。被通报的原因包括：菌落总数超标、重金属超标、微生物污染、兽药残留超标等。详细不合格原因见图 11-1。

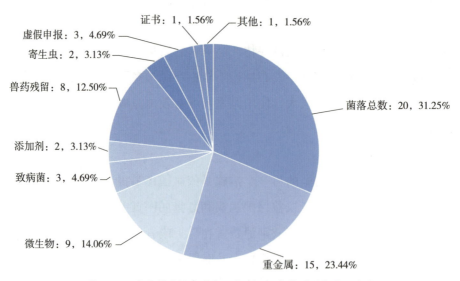

图 11-1　俄罗斯通报中国出口水产品不合格原因数量及占比

通过上述数据可以得出，菌落总数超标在中国水产品输俄不合格原因中占据首位。TR EAEU 040/2016《水产品及其制品安全性技术法规》附表1对不同类别水产制品的菌落总数要求执行不同的标准，如要求热熏制，包括冷冻的水产品、热熏制冷冻水产品和鲟鱼鱼子酱产品中的菌落总数为不超过 10000CFU/g，而煮熟后冷冻的水产品，包括甲壳类动物、软体动物肉类、双壳类动物肉类、虾类、蟹类和龙虾菜肴以及熏制和干制的海洋无脊椎动物食品中的菌落总数为不超过 20000CFU/g。中国国家标准 GB 10136—2015《食品安全国家标准　动物性水产制品》对即食生制动物性水产制品的菌落总数检测采用三级检测方案，标准要求为：$n=5$，$c=2$，$m=5 \times 10^{4}$CFU/g，$M=10^{5}$CFU/g，标准要求宽松于俄罗斯要求，按照中国标准要求生产的产品无法达到俄罗斯要求，生产企业一定要把握两国限量标准的差异，加强生产过程卫生管控并做好终产品中菌落总数的抽检，确保水产品对俄出口的合规性。

11.5　中俄对比分析

俄罗斯凭借其辽阔的国土、丰富的自然资源、漫长的海岸线以及多样化的地形和气候条件，成为水产品捕捞和加工的理想之地。中国拥有巨大的消费市场，对各类农产品（包括水产品）的需求十分庞大。两国地理位置上的邻近及共同的边界，为双边合作提供了独特的地缘优势，这种互补性的地缘优势在水产品贸易中表现得尤为明显。

在开展水产品贸易之前，了解中俄两国在水产品进出口监管政策上的差异和潜在风险至关重要。这需要企业根据双方的监管要求，制定相应的应对措施和方案。

11.5.1 监管法律法规框架和体系对比分析

中国对水产品的监管法律法规、标准和政策是全面和系统的，旨在确保水产品的质量和安全，促进行业的可持续发展，相关法律法规和政策构成了中国水产品监管的框架，确保了水产品的质量和安全，保护了消费者健康和生态环境。相关法律法规政策包括：《中华人民共和国食品安全法》是中国食品安全监管的基本法律，对水产品的生产、加工、流通等环节提出了严格要求；《中华人民共和国农产品质量安全法》确保了农产品（包括水产品）的质量安全；《中华人民共和国渔业法》规范了渔业资源的保护和合理利用，包括水产品的捕捞和养殖；《中华人民共和国动物防疫法》涉及水生动物的疫病防控，确保水产品的生物安全；《兽药管理条例》规定了水产业中兽药的使用标准和管理措施；《进出口水产品检验检疫监督管理办法》要求对进出口水产品进行检验检疫和监督管理。《2023 年国家产地水产品兽药残留监控计划》和《2023 年国家水生动物疫病监测计划》是农业农村部为提升养殖水产品质量安全和生物安全水平，保障水产品安全有效供给，推进水产养殖业绿色高质量发展而制定的有效监管措施。

中国的食品安全标准体系全面而系统，为水产品质量安全提供了坚实的保障。出口到中国的水产品必须遵循中国的一系列强制性国家标准，这些标准规定了各类限量要求。

中国的水产品监管体系以其全面性、全程可追溯性而著称，涵盖了一系列的标准、法律法规和政策。俄罗斯的水产品监管则涉及欧亚经济联盟和俄罗斯本国两个层面的法律法规。

在欧亚经济联盟层面，涉及水产品监管的法规主要包括 TR CU 021/2011《食品安全》、N.317《欧亚经济联盟实施兽医和卫生措施的规定》，以及 TR EAEU 040/2016《水产品及其制品安全性技术法规》。这些法规和决议明确了水产品在安全质量、合格评定及进出口资质等方面的要求。

俄罗斯本国层面的法规则更侧重于水产品生产、加工和销售的管理要求。特别是 SanPiN 2.3.4.050–96 2.3.4.《食品加工企业水产品的生产和销售卫生规则》，该标准规定了水产品加工企业的一般要求、规划、生产场所、供水和污水处理、照明、供暖、通风以及生产场所的维护等具体要求。

对于计划向俄罗斯出口水产品的企业来说，了解并遵守这些卫生法规的要求至关重要。同时，出口的水产品还必须符合俄罗斯的 N.29-FZ《食品质量与安全法》等相关法律的规定。

11.5.2 市场准入要求对比分析

在水产品市场准入方面，中俄两国都有严格的要求，并且在某些方面有共同之处，但也存在一些差异。两国都要求对境外生产企业进行官方推荐注册，但注册的具体流程有所不同。

中国的做法是，要求水产品境外生产企业在获得官方推荐后，还需登录中国进口食品境外生产企业注册管理系统（CIFER）进行注册。该系统提供了注册流程和操作指南的详细信息，帮助企业理解中国的进口食品监管制度。

而俄罗斯要求计划对俄出口水产品的中国生产企业通过"中国出口食品生产企业备案管理系统"向所在地海关提出申请。所在地海关审核通过后，海关总署会统一将这些企业推荐给俄罗斯的主管当局进行注册。注册成功的企业名单会在俄罗斯联邦兽医和植物卫生监督局的官方网站上公布。

对于已经注册的企业，如果新建或改建生产车间，或者食品安全卫生控制体系有重大变化，应及时向相关部门提交变更申请。此外，每年3月底前，企业还需要提交一份自我评估报告，证明其持续符合俄罗斯的注册条件。这样的措施有助于确保企业的持续合规，并保持市场的高标准。

11.5.3 产品捕捞要求、证书要求及包装和标示要求对比分析

1.产品捕捞要求对比分析

两国都要求产品合法捕捞，原料及产品均未在水生动物疫病名录中列明的涉及区域。俄罗斯要求所有输华野生水产品经俄主管当局检疫检验，适合人类食用，未发现疫病。中国要求所有出口的水产品必须来自合法捕捞的来源，捕捞活动必须符合中国的渔业法规和国际渔业管理组织的规定，出口到俄罗斯的水产品必须经过中国海关总署的检验检疫，海关总署负责

对出口水产品进行质量检验、卫生检疫和安全评估。

2. 证书要求对比分析

两国均要求每批产品随附正本兽医卫生证书。俄罗斯要求证书用中文、俄文和英文印制，且内容须事先获得双方主管当局认可和批准。中国要求俄罗斯输华的水产制品随附的兽医卫生证书用中文、俄文和英文印制（填写证书时英文为必选语言），证书的格式、内容须事先获得双方认可；俄方应及时将证书样本、官方印章和签字官员笔迹样式提供给中方备案；如有变更，俄方应至少在生效前一个月向中方备案。

3. 包装和标示要求对比分析

两国都要求内外包装应符合国际卫生标准，有牢固、清晰、易辨的标签。差异化体现在俄罗斯输华野生水产品内、外包装上应当有中英文标签，内容包括商品名和学名、规格、生产日期等。中国要求输俄水产品应当在食品的内外包装上标注在华注册编号或者所在国家（地区）主管当局批准的注册编号。

11.5.4 不合格品通报对比分析

中俄两国在通报进境水产品不合格信息方面存在显著差异。中国在通报不合格水产品信息时，表现出较高的及时性和全面性，透明度也较高，这有助于出口企业迅速掌握不合格的具体原因，从而为未来的出口活动提供有效的参考和指导。相比之下，俄罗斯的通报机制存在一定的障碍，信息的通报往往不够及时，且内容不够详尽。这种情况导致出口企业难以通过预警信息准确分析产品存在的问题，进而影响它们制定有效的纠正措施，不利于产品的持续出口。

第十二章

Chapter 12

泰国水产品技术性贸易措施与对比分析

12.1 水产品安全法律法规标准体系

泰国水产品法律法规从层级上可以分为水产品相关法律和水产品相关法规。水产品相关法律包括：《食品法》《渔业法》《动物疫病法》《进出口管理法》；水产品相关法规包括：《申请水生动物或水生动物产品进口许可的规则、程序和条件》《禁止进口、出口或转运的水生生物种类》《食品中农药最大残留限量》《食品中兽药残留标准》《食品中污染物标准》《含致病微生物食品的分析检查方法、条件准则及质量标准》《食品添加剂的条件准则、使用方法及比例（No.3）》《预包装食品标签》《营养标签》《食品接触材料的质量或标准》。

12.1.1 水产品相关法律

泰国法律在国王御批颁布后，由相关的政府主管部门执行。水产品相关法律为以下四部。

1.《食品法》

1979 年泰国国会制定《食品法》，由泰国国王御批颁布实施。《食品法》是泰国食品安全领域的基本法，基本内容包括：建立食品委员会，食品管控，食品注册和广告管理，主管官员的权力范围，申请、暂停或撤销食品许可证，以及相关惩罚措施等。

在《食品法》的基础上，泰国建立了食品安全控制系统，该法明确要求食品在上市前要采取有效的控制措施，从根本上杜绝食品安全问题的发生。该法详细阐述了食品的定义和范畴，明确药物等不属于食品类别，但用于生产食品的添加成分包括食品添加剂、着色剂和调味剂等属于食品，所有用于消费的食品都需符合该法相关要求。

《食品法》将食品明确分为特殊管控食品、质量标准化食品、普通食品三大类，并分别对各类食品的风险程度高低及注册管理、标签标识要求等做了概要说明。

特殊管控食品必须经泰国食品药品监督管理局注册，并符合泰国对食品相关品质、规格、包装、食品标识及 GMP 的规定。

质量标准化食品不须经过泰国食品药品监督管理局注册，但其品质与食品标识都必须符合泰国公共卫生部另行公告的标准规定。大部分预包装水产品属于该类别。

普通食品，包括依照规定进行标示食品，因其对人体健康风险较低，所以相关标示与标准规定比前两类宽松，但仍须按照泰国公共卫生部公告标准执行有关食品的品质、安全、食品标识等的规定。

2.《渔业法》

泰国《渔业法》规定：允许捕捞水产品的区域；对泰国渔业部授权，渔业部有权规定从事水产品相关工作的人员需注册或获得许可；渔业部有权统计渔业捕捞等相关数据，有权允许或禁止捕捞任何种类的水产品。

3.《动物疫病法》

《动物疫病法》规定：动物疫病疫区的确立及确立疫区后的规范；为预防和控制疫病，进口到泰国的动物及其产品要获得主管部门颁发的许可证；为防止动物疫病的扩散，对于成为疫区的国家及地区，部长有权禁止其动物及动物产品进口到泰国；对于违反该条款的处罚措施。

4.《进出口管理法》

为适应经济贸易发展，增加政府在进出口领域的税收，从而推动泰国经济水平提升，泰国于 1979 年发布了规范进出口商品管理的基本法《进出口管理法》。该法规定了商务部有权在政府公报发布规定进出口产品的类型、质量、标准、体积、重量、价格、商标、原产地以及确定此产品的进口国或原产国等信息，指定禁止进出口及有进出口需求的产品类型，并明确规定了禁止和限制进出口的食品。

12.1.2 水产品相关法规

为更好实施和执行泰国食品安全法律要求，对本地和进出口食品进行有效管理，泰国食品安全主管部门依法制定相关法规条例、部门规章、公告和通知，进一步落实法律要求。

1.《申请水生动物或水生动物产品进口许可的规则、程序和条件》

《申请水生动物或水生动物产品进口许可的规则、程序和条件》规定，进口商在进口水生动物及其产品前需获得泰国渔业局颁发的水生动物或水生动物产品进口许可证，并详细说明获得许可的程序和规则。

2.《禁止进口、出口或转运的水生生物种类》

为了保护珍稀水生动物物种并防止水生动物受到伤害，《渔业法》授权发布《禁止进口、出口或转运的水生生物种类》。该法规附件列出了泰国禁止进口的水生动物的泰语名称、通用名称和具体分类，包括61种鱼类、11 种其他水生动物、5 种藻类、3 种爬行动物、3 种两栖动物和 3 种哺乳动物，并规定了 300 余种禁止出口到泰国以外任何国家或地区的珍稀水生生物种类。

3.《食品中农药最大残留限量》

在泰国,食品中农药最大残留限量必须符合《食品中农药最大残留限量》及其修订单的要求。其中,法规正文规定了食品中农药最大残留限量、最大再残留限量(EMRL)和默认限量(一律限量)。

食品中不得含有法规附件 1 列出的第四类有害物质清单中的任何农药。食品中检出农药残留量不得超过法规附件 2 规定的最大残留限量,食品中检出的农药未列入法规附件 2 清单时,农药残留限量执行不得超过国际食品法典委员会规定的最大残留限量。对于以上均未规定最大残留限量的农药,执行默认限量值不超过 0.01mg/kg。泰国规定的水产品部分农残要求见表 12-1。

表 12-1 泰国水产品农残要求(部分)

农药中文名称	农药英文名称	产品类别	限量要求
艾氏剂和狄氏剂	Aldrin and Dieldrin	水生动物、软体动物(包括头足类动物)和无脊椎动物的肉	≤ 0.2mg/kg
氯丹	Chlordane		≤ 0.05mg/kg
DDT	DDT		≤ 1mg/kg
异狄氏剂	Endrin		≤ 0.05mg/kg
七氯	Heptachlor		≤ 0.2mg/kg
田乐磷	Demephion	食品	不得含有

4.《食品中兽药残留标准》

泰国食品中的兽药残留限量必须符合《食品中兽药残留标准》和《食品中 β - 激动剂类化学物质污染标准》的要求。

《食品中兽药残留标准》规定了兽药、兽药残留和含兽药残留食品的定义,并规定了牛、猪、羊、禽、鱼、虎纹虾、鲑鱼、兔、山羊、鸡、火鸡、马和鹿的靶组织中兽药最大残留限量要求。兽药残留分析方法必须符合食品药品监督管理局的要求。

《食品中 β - 激动剂类化学物质污染标准》规定了所有食品中不得检

测出 β-激动剂及其盐类（包括代谢产物）、氯霉素及其盐（包括其代谢物）、硝基呋喃类代谢物。

泰国规定的水产品部分兽残要求见表 12-2。

表 12-2　泰国水产品兽残要求（部分）

兽药中文名称	兽药英文名称	产品类别	限量要求
土霉素	Oxytetracycline	虎纹虾肉	≤ 200mg/kg（组织）
溴氰菊酯	Deltamethrin	鲑鱼肌肉	≤ 30mg/kg（组织）
氟甲喹	Flumequine	鳟鱼肌肉	≤ 500mg/kg（组织）

5.《食品中污染物标准》

《食品中污染物标准》规定了食品污染物的定义，镉、锡、铅、汞、砷在部分食品中的最大限量要求；规定环丙烯脂肪酸、氢氰酸等在部分食品中的最大限量要求；规定放射性物质在部分食品中的最大限量要求。除此之外，规定黄曲霉毒素、伏马菌素等毒素在部分食品中的最大限量要求。泰国规定的水产品部分污染物要求见表 12-3。

表 12-3　泰国水产品污染物要求（部分）

污染物中文名称	污染物英文名称	产品类别	限量要求	备注
镉	Cadmium	鱼	≤ 1mg/kg	可食用部分
镉	Cadmium	水体底部水生动物，包括墨鱼、鱿鱼、章鱼	≤ 2mg/kg	可食用部分
镉	Cadmium	海洋双壳软体动物，如蛤、贻贝，不适用于牡蛎和扇贝	≤ 2mg/kg	可食用部分
镉	Cadmium	各种贝类	≤ 2mg/kg	可食用部分
甲基汞	Methyl mercury	可以捕食的鱼，不包括鲈鱼、金眼鲷鱼、鲨鱼、金枪鱼	≤ 1.0mg/kg	去除消化道后的新鲜鱼肉，包括鱼肉产品

污染物中文名称	污染物英文名称	产品类别	限量要求	备注
甲基汞	Methyl mercury	鲈鱼	≤ 1.7mg/kg	去除消化道后的新鲜鱼肉，包括鱼肉产品
甲基汞	Methyl mercury	锦鲤鱼或金眼鲷鱼	≤ 1.5g/kg	去除消化道后的新鲜鱼肉，包括鱼肉产品
甲基汞	Methyl mercury	鲨鱼	≤ 1.6mg/kg	去除消化道后的新鲜鱼肉，包括鱼肉产品
甲基汞	Methyl mercury	金枪鱼	≤ 1.2mg/kg	去除消化道后的新鲜鱼肉，包括鱼肉产品
甲基汞	Methyl mercury	以上项目以外的其他海鲜	≤ 0.5mg/kg	去除消化道后的新鲜鱼肉，包括鱼肉产品
铅	Lead	鱼肉	≤ 0.3mg/kg	新鲜鱼肉，不包括内脏
砷	Inorganic arsenic	水生动物、水生动物制品及其他海鲜	≤ 2mg/kg	—

6.《含致病微生物食品的分析检查方法、条件准则及质量标准》

《含致病微生物食品的分析检查方法、条件准则及质量标准》规定了 40 余种食品中沙门氏菌、金黄色葡萄球菌和蜡状芽孢杆菌等致病微生物的限量要求。食品中除该法规规定的微生物外，不得含有其他致病性微生物。

7.《食品添加剂的条件准则、使用方法及比例（No.3）》

《食品添加剂的条件准则、使用方法及比例（No.3）》规定，食品添加剂属于特殊管控食品，是指通常不作为食品或食品基本成分，而是为了发挥技术功能而添加到食品中，改善食品的品质或特性的物质。食品添加剂还包括未直接添加到食品中但为了实现相关技术功能与食品一起放入包装容器中的物质，如干燥剂、吸氧剂等。泰国水产品食品添加剂分类见表 12-4。

表 12–4　泰国水产品食品添加剂分类

食品分类号	食品类别名称	食品类别描述
09.0	鱼和鱼制品	该大类被分为鲜鱼（09.1）和各种加工的鱼制品（09.2~09.4）等几类。该类别包括水生的脊椎动物、水生无脊椎动物（如水母）和软体动物（如蛤蜊、蜗牛）、甲壳类（如虾、螃蟹、龙虾）以及棘皮类动物（如海胆、海参）。鱼制品售于消费者之前，可以进行涂层处理，如上光剂或香辛料涂抹物（如上光的冷冻鱼片）。在食品分类系统中，这常用注释"用作上光或涂层（表面处理）"来表示
09.1	鲜鱼和鱼制品	指的是在海洋、湖泊或其他水体捕捞的，除为了阻止腐败和变质而进行的冷藏、用冰保藏或冷冻外，未进行其他的加工处理的鱼及其制品
09.1.2	新鲜的软体动物，甲壳类和棘皮类动物	包括新鲜的软体动物，甲壳类和棘皮类动物
09.2	加工的鱼和鱼制品	该类产品是指冷冻的并可能需要进一步烹制的鱼制品，以及即食的烹制、烟熏、干制、发酵和盐腌产品
09.2.1	冷冻的鱼、鱼片和鱼制品	新鲜的，包括半熟的或熟的，在海里和陆地上进行了冷冻或速冻处理待进一步加工的鱼
09.2.2	冷冻拖面糊的鱼、鱼片和鱼制品	以鱼或鱼块为原料，以鸡蛋、面包屑或面糊敷裹而制成的未经烹调的冷冻或速冻产品
09.2.3	冷冻切碎的、加稀奶油的鱼糜制品	由碎鱼片和奶油型酱汁制成的未煮熟的产品。产品已冷冻或速冻
09.2.4	烹调和（或）油炸的鱼和鱼制品	包括所有即食的熟制品
09.2.4.1	烹调的鱼和鱼制品	包括由蒸、煮及除油炸外的其他任何烹调方式制作的熟制品。不包括食品类别09.2.4.3中的油炸的鱼和鱼制品，以及类别09.3.4中的传统东方鱼酱
09.2.4.2	烹调的软体动物，甲壳类和棘皮类动物	包括蒸、煮及除油炸外的其他任何烹调方式制作的产品。不包括食品类别09.2.4.3中的油炸的鱼和鱼制品

续表

食品分类号	食品类别名称	食品类别描述
09.2.4.3	油炸的鱼和鱼制品	以鱼或鱼块为原料，进一步包裹或不包裹蛋和面包屑或拖挂面糊，经过油炸、烘焙、烘烤或烧烤，加或不加入沙司或油，再经包装或罐装而制成的即食制品
09.2.5	经烟熏、干制、发酵、腌制和（或）盐腌的鱼和鱼制品	烟熏鱼通常用冷冻或冰冻的新鲜鱼经过直接干燥或在煮熟后加入或不加入盐后干燥，用新产生的锯末来熏烤而制成。干制鱼是通过将鱼暴露在阳光下，或直接干燥或用某种特殊的装置煮熟后干燥而制成；鱼在干制前可先经过盐腌。盐腌鱼或用盐涂擦或将鱼置于盐水中。这种加工方式和食品类别09.3所描述的浸泡和盐渍鱼的加工方式有所不同。腌制鱼是先用盐腌再用烟熏的鱼。发酵鱼是由乳酸菌在盐的作用下产生的一种腌制产品
09.3	半保藏的鱼和鱼制品	包括用浸泡、盐渍和部分烹调等方法处理过的货架期较有限的产品
09.3.1	浸于醋或酒中的鱼和鱼制品	浸制产品是将鱼浸于醋或酒中，加或不加盐及香辛料制成的。将其装于坛或罐中，货架期较有限。胶冻产品是通过烹调或煮使鱼制品嫩化，加入醋或酒、盐及防腐剂，在胶冻中凝固而制成的
09.3.2	盐渍的鱼和鱼制品	盐渍产品有时可被认为是一种浸制产品。盐渍是将鱼用盐水和醋或酒（如葡萄酒）处理而成
09.3.3	鱼子酱及其他鱼子制品	鱼子通常是经过清洗、盐制、熟化至透明而制得。然后将鱼子装于玻璃或其他适当容器中
09.3.4	半保藏的鱼和鱼制品，不包括09.3.1~09.3.3类	包括鱼或甲壳类的酱以及传统的东方鱼酱。后者是用鲜鱼或鱼类沙司生产的剩余物，与如小麦粉、米糠、大米或大豆等其他配料结合制成。产品可进一步发酵
09.4	全保藏的鱼和鱼制品，包括罐装的鱼和鱼制品	有较长的货架期，经过巴氏杀菌或蒸汽蒸馏，包装于真空的密封容器中，从而保证无菌状态的产品。该产品可浸于自身的汁液或加入的油或沙司中。不包括完全熟制的产品（见类别09.2.4）

泰国有关食品中食品添加剂的使用限量要求遵循《食品添加剂的条件准则、使用方法及比例（No.3）》附表1中的具体规定。如果食品生产企业拟使用不在附表中的食品添加剂，需向食品药品监督管理局提出申请。

8.《预包装食品标签》

泰国《预包装食品标签》及其修订单规定预包装食品标签的要求，法规明确规定除豁免情形外，直接销售给消费者的预包装食品的标签必须以泰文呈现，并标示食品的基本信息：食品名称、配料表、净含量、日期、进口商名称和地址、生产商名称、原产国、特殊贮存条件、特殊食用方法、过敏原以及食品序列号。

食品标签应符合以下基本要求：不得使用误解或欺骗性文字和图片等介绍食品，导致消费者对食品重要特征产生误解；不得以虚假或者欺骗性的方式标示食品名称、食品配料、食品配料含量、食品数量或者特性；禁止使用文字、名称、图片、设计、标志或商标标示产品含有某个配料，但实际不含有或仅含有少量该配料以至于无法体现其特征；不得使用同音异义词和同形异义词虚假、夸大介绍食品；不得违背泰国文化和道德标准；不可以直接或间接地引起社会矛盾、分裂，或对文化道德、风俗产生负面影响。

法规明确规定，食品名称的字体高度必须不低于2mm，其大小要与标签区域成比例；但如果标签面积小于35cm^2，食品名称字体高度不得小于1mm。关于企业信息、净含量、配料、过敏原、日期的规定：当标签面积≤100cm^{2}时，字体高度不得小于1mm；当标签面积≥100cm^{2}时，字体高度不得小于1.5mm。

9.《营养标签》

《营养标签》中规定了四种食品必须强制标示营养成分表：具有特别营养声称的食品；在销售中强调营养价值的食品；针对特定人群的食品；经由泰国食品药品监督管理局特别指定的食品。

《营养标签》规定营养成分表必须标示：能量、脂肪、饱和脂肪、胆固醇、蛋白质、总碳水化合物、总糖、钠和钾。除此之外，法规还规定了营养成分表的格式要求、各类食品参考份数的规定、营养素修约和"0"界限值的要求等内容。

10.《食品接触材料的质量或标准》和《塑料容器质量标准》

泰国食品接触材料需遵守《食品接触材料的质量或标准》和《塑料容器质量标准》。

泰国公共卫生部第 92 号公告《食品接触材料的质量或标准》规定，食品包装与容器的基本要求如下：必须保持清洁，不得释放任何可能损害人体健康的重金属或其他有害物质，以免污染食品；必须确保不得含有任何细菌，且不得释放任何可能污染食品的颜色。该法规明确规定，除非该容器是玻璃、陶瓷、搪瓷金属或塑料材质，否则该包材必须从未被用于包装或填充食品（或其他物质）。此外，法规明确禁止使用那些曾经用于包装或包裹肥料、有毒物质或可能对人体健康造成危害的容器作为食品容器。同时，也严禁使用那些曾用于包装非食品物品或带有可能导致消费者对容器内食品成分产生误解的设计或声明的容器作为食品容器。这些规定旨在确保食品包装容器的安全性，保护消费者的健康权益。

泰国公共卫生部第 435 号公告《塑料容器质量标准》详尽地规定了塑料包材的质量标准，确保其符合食品安全与卫生的要求。首先，塑料包材必须保持清洁干净，不能含有或受到任何病原微生物的污染。其次，除本法规附件 1 规定的物质种类和数量外（食品级塑料容器的总迁移限量标准、金属迁移限量要求、芳香胺迁移限量要求和特定成分迁移限量要求等），食品中不存在有害健康的有毒物质。再次，当塑料包装用于盛装食品时，必须确保不会有物质迁移到食品中，以免影响食品的特性或成分，或导致食品的感官属性变差。对于有色塑料包装，必须使用符合食品级标准的涂料，并且不得有任何颜色迁移到食品中。最后，在包装上印刷图案或文字时，应使用耐久的印刷油墨，并严格确保不会有油墨脱落到食品中，以确保食品的纯净与安全。

12.2 水产品安全监管体系

目前，泰国已建立适合泰国国情的较为完善的食品安全监管体系。泰国食品安全监管机构形成了以公共卫生部为主，其他各参与部门协调配合的食品安全监管机制，并设立泰国国家食品委员会，统一协调管理泰国食品安全。泰国食品安全风险分析机构、食品安全研究所和各类食品检测机构承担食品安全技术支持任务，而其他食品行业协会则助推泰国食品行业向好发展。

泰国水产品主要是由泰国公共卫生部及其下属机构食品药品监督管理局、食品安全促进与支持局，泰国农业和合作社部下属机构渔业局，泰国工业部下属机构工业标准协会和泰国财政部下属机构泰国海关共同监管。

12.2.1 泰国公共卫生部

泰国公共卫生部（Ministry of Public Health）是负责泰国公共卫生事务的政府机构。2008 年，公共卫生部设立泰国国家食品委员会，该委员会是泰国食品安全的最高议事协调和决策机构，主要负责：制定食品战略和政策，实施食品法律法规、普及食品知识和监督开展食品安全教育等工作，并统一领导和组织处置食品安全事件。

泰国公共卫生部负责食品安全监管的下级机构涉及水产品监管的有食品药品监督管理局和食品安全促进与支持局。

12.2.2 食品药品监督管理局

泰国食品药品监督管理局（Food and Drug Administration）是负责泰国食品安全监管最重要的部门。该部门在食品领域主要负责：建立水产品标准和规范，制定卫生和标签要求；控制生产和进口的水产品；批准特殊管控食品的注册；批准和审查广告及包装材料；检查水产品工厂和销售点；水产品取样和质量评估；对违规水产品或行为采取扣押、召回、起诉等法律行动；提升消费者和水产品制造商的质量意识；与其他政府部门、国际组织保持良好合作和交流并收集、传播和交换食品信息等。该部门下属食品局负责执行监管泰国的食品安全。

食品局以受国际认可和成为东盟食品保护的领导者为目标，具体负责：制定等同于国际水产品安全标准的标准法规、规章和实施监督控制水产品质量的措施；开发水产品监控系统，依法监督控制水产品遵守法律及符合安全标准法规；监管进口水产品以及水产品生产符合 GMP 的情况；提供水产品知识、学术研究并开发食品信息服务系统；开发能支持所有部门共同参与监督的食品安全网络；协调与国外的合作并建立网络合作伙伴。

食品局对水产品进行上市前控制和上市后控制。上市前控制包括：生产许可证的审批和检查；进口许可证的审批；特殊管控食品的注册（水产品备案）；膳食补充剂的食品标签审批，以及水产品广告的审批。上市后控制主要是对水产品工厂及销售的水产品进行抽样与检查。检查类型分为两种：定期检查和申诉检查。在检查中发现违规情况，将对责任人采取查封工厂、吊销营业执照以及起诉等法律方式进行惩罚。上市后控制的另一重要方式是食品监督，是将市场上销售的商品取样化验，以确认其是否符合食品安全标准。

12.2.3 食品安全促进与支持局

公共卫生部的常任秘书长办公室下属食品安全促进与支持局（Bureau of Food Safety Extension and Support）是协调各方进行食品安全合作的中间部门，其愿景是引领泰国步入摄取健康食品时代，促使泰国厨房成为世界厨房。

食品安全促进与支持局负责收集及发布水产品信息（如水产品安全状况、泰国水产品安全信息和国际水产品安全信息），进行水产品安全数据统计（如国外产品召回信息和年度产品召回信息统计），发布泰国水产品预警信息和国际水产品预警信息，举行食品安全会议／研讨会，以及进行网络直播食品安全教育。

食品安全促进与支持局负责的项目有：整合开发食品安全质量项目，

管理府级食品安全集成项目，通过网络（INFOSAN）进行国际食品安全操作，建立府级食品安全质量体系，粮农组织合作项目，亚洲食品安全政策以及食品安全的应急响应。

12.2.4 渔业局

渔业局（Department of Fisheries）是泰国农业和合作社部下属政府部门。泰国农业和合作社部是负责泰国农业、林业、水资源供应、灌溉、农民合作管理的政府内阁部门，全面负责泰国农业相关事务，包括提高农民生产水平，提高农产品和食品质量标准，研究和发展农业生产基础设施，促使可持续和环保的农业资源发展。

渔业局根据泰国《渔业法》和《野生动物保护法》以及其他相关法律法规要求，依法负责促进、支持和发展泰国渔业，对渔业各个领域进行研究、分析和学术实验，签发水产进出口许可证（FSW）和水产养殖控制书（APD）等证明文件，促进泰国渔业与其他国家的合作等。

该局根据农业和合作社部政策制定的项目有：提高农产品质量标准项目，渔业标准化，新农业理论促进项目，以及有机农业发展项目等。旨在推动泰国的生态建设，促进水资源以及水产行业的健康可持续发展。

12.2.5 工业标准协会

泰国工业部（Ministry of Industry）是泰国政府内阁部门之一，负责推广和调控泰国工业发展，推动和发展生态系统，从而促进泰国工业升级转型等。泰国工业部下属机构涉及水产品安全监管的主要有泰国工业标准协会。

泰国工业标准协会（Thai Industrial Standards Institute）是泰国的国家标准组织机构。该协会有权根据已制定的泰国标准对产品进行认证，并负责起草泰国国家工业标准信息、工作方案等。

12.2.6 泰国海关

泰国财政部（Ministry of Finance）是政府内阁部门之一，主要负责泰国公共财政、税务、国库、政府物业和创收等事务。

财政部下属机构泰国海关（Thai Customs）在食品安全监管方面主要涉及其在进出口环节的职能。该机构负责征收关税、进口环节税（如增值税、特别消费税和市征税）等；对进出口货物实施监管，确保相关法律法规得以遵守；打击走私、偷逃税活动和其他违反海关法的行为；通过税收措施促进制造业发展和货物出口，为国际贸易提供便利；根据经济形势向财政部提出关税政策建议，编制和发布进出口贸易统计数据等。

12.3 水产品进出口监管体系

泰国注重食品安全体系建设，在水产品上市之前，进口商需要获得进口许可，预包装水产品进口前还需要申请备案；产品流通到市场后通过对食品进行监督检查，及时对风险类食品采取相应的措施来消除食品安全隐患。

12.3.1 进口前监管

泰国对进口前监管比较严格，主要包括进口许可证、相关证明材料、产品备案和广告许可制度等要求。

1.进口许可证

所有出口到泰国的水产及水产制品（包括活海鲜）都必须获得泰国渔业局颁发的进出口许可证。在《申请水生动物或水生动物产品进口许可的规则、程序和条件》中规定了获得许可证需提交的文件清单及申请地点要求。

2.相关证明材料

（1）GMP证书

所有出口到泰国的食品都应出具泰国公共卫生部第420号公告《生产方法、生产设备、食品贮存 B.E.2563》或《等同或不低于公共卫生部第420号公告的食品生产体系》中所列出的食品生产体系的证明文件，文件需为原件，语言为泰文或英文。《等同或不低于公共卫生部第420号公告的食品生产体系》中规定，泰国认可以下生产体系：GMP by Codex；HACCP； ISO 22000；GB/T 27341—2009《危害分析与关键控制点（HACCP）体系　食品生产企业通用要求》；GB 14881—2013《食品安全国家标准　食品生产通用卫生规范》等。

按照泰国食品药品监督管理局《进口食品生产体系文件或证明》的规定，出具该证明的机构可以是生产国负责相关认证的政府机构、生产国主管部门认可的其他机构，或者符合 CAC/GL 26–1997 的审核和认证体系的机构。

（2）卫生证书（Health certificate）

进口水产品时，进口商必须提交出口国政府负责机构或其认可的实验室签署的英文版动物健康证书或胴体卫生证书，进口检查站检查相关证书及许可证等文件的准确性和完整性。

（3）其他文件

进口冷冻金枪鱼，在申请进口许可证时还需提供捕捞证或出口申报证及原产地证书等文件。

3.产品备案（仅针对部分预包装水产品）

对于大部分预包装水产品均需进行产品备案，泰国《食品法》将食品分为特殊管控食品、质量标准化食品、普通食品三大类，对进口食品按照不同食品类别采取不同的监管模式。对于预包装水产品大部分属于质量标准化食品，进口时进口商需进行产品备案（产品许可证）。

泰国《食品法》第 34 条规定，产品注册备案需要提供的材料包括：食品名称、配料名称及配比、包装尺寸、标签、生产商名称和产地以及其他材料。产品注册 / 备案整个时间周期一般为 20 个工作日左右，但时间周期会受到提交材料的准确性、完整性及产品的复杂程度影响，整个周期为 20~72 个工作日。《食品法》规定产品许可证（产品注册 / 备案）费用为 5000 泰铢（约合人民币 1000 元）。

4.广告许可制度

《食品广告法规》规定了食品广告审批的要求，禁止发布内容虚假的广告。根据规定，媒体发布的任何广告必须取得食品药品监督管理局的批准。

食品广告许可申请条件包括：不得在广告中虚假或夸大宣传食品的质量、益处或特性（如奇迹、最好的、很棒、第一、绝对的、无副作用等词汇）；食品广告中不允许明示或暗示治疗和预防疾病，以及表达这些含义的图像等。食品广告许可证的有效期为5年。

12.3.2 进口时监管

进口时的监管主要涉及泰国海关的电子海关系统注册，按照系统操作指南提供注册所需文件。泰国海关根据绿线、红线或黄线商品的类别查验产品和相关许可文件（水产品一般属于红线），经查验合格并清关后，产品方可进入泰国境内。

1. 入境口岸

泰国海关官网提供的海关信息显示，泰国货运入境口岸主要有：泰国素万那普国际机场入境口岸、泰国廊曼机场入境口岸、泰国曼谷入境港口和泰国林查班港口等。

根据《动物疫病法》，泰国农业和合作社部发布《关于出入境口岸的公告》规定了水生动物或水生养殖产品需要根据不同区域指定入境口岸，以便进行检疫工作。

2. 报关及审查

为了进行电子报关系统注册，进口商必须拥有"数字证书"（digital certificate），该证书是一种电子签名文件，用于确认电子文档发送者的身份和真实性。数字证书到位后，进口商可以继续注册电子海关系统。进口商可以选择直接在线进行注册或通过代理商在系统中注册，注册成功后，通信和IT局将发放电子海关注册ID。

进口商需根据泰国海关指定的标准和表格以电子形式将报关数据发送到电子海关系统。应提供的文件有：产品发票、装箱单、提单、保险保费发票、进口食品许可证、原产地证书（如果有）、其他文件（如成分表、产品功能和用途等）等。电子海关收到文件后进行审查，若各文件准确无误将签

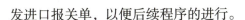

发进口报关单，以便后续程序的进行。

3.完税

进口商获得进口报关单后，必须先完成关税和其他税款的缴纳。进口商可通过三种方式缴纳税款：①海关部门批准的现金、税卡、银行借记卡、信用卡和银行担保经营者的支票等形式现场付款；②通过电子数据交换系统在海关报告中的进口商银行账户直接扣款；③电子账单方式支付，根据海关文件（如报关单、收款单）上的信息，可通过网上银行支付，也可通过其他与海关部门达成协议的代理银行支付。在实际操作中，泰国海关更提倡网上支付，以提高效率。

4.商品检验

货物在进口之前，需要进行两次单独的检查：首先，检查水产品的进口许可证；其次，确定货物是否被视为"红线货物"。红线货物是指那些具有高风险或在抵达时需要额外认证和验证的货物，包括食品（水产品）、饮料和植物产品。

进口红线货物时，进口商必须提供以下证明文件：进口报关单；提单（B/L）或航空运单；产品发票；打包清单（装箱单）；进口许可证；原产地证书；其他相关文件（如成分清单、技术标准证书等）。除此之外，相关检验检疫部门也将对食品进行检验（该部门检验步骤有：进行食品取样；封存商品；交给样品和封存商品的记录副本；经过检验）。

经检验发现不安全的水产品海关会采取退运、没收或其他处置措施，以确保此类不安全水产品不能进入泰国市场。

12.3.3 进口后监管

进口后监管的目的是确保分发给消费者的水产品是安全的，并且质量符合泰国国家法规或标准的要求。为确保流通到市场上的食品安全，食品药品监督管理局定期对全国所有水产品工厂和场所进行检查，并抽样检查食品进行分析和测定，以确保符合法律要求。如有违反，将依法进行处罚。

1. 定期检查

泰国食品药品监督管理局对进口水产品的监督检查主要分为两种：一种是常规检查，检查内容主要是对进口食品许可证、水产品储存仓库及水产品销售商进行定期检查；另一种是申诉检查，作为一种特殊检查形式搜集问题商品的不合格证据。

2. 监督抽查，取样化验

泰国食品药品监督管理局对进口后的水产品，除了定期检查外还会进行监督抽查，泰国食品安全质量司具体负责将市场上销售的水产品抽查取样化验，以确认其是否符合食品安全标准。另外，已经通过检验的产品也会阶段性再次抽查，以确保其持续符合食品安全标准。如果监督抽查发现问题食品，泰国食品药品监督管理局将对违法食品及时处置，对违法者依法提起诉讼，依法处罚。据泰国《食品法》规定，对违法者的处罚详见表12-5。

表 12-5　泰国《食品法》对违法者的处罚

违法食品类型	相应处罚
不纯净食品	处 2 年以下监禁或 20000 泰铢以下罚款，或两者并施
掺假食品	处 6~10 年监禁或 5000~10000 泰铢罚款
不合格食品	处以 50000 泰铢以下罚款
部长规定的其他食品	处 5 年以下监禁或 50000 泰铢以下罚款，或两者并施

不纯净食品包括：食品中包含可能危害健康的物质；食品中掺入可能降低食品质量的物质或化学物质，除非添加物是生产流程所需，并且此生产流程已获得主管官员的批准；食品的生产、包装或存储过程不卫生；生产食品的动物携带可能传染给人类的疾病；食品容器的材料可能危害健康。

掺假食品包括：部分成分被替换或全部或部分价值成分丢失，但又以真实食品的名称销售的食品；仅作为某类食品的替代品，但又以真实食品的名称销售的食品；为隐藏食品缺陷或质量等级而添加其他物质或采用其他制备工艺的食品；食品标签意图向购买者隐瞒食品的质量、数量、用途、特殊性质或生产地点或国家的食品；食品质量或标准不符合公共卫生部的法规规定，并且与规定的上限值或下限值偏差超过 30% 或其偏差可能危害消费者健康的食品。

不合格食品是指食品质量或标准不符合公共卫生部的法规规定，但其偏差值未达到 30% 的食品。

部长规定的其他食品是指食用不安全、标注不可信、价值或用途不适合当前消费者。

12.4　泰国通报中国水产品不合格情况分析

2019 年 11 月至 2024 年 10 月，泰国通报中国出口水产品不合格的共计 6 批次。其中，5 批次为出口泰国的冷冻鱿鱼镉超标（泰国法规规定不得超过 2mg/kg），以及没有标示保质期；1 批次为贝类产品镉超标，检测到每千克产品中含镉 2.42mg（泰国法规规定不得超过 2mg/kg）。根据泰国《食品法》的规定，以上产品被认为是不纯净食品，将被处 2 年以下监禁或 20000 泰铢以下罚款，或两者并施。此 6 批次不合格水产品均为 2023—2024 年通报，由此可见泰国正在加强对中国水产品的监管。对泰出口水产品企业需加强合规意识，重点控制产品中污染物指标，确保标签标示项目齐全。基于以上不合格水产品通报情况，比对中泰两国水产品对镉的限量要求，详见表 12-6。

表 12-6　中泰两国水产品中镉限量要求对比

中国类别	中国限量	泰国类别	泰国限量
鲜、冻水产品动物 - 鱼类	≤ 0.1mg/kg	鱼	≤ 1mg/kg（可食用部分）
鲜、冻水产品动物 - 甲壳类（海蟹、虾蛄除外）	≤ 0.5mg/kg	—	—
鲜、冻水产品动物 - 海蟹、虾蛄	≤ 3.0mg/kg	—	—

续表

中国类别	中国限量	泰国类别	泰国限量
双壳贝类、腹足类、头足类、棘皮类	≤ 2.0mg/kg（去除内脏）	各种贝类；海洋双壳软体动物，如蛤、贻贝，不适用于牡蛎和扇贝；头足类，包括墨鱼、鱿鱼、章鱼	≤ 2mg/kg（可食用部分）
水产制品 – 鱼类罐头	≤ 0.2mg/kg	—	—
水产制品 – 其他鱼类制品	≤ 0.1mg/kg	—	—
—	—	海藻	≤ 2mg/kg（干燥状态的产品）

从表 12-6 中泰两国水产品中镉的限量要求可以看出，中国对水产品中镉的限量要求无论从限量值还是产品分类细分上都比泰国的要求更为严格。因此，中国企业出口水产品到泰国时，在镉的限量要求上遵守中国标准要求基本可以规避超标的风险。

12.5 中泰对比分析

泰国是与中国签署"一带一路"合作协议的国家之一。在中泰两国政治互信不断加深，中国—东盟自贸区建成的背景下，两国经贸合作越来越密切，比较分析两国的食品法律法规体系和食品安全监管体系，有利于了解两国的相同点和不同点，促进两国间进出口水产品贸易的顺利发展。

12.5.1 法律法规体系对比分析

为了确保食品安全，中泰两国均建立了较为完善的食品法律法规体系。中国的食品企业不仅应遵守法律法规的要求，还需确保产品符合食品安全标准的要求。中国水产品法规标准更丰富，包括国家强制性法律法规、部门规章、国家标准、行业标准和企业标准，从各个方面规范水产品的要求。泰国水产品法律法规体系主要是法律法规，层级和数量都不及中国。

1.法律体系对比

在法律层面，中国现行的《中华人民共和国食品安全法》被称为中国"史上最严格"的食品法。该法规定了食品生产经营、食品检验、食品进出口、食品安全事故的处置等要求。

泰国《食品法》是泰国食品基本法，共有8章78条，在泰国从事食品生产、经营及进出口等食品相关活动都应遵守该法的要求。该法详细规定了食品、食品原料和食品添加剂的生产和经营、食品委员会机构设置、食品许可、食品控制措施和违规处罚措施等要求。

比较发现，中国的《中华人民共和国食品安全法》比泰国《食品法》更为详尽，各章节条款划分更为细致。虽然泰国《食品法》较《中华人民共和国食品安全法》简单，但对中国食品安全法律也有参考借鉴的价值。《中华人民共和国食品安全法》偏向于食品安全整体框架性要求，而泰国《食品法》详细规定了各类食品的定义和部分质量要求，这部分内容在中国通常以食品安全标准形式发布。

2. 法规体系对比

中泰两国均通过食品基本法规定了食品安全各项制度的基本要求。为了落实这些要求，两国食品监管机构必须制定相应法规，详细规定各项制度实施的具体要求。中国食品相关法规主要包括行政法规、部门规章、规范性文件和地方性法规等。泰国的食品法规包括规章、公告或通知等形式。

从具体法规来看，中国在2019年发布了新修订的《中华人民共和国食品安全法实施条例》，新条例在食品生产经营和进出口等各个环节都有严格的要求，落实食品安全责任到企业及个人，强调对进口食品的风险监管，强化进口商的责任义务。新条例强化食品安全的监督管理，凸显了中国对于食品安全的高度重视。除《中华人民共和国食品安全法实施条例》外，中国水产品主要法规还包括《中华人民共和国渔业法实施细则》《中华人民共和国水产资源繁殖保护条例》《中华人民共和国兽药管理条例》等，这些法规进一步细化了水产品质量安全的管理要求。

与中国类似，泰国相关部门根据法律制定并发布了部门规章、部门公告、部门通知和部长命令等配套法规，详细规定了水产品捕捞、加工、销售、进出口等环节的具体要求。但是，泰国并没有制定像《中华人民共和国渔业法实施细则》这样的与法律配套的实施规则，这是中泰两国食品法规体系的不同之处。但泰国通过法规的形式制定了产品的质量要求、标签要求等内容，这些内容在中国一般是以标准的形式发布的。

3. 食品标准体系对比

中国食品标准经过多年发展，已经形成了相对完整的体系，既有强制性的食品安全国家标准和食品安全地方标准，也有推荐性的国家标准、地方标准、行业标准，还有企业自己制定并自我声明公开或者备案的企业标准，以及各社会团体制定发布的团体标准。

与中国食品标准体系相比，泰国的食品标准体系比较简单，主要包括工业标准和农产品标准。工业标准和农产品标准又可分为推荐性标准和强制性标准。与中国不同的是，中国食品安全标准中规定的内容，在泰国大多是以法规形式规定的，如食品添加剂的使用，需要符合泰国公共卫生部发布的食品添加剂公告和修订公告。

12.5.2 监管机构职能对比分析

中国目前履行食品安全监管职责的部门主要包括国家市场监督管理总局、海关总署、农业农村部等。泰国在食品安全监管体系中扮演主要角色的部门为公共卫生部、农业和合作社部、工业部、财政部和商务部等。受政治体制和文化特色等因素的影响，中泰两国食品安全监管体系不尽相同。

中泰两国食品安全监管均采用分段监管模式，但两国食品安全监管机构的职责略有不同。中国国家市场监督管理总局负责市场综合监督管理，统一登记市场主体，组织市场监管综合执法工作，负责食品生产加工、流通、经营和餐饮环节的监管等。海关总署负责拟订进出口食品安全和检验检疫的工作制度，依法承担进口食品企业备案注册和进口食品的检验检疫、监督管理工作，依据多 / 双边协议承担出口食品相关工作等。农业农村部主要负责农产品在进入批发、零售和企业之前环节的监管，参与农产品的风险监测和评估工作，指导农业行业安全生产和农业的综合执法等。

泰国食品安全监管机构为泰国公共卫生部、农业和合作社部、商务部等，其中公共卫生部为主要监管机构。泰国公共卫生部下设国家食品委员会、食品药品监督管理局、卫生局等机构，分别负责监管食品生产和经营、制定进口食品标准、办理食品许可和开展食品合格评定等工作。国家食品委员会是泰国食品安全的最高决策机构，负责制定食品战略和政策。泰国公共卫生部下属的食品药品监督管理局负责食品安全监管，制定和发布食品相关法规，开展食品风险分析工作，承担农药残留检测技术研究工作，实施实验室认可等。卫生局负责制定标准和合格评定程序，检查市场、餐厅和夜市，开展食品健康研究和普及食品安全知识。农业和合作社部负责监管农产品、畜产品和水产品的生产和加工，动植物检疫，管理转基因食品，监管农药和化学品并开展植物保护工作，制定农产品标准等工作。商务部拥有禁止食品进出口和限制进口的权限。

针对水产品，中泰两国均为渔业相关部门负责水产品的监管，中国是农业农村部下属的渔业渔政管理局，泰国则为渔业局。中国渔业渔政管理局主要负责起草渔业发展政策、水产养殖监管、兽药残留监控、水产动物疫病管理、水产饲料监管等，这与泰国渔业局的监管职责基本一致。除此之外，在中国，国家市场监督管理总局还负责水产品市场综合监督管理，在泰国则由食品药品监督管理局及其下属部门食品局整体监管水产品。从中泰两国监管模式可以看出，在食品安全监管体系上都能达到决策有力、分工合理、沟通顺畅的效果。

12.5.3 进出口监管对比分析

食品进出口监管一般分为进口前监管、进口时监管和进口后监管。进口前监管主要包括食品企业资质审核和产品注册等管理措施；进口时监管主要通过检查和审批等制度，及时发现并纠正食品进口过程中出现的问题；

进口后监管是对产品上市后的监督过程，主要包括产品抽检、食品预警和食品安全教育等制度，确保消费者购买的食品符合食品安全和卫生等标准。

中国对于进口水产品的进口前监管相较于泰国更为严格。中国对于进口水产品有准入要求，只有在海关总署公布的"符合评估审查要求及有传统贸易的国家或地区输华食品目录"–"水产品"子目录中国家或地区的水产品才允许向中国出口；中国还要求向中国境内出口水产品的境外生产、加工、贮存企业（包括带有冷冻设施的捕捞渔船、运输船和加工船），应由所在国家（地区）主管当局向海关总署推荐注册，通过海关总署的注册后方可向中国出口。泰国对于进口水产品没有准入制度及境外企业注册要求，仅要求申请进口许可证、提供 GMP 证明文件及卫生证书等证明材料；对于预包装水产品要求进行产品备案。中泰两国都对水产品进口过程实施了严格的监督和检查制度。水产品进口后，中泰两国对市售食品均采取抽检制度。不同的是，中国对问题食品不仅进行违规处罚，还实行召回制度，泰国没有明确实施食品召回制度，只是规定了违法食品处置的措施。

Chapter 13

中国水产品进出口贸易情况分析及现代化治理展望

13.1 水产品进出口贸易总体情况

2023 年，中国水产品进出口总额 392.43 亿美元，同比下降 6.38%。其中，水产品出口总额 198.35 亿美元，同比下降 11.98%；水产品进口总额 194.08 亿美元，同比增长 0.13%。

2023 年，中国水产品进出口总量 857.08 万吨，同比增长 6.36%。其中，水产品出口总量 369.54 万吨，同比增长 0.16%；水产品进口总量 487.54 万吨，同比增长 11.59%。

从 2019—2023 年中国水产品进出口情况来看，水产品出口总量自 2020 年出现明显下降后，基本保持稳定，年度变化规模不大（图 13-1）；而水产品进口总量快速增长的情况受新冠病毒流行影响波动明显，2020—2021 年进口总量出现明显下降，2022—2023 年进口总量快速恢复到新冠病毒流行前水平（图 13-2）。

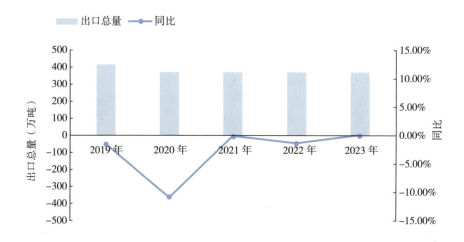

图 13-1　2019—2023 年中国出口水产品情况

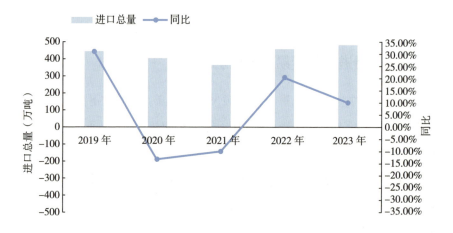

图 13-2　2019—2023 年中国进口水产品情况

13.2 水产品进出口结构情况

13.2.1 水产品出口结构

2023 年，中国水产品出口金额排名前五的产品分别为甲壳动物或软体动物制品、鱼制品、鱼片鱼肉、软体动物和冻鱼，出口金额分别为 47.32 亿美元、41.99 亿美元、33.23 亿美元、25.21 亿美元和 22.57 亿美元，分别占水产品贸易出口总额的 23.86%、21.17%、16.75%、12.71% 和 11.38%（图 13-3，表 13-1）。在 13 个品类中，只有其他水产罐头和藻类两类产品出口金额同比小幅增长，其余 11 个品类全部出现下降，其中软体动物出口金额同比下降 25.21%，鱼片鱼肉、鲜冷鱼和腌熏鱼同比下降超过 10%。

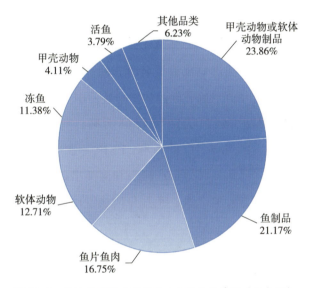

图 13-3　2023 年中国水产品出口主要品类情况（按金额）

表 13-1　2023 年中国水产品出口主要品类统计表（按金额）

品类	金额（亿美元）	金额同比	金额占比
甲壳动物或软体动物制品	47.32	−9.64%	23.86%
鱼制品	41.99	−9.52%	21.17%
鱼片鱼肉	33.23	−18.50%	16.75%
软体动物	25.21	−25.21%	12.71%
冻鱼	22.57	−0.28%	11.38%
甲壳动物	8.16	−1.31%	4.11%
活鱼	7.52	−2.36%	3.79%

续表

品类	金额（亿美元）	金额同比	金额占比
其他水产罐头	4.74	2.57%	2.39%
腌熏鱼	3.66	−12.97%	1.85%
鲜冷鱼	2.77	−17.07%	1.40%
其他水生动物及制品	0.64	−5.54%	0.32%
藻类	0.46	1.37%	0.23%
鱼粉	0.09	−52.30%	0.05%

2023 年，中国水产品出口重量排名前五的产品分别为鱼制品、冻鱼、鱼片鱼肉、软体动物和甲壳动物或软体动物制品，出口重量分别为 94.74 万吨、89.00 万吨、62.00 万吨、44.31 万吨和 43.65 万吨，分别占水产品出口总量的 25.64%、24.08%、16.78%、11.99% 和 11.81%（图 13-4、表 13-2）。在 13 个品类中，冻鱼、活鱼、其他水产罐头和藻类出口重量同比增长，其中冻鱼增幅明显，同比增长 31.28%；鱼片鱼肉、鲜冷鱼、腌熏鱼、软体动物同比下降超过 10%。

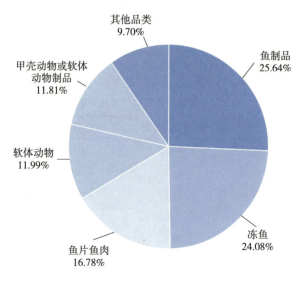

图 13-4 2023 年中国水产品出口主要品类情况（按重量）

表 13-2　2023 年中国水产品出口主要品类统计表（按重量）

品类	重量（万吨）	重量同比	重量占比
鱼制品	94.74	−1.49%	25.64%
冻鱼	89.00	31.28%	24.08%
鱼片鱼肉	62.00	−14.60%	16.78%
软体动物	44.31	−12.34%	11.99%
甲壳动物或软体动物制品	43.65	−3.01%	11.81%
活鱼	10.03	2.00%	2.71%
甲壳动物	8.76	−0.63%	2.37%
其他水产罐头	5.90	3.90%	1.60%
腌熏鱼	5.34	−13.13%	1.45%
鲜冷鱼	3.77	−14.58%	1.02%
藻类	1.14	10.60%	0.31%
其他水生动物及制品	0.66	−0.68%	0.18%
鱼粉	0.23	−4.95%	0.06%

13.2.2 水产品进口结构

　　2023 年，中国水产品进口金额排名前五的产品分别为甲壳动物、冻鱼、软体动物、鲜冷鱼和鱼片鱼肉，进口金额分别为 95.46 亿美元、47.99 亿美元、19.79 亿美元、11.66 亿美元和 5.11 亿美元，分别占水产品贸易进口总额的 49.19%、24.73%、10.19%、6.01% 和 2.63%（图 13-5、表 13-3）。在 13 个品类中，有 8 个品类进口金额同比增长，其中甲壳动物或软体动物制品、鲜冷鱼、鱼粉增幅明显，同比分别增长 50.41%、37.01% 和 27.90%；其他水生动物及制品等 5 个品类同比出现下降。

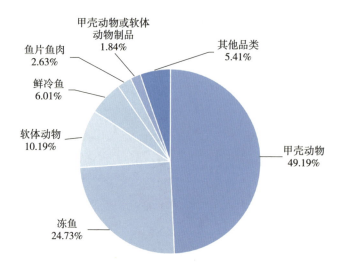

图 13-5　2023 年中国水产品进口主要品类情况（按金额）

表 13-3　2023 年中国水产品进口主要品类统计表（按金额）

品类	金额（亿美元）	金额同比	金额占比
甲壳动物	95.46	0.12%	49.19%
冻鱼	47.99	−5.89%	24.73%
软体动物	19.79	8.59%	10.19%
鲜冷鱼	11.66	37.01%	6.01%
鱼片鱼肉	5.11	−31.29%	2.63%
甲壳动物或软体动物制品	3.57	50.41%	1.84%
藻类	3.20	−18.75%	1.65%
腌熏鱼	2.95	12.81%	1.52%
活鱼	1.63	13.55%	0.84%
鱼制品	1.14	−0.22%	0.59%
其他水产罐头	0.86	10.59%	0.45%
其他水生动物及制品	0.67	−33.15%	0.35%
鱼粉	0.04	27.90%	0.02%

2023 年，中国水产品进口重量排名前五的产品分别为冻鱼、甲壳动物、软体动物、藻类和鱼片鱼肉，进口重量分别 238.35 万吨、124.35 万吨、55.35 万吨、19.72 万吨和 18.79 万吨，分别占水产品进口总量的 48.89%、25.51%、11.35%、4.04% 和 3.85%，同比分别增长 15.54%、增长 13.71%、增长 10.97%、增长 12.27%、下降 28.63%（图 13-6、表 13-4）。

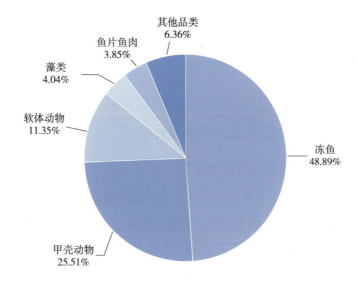

图 13-6　2023 年中国水产品进口主要品类情况（按重量）

表 13-4　2023 年中国水产品进口主要品类统计表（按重量）

品类	重量（万吨）	重量同比	重量占比
冻鱼	238.35	15.54%	48.89%
甲壳动物	124.35	13.71%	25.51%
软体动物	55.35	10.97%	11.35%
藻类	19.72	12.27%	4.04%
鱼片鱼肉	18.79	−28.63%	3.85%

续表

品类	重量（万吨）	重量同比	重量占比
鲜冷鱼	9.15	41.86%	1.88%
腌熏鱼	7.27	−10.07%	1.49%
甲壳动物或软体动物制品	6.12	86.59%	1.26%
活鱼	3.15	10.00%	0.65%
其他水生动物及制品	2.57	−35.23%	0.53%
鱼制品	2.17	−0.99%	0.45%
其他水产罐头	0.41	−21.05%	0.08%
鱼粉	0.14	19.06%	0.03%

13.3 水产品进出口区域分布及变化情况

13.3.1 出口区域分布及变化情况

2023 年，中国水产品出口到 195 个国家（地区）。按出口金额，排名前十的国家（地区）分别为日本、美国、韩国、马来西亚、中国香港、泰国、中国台湾、菲律宾、墨西哥和越南，合计占中国水产品出口总额的 71.99%（表 13–5）。按出口重量，排名前十的国家（地区）分别为日本、韩国、美国、泰国、菲律宾、中国香港、马来西亚、德国、印度尼西亚和墨西哥，合计占中国水产品出口总量的 61.79%（表 13–6）。

表 13–5　2023 年中国水产品主要出口目的国（地区）统计表（按金额）

序号	国家（地区）	金额（亿美元）	金额同比	金额占比
1	日本	33.02	−10.24%	16.65%
2	美国	20.12	−21.08%	10.15%
3	韩国	17.28	−5.13%	8.71%
4	马来西亚	15.43	−6.31%	7.78%
5	中国香港	14.97	−12.29%	7.55%

续表

序号	国家（地区）	金额（亿美元）	金额同比	金额占比
6	泰国	13.38	−21.24%	6.74%
7	中国台湾	11.28	−15.35%	5.69%
8	菲律宾	7.33	−26.48%	3.70%
9	墨西哥	5.16	−16.28%	2.60%
10	越南	4.81	−7.62%	2.42%

表 13-6　2023 年中国水产品主要出口目的国（地区）统计表（按重量）

序号	国家（地区）	重量（万吨）	重量同比	重量占比
1	日本	49.69	−6.33%	13.45%
2	韩国	40.06	2.69%	10.84%
3	美国	34.89	−13.95%	9.44%
4	泰国	19.08	−11.56%	5.16%
5	菲律宾	18.22	−7.68%	4.93%
6	中国香港	17.24	−6.64%	4.67%
7	马来西亚	15.02	−1.47%	4.06%
8	德国	11.81	−14.70%	3.19%
9	印度尼西亚	11.22	28.50%	3.04%
10	墨西哥	11.12	−6.15%	3.01%

13.3.2 进口区域分布及变化情况

　　2023 年，中国从 83 个国家（地区）进口水产品。按进口金额，排名前十的国家（地区）分别为厄瓜多尔、俄罗斯、加拿大、印度、美国、印度尼西亚、挪威、越南、秘鲁和泰国，合计占中国水产品进口总额的 72.48%（表 13-7）。按进口重量，排名前十的国家（地区）分别为俄罗斯、厄瓜多尔、印度尼西亚、印度、越南、美国、秘鲁、挪威、加拿大和巴基斯坦，合计占中国水产品进口总量的 79.32%（表 13-8）。

表 13-7　2023 年中国水产品主要进口来源国（地区）统计表（按金额）

序号	国家（地区）	金额（亿美元）	金额同比	金额占比
1	厄瓜多尔	35.64	0.06%	18.36%
2	俄罗斯	29.00	5.08%	14.94%
3	加拿大	13.41	9.32%	6.91%
4	印度	12.55	−0.57%	6.47%
5	美国	11.49	1.50%	5.92%
6	印度尼西亚	11.07	0.46%	5.70%
7	挪威	9.58	4.85%	4.94%
8	越南	7.95	−52.65%	4.10%
9	秘鲁	5.08	128.71%	2.61%
10	泰国	4.91	9.65%	2.53%

表 13-8　2023 年中国水产品主要进口来源国（地区）统计表（按重量）

序号	国家（地区）	重量（万吨）	重量同比	重量占比
1	俄罗斯	127.67	36.17%	26.19%
2	厄瓜多尔	70.37	22.31%	14.43%
3	印度尼西亚	38.72	4.34%	7.94%
4	印度	35.61	20.10%	7.30%
5	越南	30.71	−33.17%	6.30%
6	美国	28.83	2.88%	5.91%
7	秘鲁	17.41	308.28%	3.57%
8	挪威	15.60	−15.22%	3.20%
9	加拿大	11.64	12.62%	2.39%
10	巴基斯坦	10.20	21.22%	2.09%

13.4 部分省级行政区水产品进出口变化情况

13.4.1 部分省级行政区出口变化情况

2023 年，中国水产品出口金额最多的三个省级行政区分别为福建、山东和广东，出口金额分别为 73.04 亿美元、44.53 亿美元和 23.21 亿美元，同比分别下降 13.94%、下降 13.52% 和下降 19.06%。从重量看，出口重量最大的三个省级行政区分别为福建、山东和辽宁，出口重量分别为 98.90 万吨、88.38 万吨、56.27 万吨，同比分别增长 0.92%，下降 7.77% 和增长 18.13%（表13-9）。

表 13-9 2023 年中国部分省级行政区出口水产品统计表

省级行政区	金额（亿美元）	金额同比	金额排名	重量（万吨）	重量同比	重量排名
福建省	73.04	−13.94%	1	98.90	0.92%	1
山东省	44.53	−13.52%	2	88.38	−7.77%	2
广东省	23.21	−19.06%	3	44.75	−12.60%	5
辽宁省	22.18	−4.34%	4	56.27	18.13%	3
浙江省	18.56	1.96%	5	48.05	9.38%	4
海南省	4.29	−15.62%	6	16.23	8.18%	6
江苏省	3.03	−3.84%	7	3.68	3.05%	7
河北省	2.29	−9.55%	8	2.96	−4.36%	10
广西壮族自治区	1.76	−13.21%	9	3.40	−2.46%	8
吉林省	1.52	0.97%	10	3.39	4.07%	9
上海市	1.29	1.28%	11	0.95	9.85%	11
安徽省	0.57	−13.48%	12	0.44	−1.94%	14
江西省	0.54	−14.94%	13	0.32	3.41%	15
湖北省	0.39	−7.36%	14	0.46	−3.04%	13
天津市	0.25	9.29%	15	0.50	30.85%	12
湖南省	0.22	−68.44%	16	0.14	−78.71%	18
四川省	0.16	15.86%	17	0.07	−8.06%	19
贵州省	0.16	96.28%	18	0.18	4.78%	17
北京市	0.15	−12.29%	19	0.22	1.83%	16
云南省	0.10	−39.85%	20	0.07	−59.27%	20

续表

省级行政区	金额（亿美元）	金额同比	金额排名	重量（万吨）	重量同比	重量排名
青海省	0.04	−46.79%	21	0.04	−42.18%	22
黑龙江省	0.03	1370.44%	22	0.02	300.73%	24
陕西省	0.03	−1.68%	23	0.06	122.75%	21
新疆维吾尔自治区	0.02	−18.31%	24	0.03	−8.33%	23
内蒙古自治区	0.01	184.99%	25	0.01	121.38%	25
河南省	0.01	−29.75%	26	0.01	−36.36%	26
重庆市	0	−29.35%	27	0.01	−7.95%	27
甘肃省	0	−98.27%	28	0	−98.13%	28

13.4.2 部分省级行政区进口变化情况

2023 年，中国水产品进口金额最多的三个省级行政区分别为山东、广东和上海，进口金额分别为 40.57 亿美元、30.12 亿美元和 26.69 亿美元，同比分别下降 4.74%、下降 1.21%、增长 31.18%；从重量看，进口重量最大的三个省级行政区分别为山东、辽宁和广东，进口重量分别为 131.22 万吨、101.42 万吨、53.64 万吨，同比分别增长 1.27%、增长 84.28%、增长 14.87%。

表 13-10　2023 年中国部分省级行政区进口水产品统计表

省级行政区	金额（亿美元）	金额同比	金额排名	重量（万吨）	重量同比	重量排名
山东省	40.57	−4.74%	1	131.22	1.27%	1
广东省	30.12	−1.21%	2	53.64	14.87%	3
上海市	26.69	31.18%	3	22.03	23.87%	7
浙江省	19.74	2.32%	4	42.24	14.42%	5
辽宁省	17.71	13.49%	5	101.42	84.28%	2
福建省	15.44	0.74%	6	46.60	8.16%	4
北京市	9.71	−13.73%	7	17.97	−28.46%	8
天津市	8.69	−34.57%	8	22.43	−22.88%	6
吉林省	5.86	−13.36%	9	9.11	−44.69%	9
湖南省	5.61	12.29%	10	8.75	10.43%	10

续表

省级行政区	金额（亿美元）	金额同比	金额排名	重量（万吨）	重量同比	重量排名
江苏省	2.68	11.65%	11	5.70	13.57%	11
广西壮族自治区	1.84	−35.57%	12	4.71	−11.60%	12
河北省	1.68	−10.71%	13	4.19	−25.07%	13
云南省	1.58	30.66%	14	3.01	20.87%	14
重庆市	1.37	−38.41%	15	2.40	−27.19%	16
湖北省	1.08	110.61%	16	2.65	150.88%	15
四川省	0.85	174.46%	17	1.19	158.33%	20
河南省	0.64	24.19%	18	1.57	42.16%	18
贵州省	0.56	290.40%	19	1.25	358.99%	19
黑龙江省	0.43	−32.93%	20	0.89	−46.69%	21
新疆维吾尔自治区	0.33	−36.09%	21	2.13	46.82%	17
海南省	0.29	−5.10%	22	0.74	56.21%	23
安徽省	0.22	−8.72%	23	0.76	5.85%	22
陕西省	0.18	1808.38%	24	0.23	2194.78%	25
江西省	0.07	935.71%	25	0.23	627.39%	24
青海省	0.04	1678.79%	26	0.20	1861.75%	26
甘肃省	0.03	−20.92%	27	0.06	−6.33%	28
山西省	0.03	−52.29%	28	0.05	−59.23%	30
宁夏回族自治区	0.02	228.23%	29	0.10	627.41%	27
内蒙古自治区	0.01	826.88%	30	0.05	880.70%	29

13.5 出口主要国家（地区）水产品变化情况

13.5.1 出口日本主要水产品变化情况

2023 年，中国出口日本的主要水产品为鱼制品 13.61 万吨，同比下降 4.94%；鱼片鱼肉 11.26 万吨，同比下降 13.18%；甲壳动物或软体动物制品 9.62 万吨，同比下降 6.38%；软体动物 6.39 万吨，同比下降 12.54%；冻鱼 2.89 万吨，同比增长 14.89%；甲壳动物 1.70 万吨，同比下降 2.89%；其他水产罐头 1.45 万吨，同比下降 2.96%；腌熏鱼 1.00 万吨，同比增长 9.87%

（表 13-11）。

表 13-11 2023 年中国出口日本主要水产品统计表

品类	重量（万吨）	重量同比	金额（万美元）	金额同比
鱼制品	13.61	−4.94%	91288.76	−8.78%
鱼片鱼肉	11.26	−13.18%	69794.90	−14.99%
甲壳动物或软体动物制品	9.62	−6.38%	64237.47	−12.77%
软体动物	6.39	−12.54%	37064.15	−12.93%
冻鱼	2.89	14.89%	11073.81	−6.21%
甲壳动物	1.70	−2.89%	17172.50	−16.58%
其他水产罐头	1.45	−2.96%	10545.27	1.33%
腌熏鱼	1.00	9.87%	7172.91	−4.97%
活鱼	0.85	20.17%	18096.45	15.02%
藻类	0.73	17.78%	2021.27	28.38%
其他水生动物及制品	0.13	0.39%	1294.15	−11.88%
鲜冷鱼	0.06	9.48%	337.65	31.15%
鱼粉	0.01	50.71%	78.00	15.98%

13.5.2 出口韩国主要水产品变化情况

2023 年，中国出口韩国的主要水产品为软体动物 10.48 万吨，同比下降 2.37%；冻鱼 10.10 万吨，同比增长 4.58%；鱼制品 5.25 万吨，同比增长 5.51%；甲壳动物或软体动物制品 5.17 万吨，同比增长 16.41%；鱼片鱼肉 3.36 万吨，同比下降 9.48%；活鱼 2.48 万吨，同比增长 8.16%；甲壳动物 1.95 万吨，同比增长 0.07%（表 13-12）。

表 13-12 2023 年中国出口韩国主要水产品统计表

品类	重量（万吨）	重量同比	金额（万美元）	金额同比
软体动物	10.48	−2.37%	50029.54	−20.91%
冻鱼	10.10	4.58%	22028.31	3.42%

续表

品类	重量（万吨）	重量同比	金额(万美元）	金额同比
鱼制品	5.25	5.51%	16154.49	1.72%
甲壳动物或软体动物制品	5.17	16.41%	35143.50	13.32%
鱼片鱼肉	3.36	−9.48%	12114.44	−20.93%
活鱼	2.48	8.16%	16095.46	4.19%
甲壳动物	1.95	0.07%	9380.91	0.99%
腌熏鱼	0.82	10.25%	9637.50	15.64%
其他水产罐头	0.18	−21.15%	661.15	−9.44%
其他水生动物及制品	0.16	−4.95%	1214.57	−2.66%
鲜冷鱼	0.10	4.81%	271.48	5.27%
藻类	0.01	−29.98%	24.88	−16.89%
鱼粉	0.00		1.85	1848500.00%

13.5.3 出口美国主要水产品变化情况

2023 年，中国出口美国的主要水产品为鱼制品 14.65 万吨，同比下降 4.62%；鱼片鱼肉 9.03 万吨，同比下降 31.01%；甲壳动物或软体动物制品 3.55 万吨，同比下降 15.39%；软体动物 3.43 万吨，同比下降 17.81%；冻鱼 2.05 万吨，同比增长 65.07%（表 13–13）。

表 13–13　2023 年中国出口美国主要水产品统计表

品类	重量（万吨）	重量同比	金额（万美元）	金额同比
鱼制品	14.65	−4.62%	54935.02	−17.16%
鱼片鱼肉	9.03	−31.01%	61716.95	−32.44%
甲壳动物或软体动物制品	3.55	−15.39%	32706.53	−22.75%
软体动物	3.43	−17.81%	24176.08	−20.21%
冻鱼	2.05	65.07%	11537.12	56.19%
甲壳动物	0.89	24.26%	8299.15	22.36%

续表

品类	重量（万吨）	重量同比	金额（万美元）	金额同比
其他水产罐头	0.65	15.46%	4208.92	7.17%
腌熏鱼	0.47	−54.36%	2164.02	−56.03%
其他水生动物及制品	0.10	−0.78%	853.65	−21.68%
鲜冷鱼	0.02	5.19%	403.40	22.36%
藻类	0.02	−8.05%	231.63	−9.51%
活鱼	0.00		0.09	

13.5.4 出口泰国主要水产品变化情况

2023 年，中国出口泰国的主要水产品为冻鱼 6.16 万吨，同比下降 13.81%；甲壳动物或软体动物制品 4.94 万吨，同比下降 1.21%；鱼制品 4.39 万吨，同比增长 1.62%；软体动物 3.06 万吨，同比下降 31.27%（表 13–14）。

表 13–14　2023 年中国出口泰国主要水产品统计表

品类	重量（万吨）	重量同比	金额（万美元）	金额同比
冻鱼	6.16	−13.81%	11772.67	−33.66%
甲壳动物或软体动物制品	4.94	−1.21%	62824.39	−11.10%
鱼制品	4.39	1.62%	35441.72	−4.40%
软体动物	3.06	−31.27%	18759.21	−51.82%
其他水产罐头	0.21	−4.86%	3109.90	1.96%
鱼片鱼肉	0.17	−33.08%	982.49	−34.71%
藻类	0.08	−22.99%	226.02	−32.89%
腌熏鱼	0.03	44.21%	122.73	3.70%
甲壳动物	0.02	−37.74%	470.52	19.74%
其他水生动物及制品	0.00	−31.85%	71.98	76.67%
活鱼	0.00	865.15%	4.06	2882.35%

13.5.5 出口菲律宾主要水产品变化情况

　　2023 年，中国出口菲律宾的主要水产品为冻鱼 11.19 万吨，同比下降 0.94%；软体动物 2.83 万吨，同比下降 22.00%；鱼片鱼肉 2.01 万吨，同比下降 15.13%；鱼制品 1.47 万吨，同比下降 0.90%（表 13-15）。

表 13-15　2023 年中国出口菲律宾主要水产品统计表

品类	重量（万吨）	重量同比	金额（万美元）	金额同比
冻鱼	11.19	−0.94%	27349.63	−24.35%
软体动物	2.83	−22.00%	17231.49	−34.16%
鱼片鱼肉	2.01	−15.13%	11690.32	−14.11%
鱼制品	1.47	−0.90%	7474.51	−10.40%
甲壳动物或软体动物制品	0.60	−32.61%	7882.85	−45.94%
甲壳动物	0.09	154.99%	1391.47	159.37%
其他水产罐头	0.01	82.68%	126.75	77.89%
腌熏鱼	0.01	−42.37%	119.09	−43.33%
其他水生动物及制品	0.01	11.54%	57.30	−10.73%
藻类	0.00	91.82%	14.30	48.58%
活鱼	0.00		0.59	

13.5.6 出口中国香港主要水产品变化情况

　　2023 年，中国内地出口中国香港的主要水产品为活鱼 4.55 万吨，同比下降 9.93%；软体动物 2.23 万吨，同比下降 0.02%；鱼制品 2.04 万吨，同比下降 2.73%；冻鱼 2.01 万吨，同比下降 6.10%；甲壳动物或软体动物制品 1.93 万吨，同比下降 10.41%；鲜冷鱼 1.88 万吨，同比下降 16.93%；甲壳动物 1.11 万吨，同比增长 12.81%（表 13-16）。

表 13-16　2023 年中国内地出口中国香港主要水产品统计表

品类	重量（万吨）	重量同比	金额（万美元）	金额同比
活鱼	4.55	−9.93%	31584.47	−13.57%
软体动物	2.23	−0.02%	24291.60	−6.13%
鱼制品	2.04	−2.73%	14533.08	−18.85%
冻鱼	2.01	−6.10%	13596.30	−18.03%
甲壳动物或软体动物制品	1.93	−10.41%	25668.38	−17.39%
鲜冷鱼	1.88	−16.93%	13664.29	−18.07%
甲壳动物	1.11	12.81%	14964.73	10.88%
鱼片鱼肉	0.88	−5.93%	5729.84	−2.82%
鱼粉	0.22	−6.56%	816.08	−55.05%
其他水生动物及制品	0.16	9.07%	1529.10	4.37%
其他水产罐头	0.11	10.46%	1342.47	5.63%
腌熏鱼	0.11	−2.00%	1974.03	−2.53%
藻类	0.01	−27.87%	54.30	−38.20%

13.5.7 出口马来西亚主要水产品变化情况

2023 年，中国出口马来西亚的主要水产品为甲壳动物或软体动物制品 6.97 万吨，同比增长 5.82%；鱼制品 3.39 万吨，同比下降 1.81%；冻鱼 3.21 万吨，同比增长 0.99%（表 13-17）。

表 13-17　2023 年中国出口马来西亚主要水产品统计表

品类	重量（万吨）	重量同比	金额（万美元）	金额同比
甲壳动物或软体动物制品	6.97	5.82%	107816.12	−1.80%
鱼制品	3.39	−1.81%	23638.38	−7.81%
冻鱼	3.21	0.99%	12079.74	−6.92%

续表

品类	重量（万吨）	重量同比	金额（万美元）	金额同比
软体动物	0.97	−35.22%	6046.13	−44.90%
鱼片鱼肉	0.34	−14.63%	1825.50	−20.05%
其他水产罐头	0.05	16.13%	896.31	8.14%
甲壳动物	0.05	0.15%	1483.02	−12.91%
腌熏鱼	0.02	11.30%	213.82	−10.99%
活鱼	0.01	43.10%	194.49	53.40%
藻类	0.01	19.10%	43.57	23.49%
其他水生动物及制品	0.00	−65.86%	36.72	−42.32%

13.5.8 出口德国主要水产品变化情况

2023 年，中国出口德国的主要水产品为鱼片鱼肉 11.40 万吨，同比下降 15.07%（表 13−18）。

表 13−18　2023 年中国出口德国主要水产品统计表

品类	重量（万吨）	重量同比	金额（万美元）	金额同比
鱼片鱼肉	11.40	−15.07%	44247.80	−18.70%
软体动物	0.14	−22.28%	513.26	−27.13%
鱼制品	0.11	3.96%	1739.45	−11.91%
其他水产罐头	0.08	2.62%	729.98	−7.14%
冻鱼	0.04	107.79%	132.81	99.04%
甲壳动物或软体动物制品	0.02	22.63%	280.19	−5.11%
甲壳动物	0.01	−7.08%	154.46	8.01%
腌熏鱼	0.00	18.37%	12.33	37.67%
藻类	0.00	−0.92%	3.81	7.33%

13.5.9 出口印度尼西亚主要水产品变化情况

2023 年，中国出口印度尼西亚的主要水产品为冻鱼 10.08 万吨，同比增长 33.39%（表 13-19）。

表 13-19　2023 年中国出口印度尼西亚主要水产品统计表

品类	重量（万吨）	重量同比	金额（万美元）	金额同比
冻鱼	10.08	33.39%	17415.69	7.05%
鱼制品	0.50	3.34%	1016.06	−24.44%
软体动物	0.45	−0.78%	3139.46	−19.69%
甲壳动物或软体动物制品	0.10	−34.60%	1820.57	−40.37%
鱼片鱼肉	0.04	−16.23%	280.53	−23.68%
其他水产罐头	0.03	17.56%	478.51	7.69%
藻类	0.01	404.32%	85.64	1198.52%
腌熏鱼	0.00	127.26%	37.37	67.98%
甲壳动物	0.00	184.35%	7.44	115.64%
其他水生动物及制品	0.00		0.18	

13.5.10 出口墨西哥主要水产品变化情况

2023 年，中国出口墨西哥的主要水产品为鱼制品 8.92 万吨，同比下降 14.11%；甲壳动物或软体动物制品 1.00 万吨，同比增长 40.57%（表 13-20）。

表 13-20　2023 年中国出口墨西哥主要水产品统计表

品类	重量（万吨）	重量同比	金额（万美元）	金额同比
鱼制品	8.92	−14.11%	27339.03	−35.96%
甲壳动物或软体动物制品	1.00	40.57%	19975.58	31.45%
鱼片鱼肉	0.40	84.67%	1378.13	39.34%
软体动物	0.40	−0.43%	1714.02	−14.80%

品类	重量（万吨）	重量同比	金额（万美元）	金额同比
冻鱼	0.37	274.98%	826.54	261.55%
其他水产罐头	0.01	3.72%	202.81	11.96%
腌熏鱼	0.00	−45.07%	18.03	−45.13%
藻类	0.00	−69.93%	73.65	−72.01%
甲壳动物	0.00		34.88	

13.6 进口主要国家（地区）水产品变化情况

13.6.1 进口俄罗斯主要水产品变化情况

2023 年，中国进口俄罗斯的主要水产品为冻鱼 119.80 万吨，同比增长 35.22%；甲壳动物 4.66 万吨，同比增长 67.47%；鱼片鱼肉 2.77 万吨，同比增长 258.15%（表 13-21）。

表 13-21　2023 年中国进口俄罗斯主要水产品统计表

品类	重量（万吨）	重量同比	金额（万美元）	金额同比
冻鱼	119.80	35.22%	157705.24	−11.16%
甲壳动物	4.66	67.47%	122458.11	38.14%
鱼片鱼肉	2.77	258.15%	6033.04	149.87%
软体动物	0.36	−74.73%	3175.90	−47.14%
甲壳动物或软体动物制品	0.03	−16.47%	455.27	−51.69%
其他水生动物及制品	0.02	−85.79%	46.98	−82.92%
腌熏鱼	0.01	−41.21%	39.34	−70.50%
鱼制品	0.01	31.14%	61.22	54.98%
鲜冷鱼	0.01	810.27%	22.79	606.71%

13.6.2 进口厄瓜多尔主要水产品变化情况

2023 年，中国进口厄瓜多尔的主要水产品为甲壳动物 69.79 万吨，同比增长 23.61%（表 13-22）。

表 13-22　2023 年中国进口厄瓜多尔主要水产品统计表

品类	重量（万吨）	重量同比	金额（万美元）	金额同比
甲壳动物	69.79	23.61%	355089.14	0.23%
冻鱼	0.56	−47.58%	1240.61	−34.09%
软体动物	0.02	407.98%	27.88	467.38%
甲壳动物或软体动物制品	0.00	−57.01%	5.78	−57.02%

13.6.3 进口印度尼西亚主要水产品变化情况

2023 年，中国进口印度尼西亚的主要水产品为藻类 18.34 万吨，同比增长 14.05%；软体动物 9.03 万吨，同比下降 0.28%；冻鱼 7.82 万吨，同比下降 7.09%；甲壳动物 2.41 万吨，同比下降 4.19%（表 13-23）。

表 13-23　2023 年中国进口印度尼西亚主要水产品统计表

品类	重量（万吨）	重量同比	金额（万美元）	金额同比
藻类	18.34	14.05%	25869.63	−19.29%
软体动物	9.03	−0.28%	37851.12	20.44%
冻鱼	7.82	−7.09%	19180.80	8.48%
甲壳动物	2.41	−4.19%	21404.05	−0.83%
其他水生动物及制品	0.45	15.94%	1040.33	28.47%
鱼片鱼肉	0.28	31.52%	889.86	45.19%
腌熏鱼	0.15	43.98%	1777.82	−43.24%
活鱼	0.09	−49.42%	946.45	−22.31%
甲壳动物或软体动物制品	0.08	1.60%	995.84	−3.35%
鲜冷鱼	0.05	−35.07%	591.32	−3.19%
鱼制品	0.02	408.95%	168.71	263.03%

13.6.4 进口印度主要水产品变化情况

2023 年，中国进口印度的主要水产品为冻鱼 16.65 万吨，同比增长 29.68%；甲壳动物 14.61 万吨，同比增长 3.81%；软体动物 3.33 万吨，同比增长 47.99%（表 13–24）。

表 13–24　2023 年中国进口印度主要水产品统计表

品类	重量（万吨）	重量同比	金额（万美元）	金额同比
冻鱼	16.65	29.68%	30279.78	34.60%
甲壳动物	14.61	3.81%	83913.53	−13.08%
软体动物	3.33	47.99%	8316.69	50.76%
鱼片鱼肉	0.74	157.53%	1955.70	103.21%
其他水生动物及制品	0.16	69.63%	269.45	90.38%
鲜冷鱼	0.06	75.47%	527.53	110.58%
鱼制品	0.03	−16.67%	137.47	−16.31%
甲壳动物或软体动物制品	0.02	−23.70%	92.35	−37.41%
活鱼	0.00	78.01%	5.50	82.58%

13.6.5 进口越南主要水产品变化情况

2023 年，中国进口越南的主要水产品为鱼片鱼肉 12.81 万吨，同比下降 43.74%；冻鱼 7.48 万吨，同比增长 1.19%；腌熏鱼 6.21 万吨，同比下降 14.18%；甲壳动物 1.99 万吨，同比下降 63.72%；软体动物 1.78 万吨，同比下降 35.99%（表 13–25）。

表 13–25　2023 年中国进口越南主要水产品统计表

品类	重量（万吨）	重量同比	金额（万美元）	金额同比
鱼片鱼肉	12.81	−43.74%	27871.75	−50.30%
冻鱼	7.48	1.19%	12539.71	−21.38%
腌熏鱼	6.21	−14.18%	19895.70	4.32%
甲壳动物	1.99	−63.72%	12114.27	−82.22%

品类	重量（万吨）	重量同比	金额（万美元）	金额同比
软体动物	1.78	−35.99%	5779.63	−27.16%
鱼制品	0.32	46.27%	469.62	49.06%
甲壳动物或软体动物制品	0.11	62.94%	774.82	84.67%
活鱼	0.01	147833.33%	38.43	102379.47%
藻类	0.00	−48.52%	15.50	7.07%
其他水生动物及制品	0.00	−36.87%	10.48	−30.83%
其他水产罐头	0.00	−94.64%	0.55	−95.44%

13.6.6 进口美国主要水产品变化情况

2023 年，中国进口美国的主要水产品为冻鱼 22.16 万吨，同比增长 3.36%；软体动物 4.12 万吨，同比下降 8.54%；甲壳动物 1.47 万吨，同比增长 94.09%；鱼片鱼肉 1.03 万吨，同比下降 18.98%（表 13-26）。

表 13-26　2023 年中国进口美国主要水产品统计表

品类	重量（万吨）	重量同比	金额（万美元）	金额同比
冻鱼	22.16	3.36%	52825.27	−13.38%
软体动物	4.12	−8.54%	22522.71	−4.83%
甲壳动物	1.47	94.09%	35653.25	62.34%
鱼片鱼肉	1.03	−18.98%	3084.23	−44.43%
腌熏鱼	0.02	74.36%	139.71	95.74%
甲壳动物或软体动物制品	0.01	−0.39%	484.58	−24.88%
鱼制品	0.01	134.89%	77.16	75.27%
其他水生动物及制品	0.00	−81.14%	40.58	−85.77%
鲜冷鱼	0.00		81.15	
其他水产罐头	0.00	90.91%	0.14	293.79%
藻类	0.00		0.06	97.40%

13.6.7 进口秘鲁主要水产品变化情况

2023 年，中国进口秘鲁的主要水产品为软体动物 11.56 万吨，同比增长 690.44%；甲壳动物或软体动物制品 3.88 万吨，同比增长 300.12%；甲壳动物 1.50 万吨，同比增长 12.25%（表 13–27）。

表 13–27　2023 年中国进口秘鲁主要水产品统计表

品类	重量（万吨）	重量同比	金额（万美元）	金额同比
软体动物	11.56	690.44%	23075.40	625.92%
甲壳动物或软体动物制品	3.88	300.12%	12392.50	309.69%
甲壳动物	1.50	12.25%	7518.53	−8.60%
冻鱼	0.48	−3.72%	7764.24	0.63%
鱼片鱼肉	0.00		0.06	

13.6.8 进口挪威主要水产品变化情况

2023 年，中国进口挪威的主要水产品为冻鱼 11.02 万吨，同比下降 28.68%；鲜冷鱼 3.97 万吨，同比增长 67.81%（表 13–28）。

表 13–28　2023 年中国进口挪威主要水产品统计表

品类	重量（万吨）	重量同比	金额（万美元）	金额同比
冻鱼	11.02	−28.68%	36313.16	−28.69%
鲜冷鱼	3.97	67.81%	54138.43	46.94%
腌熏鱼	0.27	−12.98%	504.99	6.07%
鱼片鱼肉	0.19	54.55%	2902.82	82.30%
甲壳动物	0.11	−11.18%	1654.31	21.35%
甲壳动物或软体动物制品	0.02	73.93%	249.58	56.61%
鱼粉	0.00	1003.66%	23.27	699.47%
鱼制品	0.00	−2.42%	17.20	−2.48%
软体动物	0.00		6.44	

13.6.9 进口加拿大主要水产品变化情况

2023 年，中国进口加拿大的主要水产品为甲壳动物 7.34 万吨，同比增长 13.14%；冻鱼 2.97 万吨，同比增长 13.52%（表 13-29）。

表 13-29　2023 年中国进口加拿大主要水产品统计表

品类	重量（万吨）	重量同比	金额（万美元）	金额同比
甲壳动物	7.34	13.14%	106513.58	10.30%
冻鱼	2.97	13.52%	12005.70	12.40%
软体动物	0.77	8.40%	11227.66	2.06%
其他水生动物及制品	0.40	1.19%	1771.62	7.20%
甲壳动物或软体动物制品	0.12	34.87%	2118.79	−5.71%
鲜冷鱼	0.02	−12.13%	233.61	−17.98%
腌熏鱼	0.02	−18.44%	162.25	−9.09%
鱼片鱼肉	0.01	252.80%	35.96	19.37%
活鱼	0.00	299.00%	1.98	213.58%
鱼制品	0.00		5.78	
藻类	0.00		0.47	
其他水产罐头	0.00		0.02	

13.6.10 进口巴基斯坦主要水产品变化情况

2023 年，中国进口巴基斯坦的主要水产品为冻鱼 5.16 万吨，同比增长 30.54%；软体动物 2.11 万吨，同比增长 29.64%；甲壳动物 1.32 万吨，同比增长 14.19%；甲壳动物或软体动物制品 1.00 万吨，同比下降 26.72%（表 13-30）。

表 13-30　2023 年中国进口巴基斯坦主要水产品统计表

品类	重量（万吨）	重量同比	金额（万美元）	金额同比
冻鱼	5.16	30.54%	8525.31	4.12%
软体动物	2.11	29.64%	5485.79	40.72%
甲壳动物	1.32	14.19%	7481.77	15.45%
甲壳动物或软体动物制品	1.00	−26.72%	2010.71	−24.69%
其他水生动物及制品	0.36	150.42%	517.86	165.25%
鱼片鱼肉	0.22	43.42%	506.58	32.58%
腌熏鱼	0.02	75.09%	222.46	87.95%
鲜冷鱼	0.00		42.39	

13.7　中国水产品进出口风险管理分析及现代化治理展望

13.7.1 中国水产品进出口监管面临的形势

2023 年，中国水产品进出口总额为 392.43 亿美元，比 2022 年下降 6.38%，其中出口总额为 198.35 亿美元，下降 11.98%，进口总额为 194.08 亿美元，增长 0.13%。水产品进出口总量达 857.08 万吨，增长 6.36%，其中出口总量为 369.54 万吨，增长 0.16%，进口总量为 487.54 万吨，增长 11.59%。

出口方面：2023 年，出口金额排名前三的水产品分别为甲壳动物或软体动物制品、鱼制品和鱼片鱼肉，分别占出口总额的 23.86%、21.17% 和 16.75%；出口重量排名前三的产品分别为鱼制品、冻鱼和鱼片鱼肉，分别占出口总量的 25.64%、24.08% 和 16.78%。 出口金额排名前三的国家分别为日本、美国和韩国，分别占出口总额的 16.65%、10.15% 和 8.71%；出口重量排名前三的国家分别为日本、韩国和美国，分别占出口总量的 13.45%、10.84% 和 9.44%。

进口方面：2023 年，进口金额排名前三的水产品分别为甲壳动物、冻鱼和软体动物，分别占进口总额的 49.19%、24.73% 和 10.19%；进口重量排名前三的产品分别为冻鱼、甲壳动物和软体动物，分别占进口总量的 48.89%、25.51% 和 11.35%。进口金额排名前三的国家分别为厄瓜多尔、俄罗斯和加拿大，分别占进口总额的 18.36%、14.94% 和 6.91%；进口重量排名前三的国家分别为俄罗斯、厄瓜多尔和印度尼西亚，分别占进口总量的 26.19%、14.43% 和 7.94%。

13.7.2 中国水产品进出口监管存在的主要风险

1. 食品安全风险

进口水产品必须符合中国法律法规和食品安全国家标准要求，同时要符合中国与输出国家或地区签订的相关协议、议定书、备忘录等规定的检验检疫要求和贸易合同注明的检疫要求。进口预包装水产品的中文标签还必须符合中国的相关法律、行政法规、规章的规定以及国家技术规范的强制性要求。如果进口水产品不符合上述要求，可能存在食品安全隐患。例如，海关总署数据显示，2023 年，中国共有 2358 批次食品不符合要求未准入境，其中包括 528 批次水产品及水产制品，占比 22.39%。未准入境水产品多被检出一到两项不合格原因。其中，未获检验检疫准入出现频次最高，为 180 次，占 31.86%，货证不符是第二大原因，占 27.79%。

2. 疫情疫病风险

防止动物疫情传入传出是中国进出口水产品监管的重要内容之一。监管措施包括对安全卫生风险较高的进口水产品实行检疫审批制度，以及对进口水产品实施现场检验检疫。例如，根据海关总署发布的 2024 年 4 月全国未准入境食品化妆品信息，从越南进口的多批次冻熟带头黑虎虾中检出了动物疫病；2024 年 6 月，有 6 批次进口水产品因检出动物疫病而被禁止入境。

3. 有毒有害物质风险

监管要求对进口水产品进行检验或监测，以防控致病性微生物、重金属、农兽药残留超标等风险。例如，根据海关总署发布的 2024 年 4 月全国未准入境食品化妆品信息，多批次南美白虾检出食品添加剂超标。检出问题的南美白虾主要产自厄瓜多尔、秘鲁和印度，包括带头带壳以及去头带壳种类。这些南美白虾主要存在超限量使用食品添加剂焦亚硫酸钠、超限量使用食品添加剂磷酸及磷酸盐、污秽腐败等问题。

4. 监管政策变化风险

监管政策的变化可能会影响水产品的进出口流程和要求。例如，为全面防范日本福岛核污染水排海对食品安全造成的放射性污染风险，保护中国消费者健康，确保进口食品安全，海关总署决定自 2023 年 8 月 24 日（含）起全面暂停进口原产地为日本的水产品（含食用水生动物）。

13.7.3 对中国水产品进出口现代化治理展望

1. 实施全链条管理

源头至消费者的全链条管理是确保水产品质量安全的关键。从水产品的养殖、捕捞、生产、加工、储存、运输、销售，到消费者的餐桌，每一个环节都需要严格地管理和监控。包括但不限于：选择优质的养殖或捕捞地，保证水产品的原始质量；采用科学的生产和加工方法，防止水产品在生产和加工过程中的污染；建立严格的储存和运输体系，确保水产品在储存和运输过程中的新鲜度和安全性；对销售环节实施严格的管理，包括对销售场所的卫生管理，对销售人员的健康管理等。

2. 深化 GMP 和 HACCP 的应用

GMP 和 HACCP 是两种在食品生产和加工过程中广泛应用的管理体系。GMP 强调的是生产过程的管理，包括设备、人员、环境、物料、生产过程等方面的管理，其目的是保证生产过程的合规性和标准化，从而保证产品的质量。HACCP 则是一种以预防为主，科学分析食品生产过程中可能出现的危害，并在可能出现危害的关键环节进行控制，以保证食品安全的管理体系。对于水产品企业来说，应该结合自身的实际情况，建立和完善 GMP

和 HACCP 体系，从而提高水产品的质量和安全性。

3. 加强食品安全防护

食品安全防护与 GMP、HACCP 的区别是，GMP、HACCP 是用来防范生产和加工过程中可能的风险，而食品安全防护是用来防止食品遭受人为因素带来的风险。对于食品安全防护，主要的措施应包括：增加关键区域的安保措施，如在仓库等重点区域加装摄像头、增加保安等；强化对有毒有害物质的管理，如有毒试剂要上锁、规范领用和归还制度、重点区域双人双锁等。同时，要尽可能缓和劳资关系，倡导用沟通解决问题。

附　　录

附录1　进口水产品境外生产企业注册条件及对照检查要点

填表说明：

1. 根据《中华人民共和国进口食品境外生产企业注册管理规定》（海关总署令第 248 号），向中国申请注册的境外水产品生产企业，其卫生条件应当符合中国法律法规和标准规范的有关规定，符合输华水产品检验检疫议定书要求。本表供进口水产品境外主管官方根据所列主要条件及依据，对照审查要点对水产品生产企业开展官方检查；同时，境外水产品生产企业根据所列主要条件及依据，填报并提交证明性材料，对照审查要点也可开展自我检查，用于企业申请注册前的自我评估。

2. 境外主管官方及境外水产品生产企业应根据对照检查的实际情况如实做出符合性判定。

3. 提交材料应用中文或英文填写，内容真实完整，附件应当进行编号，附件编号及内容应与"填报要求及证明材料"栏中的项目编号及内容准确对应，同时提交证明材料附件目录。

4. "水产品"指供人类食用的水生动植物产品及其制品，包括水母类、软体类、甲壳类、棘皮类、头索类、鱼类、两栖类、爬行类、水生哺乳类动物等水生动物产品及其制品，以及藻类等海洋植物产品及其制品，不包括活水生动物及水生动植物繁殖材料。

项目	条件及依据	填报要求及证明材料	审核要点	符合性判定	备注
		1. 企业基本情况			
1. 企业基本情况	1.《中华人民共和国进口食品境外生产企业注册管理规定》(海关总署令第248号)第五条、第六条、第七条、第八条。 2.《中华人民共和国进出口食品安全管理办法》(海关总署令第249号)。 3. 申请国主管当局与海关总署签订的输华水产品检验检疫管理协定书。	1.1 填写进口水产品境外生产企业基础信息表。	1. 企业应如实填报信息,基本信息应与出口国主管部门提交的信息一致,应与实际生产加工情况一致。 2. 拟输华水产品应符合输华水产品检验检疫相关协议、议定书、备忘录等规定的产品范围。 3. 人力资源(企业和官方)应能满足企业生产加工和官方检验检疫监管的要求。 4. 制冷储存能力应满足连续生产储存冷冻/冰鲜水产品的能力。	□符合 □不符合	
		2. 企业位置与车间布局			
2.1 选址及厂区环境	1.《食品安全国家标准 食品生产通用卫生规范》(GB 14881)中 3.1、3.2。 2.《食品安全国家标准 水产制品生产卫生规范》(GB 20941)中 3.1、3.2。	2.1.1 提供厂区平面图,标明不同作业区域名称。 2.1.2 提供厂区所处地区环境的图片,图片中应标明周围周边环境信息(市区、郊区、工业、农业和居民区)。	1. 厂区布局满足生产加工需要。 2. 厂区周围无污染源。	□符合 □不符合	
2.2 车间布局	1.《食品安全国家标准 食品生产通用卫生规范》(GB 14881)中 4.1。 2.《食品安全国家标准 水产制品生产卫生规范》(GB 20941)中 4.1。	2.2 提供车间平面图,标注人流、物流、水流、加工流程、不同清洁区域。	1. 车间布局应合理,满足生产加工要求,避免交叉污染。	□符合 □不符合	

续表

项目	条件及依据	填报要求及证明材料	审核要点	符合性判定	备注
		3. 设施设备			
3.1 生产加工设备	1.《食品安全国家标准　食品生产通用卫生规范》（GB 14881）中 5.2.1。 2.《食品安全国家标准　水产制品生产卫生规范》（GB 20941）中 5.2.1。	3.1 提供主要设备设施清单，及设计加工能力。	1. 企业应配备与生产能力相适应的生产设备。	□符合 □不符合	
3.2 仓储设施	1.《食品安全国家标准　食品生产通用卫生规范》（GB 14881）中 10。 2.《食品安全国家标准　水产制品生产卫生规范》（GB 20941）中 10.2。	3.2 如有冷库，请描述温度控制要求及监测方式。（如适用）	1. 仓储设施能满足产品储存温度要求。	□符合 □不符合	
		4. 水／冰／蒸汽			
4.1 生产加工用水／蒸汽／冰（如适用）	1.《生活饮用水卫生标准》（GB 5749）。 2.《食品安全国家标准　水产制品生产卫生规范》（GB 20941）中 5.1.1。 3.《食品安全国家标准　食品生产通用卫生规范》（GB 14881）中 5.1.1。	4.1.1 提供自备水源或二次供水设施照片，并说明是否有专人负责、上锁等食品防护措施。（如适用） 4.1.2 提供生产加工用水以及与食品直接接触的冰（适用时）的监控计划、方法、频率、检测项目、方法、频率、记录、检测结果和最近 2 次的检测报告。 4.1.3 提供生产直接与食品接触的蒸汽时使用的锅炉添加剂，并说明其是否符合食品生产加工要求。	1. 生产用水监控计划应覆盖工厂内所有出水口。 2. 项目、方法是否符合《生活饮用水卫生标准》（GB 5749）要求。 3. 二次供水设施制定实施卫生控制程序，具备适当的食品防护措施。 4. 生产直接与食品接触的蒸汽时使用的锅炉添加剂应符合食品生产加工要求。	□符合 □不符合 □不适用	

项目	条件及依据	填报要求及证明材料	审核要点	符合性判定	备注
		5. 原辅料和包装材料			
5.1 原辅料验收	1.《食品安全国家标准 食品生产通用卫生规范》（GB 14881）中 7。 2.《食品安全国家标准 水产制品生产卫生规范》（GB 20941）中 7。	5.1 提供原料、添加剂的验收措施，包括验收标准、验收方式。	1. 原料、添加剂验收标准符合中国的法规和标准要求。	□符合 □不符合	
5.2 原料来源	1.《食品安全国家标准 水产制品生产卫生规范》（GB 20941）中 7.2。 2. 以水产动物内脏、卵、皮、鳍、鳞、骨、壳等非肌肉组织作为水产制品原料的，应符合《食品安全国家标准 冻动物性水产品》（GB 2733）。 3. 动物性水产制品的原料应符合《食品安全国家标准 鲜、冻动物性水产品》（GB 2733）。 4. 藻类制品的原料应符合《食品安全国家标准 藻类及其制品》（GB 19643）。 5.《食品安全国家标准 食品中致病菌限量》（GB 29921）表 1。 6.《动物性水产制品》（GB 10136）中 3.6、3.7。	5.2.1 若原料为自身带有生物毒素的水产制品原料或生食水产品原料，请提供最近一次的检测报告。（适用时） 5.2.2 若原料为捕捞渔船、捕捞渔船官方对渔船种的许可证明文件及捕捞方式说明。（适用时） 5.2.3 若为养殖原料，提供养殖场的资质证明。（适用时）	1. 对双壳贝类、河鲀等自身带有生物毒素的水产制品原料应进行验收和处理，确保原料的安全性。 2. 所使用原料应符合输华水产品检验检疫相关协议、议定书、备忘录等规定要求。	□符合 □不符合 □不适用	

续表

项目	条件及依据	填报要求及证明材料	审核要点	符合性判定	备注
5.3 双壳贝类原料（适用时）	1.《食品安全国家标准 水产制品生产卫生规范》（GB 20941）中 7.2。 2.《食品安全国家标准 食品中致病菌限量》（GB 29921）表 1。 3.《食品安全国家标准 动物性水产制品》（GB 10136）中 3.6、3.7。	5.3.1 提供贝类原料来源的海域位置说明及双壳贝类获捕者的官方许可证明。 5.3.2 提供贝类原料的净化处理方。 5.3.3 提供贝类原料贝类毒素监控措施。	1. 双壳贝类应来自官方允许的养殖或捕捞水域，并在必要时进行净化。贝类原料的养殖者或捕捞者应有官方主管机构的许可证。 2. 定期对贝类原料进行贝类毒素检测，验证原料安全性。	□符合 □不符合 □不适用	
5.4 食品添加剂（适用时）	1.《食品安全国家标准 食品生产通用卫生规范》（GB 14881）中 7.3。 2.《食品安全国家标准 水产制品生产卫生规范》（GB 20941）中 7.3。 3.《食品安全国家标准 食品添加剂使用标准》（GB 2760）。	5.4 生产加工中使用的食品添加剂清单（包括名称、用途、添加量等）。	1. 生产所使用食品添加剂符合中国对食品添加剂的使用规定。	□符合 □不符合 □不适用	
5.5 包装材料	1.《食品安全国家标准 食品生产通用卫生规范》（GB 14881）中 8.5。 2.《食品安全国家标准 水产制品生产卫生规范》（GB 20941）中 8.5。 3. 相关双边检验检疫协议、备忘录及证定书。	5.5.1 提供内外包装材料适合产品包装的证明材料。 5.5.2 提供拟输往中国的成品标签样式。	1. 包装材料在特定贮存和使用条件下不影响食品的安全和产品特性。 2. 包装标识应符合双边检验检疫协议、备忘录及证定书要求。	□符合 □不符合	

续表

6. 生产加工控制

项目	条件及依据	填报要求及证明材料	审核要点	符合性判定	备注
6.1 HACCP体系建立及运行情况	1.《食品安全国家标准 水产制品生产卫生规范》(GB 20941)中 8.1。 2.《危害分析与关键控制点 食品生产企业通用要求》(GB/T 27341)。	6.1.1 提供所有拟输华产品的生产加工工艺流程图、危害分析工作单和HACCP计划表。 6.1.2 提供CCP点监控记录、纠偏记录、验证记录样表。	1.HACCP计划应分析和有效控制生物的、物理的、化学的危害。 2.生产工艺流程应合理、避免交叉污染。 3.CCP点设置应科学可行、纠偏、验证措施应恰当。	□符合 □不符合 □不适用	
6.2 温度控制	1.《食品安全国家标准 水产制品生产卫生规范》(GB 20941)中 8.2.2.1.4、8.2.2.1.6。 2.《食品安全国家标准 水产制品生产卫生规范》(GB 20941)中 8.2.2.2.1(冷藏水产品适用)。	6.2.1 提供原料解冻的方式、及解冻时间温度控制要求(如适用)。 6.2.2 提供加工车间及储存库温度控制要求及温度监控设备。(冷藏水产品适用)	1.控制原料解冻时间及温度。 2.冷藏水产品加工车间应有温度控制措施,应尽快将加工后的水产制品移至冷藏环境中,冷藏室中应配备温度指示。	□符合 □不符合 □不适用	
6.3 冷冻水产品	1.《食品安全国家标准 水产制品生产卫生规范》(GB 20941)中 8.2.2.2.2。	6.3.1 提供冷冻水产品的冻结方式、时间和冻结温度控制要求及其确定依据。 6.3.2 若为生食水产品,提供冷处理温度及时间。	1.根据水产品的厚度、形状、生产量确定其冻结时间和温度,确保尽快通过最大冰晶生产带。 2.生食水产品,应有足够的冷处理方式,确保杀死对人体有害的寄生虫。在 -20℃以下环境温度下冷冻保存 7 天。 3.在 -35℃或以下环境温度下冷冻至固体,并在 -35℃或以下环境温度下保存 15 小时。 4.在 -35℃或以下环境温度下冷冻至固体,并在 -20℃或以下环境温度下保存 24 小时。	□符合 □不符合 □不适用	

续表

项目	条件及依据	填报要求及证明材料	审核要点	符合性判定	备注
6.4 干制水产品（适用时）	1.《食品安全国家标准 水产制品生产卫生规范》（GB 20941）中 8.2.2.3。	6.4 提供干制水产品加工的干燥时间、干燥温度、环境湿度及成品水分活度及包装储存方式。	1. 应确保干制品的水分活度在安全范围内。	□符合 □不符合 □不适用	
6.5 腌制水产品（适用时）	1.《食品安全国家标准 水产制品生产卫生规范》（GB 20941）中 8.2.2.4。	6.5 提供腌制水产品的糖／盐度。	1. 腌制品生产应采用适当盐度，防止非嗜盐菌的繁殖。	□符合 □不符合 □不适用	
6.6 罐头水产品（适用时）	1.《食品安全国家标准 水产制品生产卫生规范》（GB 20941）中 8.2.2.5。	6.6.1 提供不同规格的罐头水产品的杀菌温度和时间要求及最近一次的杀菌／温度记录。 6.6.2 提供不同规格的罐头水产品的杀菌容器的热穿透、热分布报告。	1. 罐头水产品应保证足够的杀菌温度和杀菌时间。	□符合 □不符合	
7. 清洗消毒					
7.1 清洗消毒	1.《食品安全国家标准 食品生产通用卫生规范》（GB 14881）中 8.2.1。 2.《食品安全国家标准 水产制品生产卫生规范》（GB 20941）中 8.2.1。	7.1 提供清洗消毒措施，包括清洗消毒方法和频率及清洗消毒效果验证。	1. 清洗消毒措施应能够消除交叉污染，符合卫生要求。	□符合 □不符合	

263

续表

项目	条件及依据	填报要求及证明材料	审核要点	符合性判定	备注
7.2 环境微生物监控	1.《食品安全国家标准 水产制品生产卫生规范》（GB 20941）中 8.2.2.1.2、8.2.2.1.3。	7.2 提供环境和生产过程的产品微生物监控计划，包括监控项目、频率、判定标准，阳性结果纠偏措施。	1. 监控重点应涵盖微生物容易藏匿和滋生的区域。2. 取样点应设置。如重大维护、施工活动或者卫生状况变差时，在监控计划中增加必要的取样点。3. 是否根据检测结果和污染风险严重程度来调整环境监控计划实施的频率。4. 阳性结果纠偏措施。	□符合 □不符合	
		8. 化学品、废弃物、虫鼠害控制			
8.1 化学品控制	1.《食品安全国家标准 食品生产通用卫生规范》（GB 14881）中 8.3。 2.《食品安全国家标准 水产制品生产卫生规范》（GB 20941）中 8.3。	8.1 简述化学品使用与储存要求。	1. 防止所用化学品污染产品。	□符合 □不符合 □不适用	
8.2 废弃物管理	1.《食品安全国家标准 水产制品生产卫生规范》（GB 20941）中 8.1.4。	8.2.1 提供车间内可食用产品容器、废弃物存放容器的区分标识图片。8.2.2 简述废弃物处理程序要求。	1. 车间可食用产品容器、废弃物存放容器应标识并加以区分。2. 废弃物应区分存放，及时处理，避免对生产造成污染。	□符合 □不符合	

续表

项目	条件及依据	填报要求及证明材料	审核要点	符合性判定	备注
8.3 虫鼠害控制	1.《食品安全国家标准　食品生产通用卫生规范》（GB 14881）中 6.4。	8.3 提供虫害控制方式及布点平面图，若由第三方承担，提供第三方资质。	1. 应避免虫害、鼠害对生产安全卫生造成影响。	□符合 □不符合	
9. 追溯和召回	1.《食品安全国家标准　食品生产通用卫生规范》（GB 14881）中 11。 2.《食品安全国家标准　水产制品生产卫生规范》（GB 20941）中 11。	9. 产品追溯 9. 简述产品追溯程序，以一批次成品批号为例，说明如何自成品追溯至原料。	1. 应建立追溯程序，实现原料、生产加工过程、成品的全链条双向追溯。	□符合 □不符合	
10.1 人员健康及卫生管理	1.《食品安全国家标准　食品生产通用卫生规范》（GB 14881）中 6.3。 2.《食品安全国家标准　水产制品生产卫生规范》（GB 20941）中 6.3。	10. 人员管理及培训 10.1 提供员工雇佣前健康管理以及员工体检要求。	1. 雇用员工前应进行体检并证明适合在食品加工企业工作。 2. 员工应定期体检并保存记录。	□符合 □不符合	
10.2 人员培训	1.《食品安全国家标准　食品生产通用卫生规范》（GB 14881）中 12。 2.《食品安全国家标准　水产制品生产卫生规范》（GB 20941）中 12。	10.2 提供员工年度培训计划、内容、考核、记录。	1. 培训内容应涵盖输华水产品检验检疫要备忘录、协议及议定书、中国法规标准等内容。	□符合 □不符合	

续表

项目	条件及依据	填报要求及证明材料	审核要点	符合性判定	备注
11. 成品检验	1.《食品安全国家标准 食品生产通用卫生规范》（GB 14881）中9。 2.《食品安全国家标准 水产制品生产卫生规范》（GB 20941）中9。 3.《食品安全国家标准 鲜、冻动物性水产品》（GB 2733）。 4.《食品安全国家标准 动物性水产制品》（GB 10136）。 5.《食品安全国家标准 水产调味品》（GB 10133）。 6.《食品安全国家标准 藻类及其制品》（GB 19643）。 7.《食品安全国家标准 食品添加剂使用标准》（GB 2760）。 8.《食品安全国家标准 食品中真菌毒素限量》（GB 2761）。 9.《食品安全国家标准 食品中污染物限量》（GB 2762）。 10.《食品安全国家标准 食品中农药最大残留限量》（GB 2763）。 《食品中放射性物质限制浓度标准》（GB 14882）。 《食品安全国家标准 干海参》（GB 31602）。	11. 自检自控 11.1 提供成品检验的项目、指标、检验品方式及频率。 11.2 企业有自属实验室，提交企业实验室能力与资质证明；企业委托第三方委托实验室，提供委托实验室资质。	1. 成品检验项目符合中国的标准要求。	□符合 □不符合	

续表

项目	条件及依据	填报要求及证明材料	审核要点	符合性判定	备注
		12. 声明			
12.1 企业声明	1.《中华人民共和国进口食品境外生产企业注册管理规定》第八条、第九条。	12.1 填写《进口水产品境外生产企业注册申请书》。	1. 应有法人签名和公司盖章。	□符合 □不符合	
12.2 主管当局确认	1.《中华人民共和国进口食品境外生产企业注册管理规定》第八条、第九条。	12.2 填写《进口水产品境外生产企业注册申请书》。	1. 应有主管当局人员签名和主管当局盖章。	□符合 □不符合	

附录 2　美国联邦法规第 21 篇第 123 部分

《鱼和水产品》

　　1995 年 12 月 18 日，FDA 发布了根据 HACCP 的七个原理而制定的海产品法规《鱼和水产品》，即 "海产品 HACCP 法规"。该法规于 1997 年 12 月 18 日正式生效。

　　该法规隶属于联邦法规（CFR）第 21 篇，法规号为 21 CFR 123。法规的框架结构如下：

　　A 子部分—— 总则

　　·123.3 定义

　　·123.5 现行良好生产规范（GMP）

　　·123.6 HACCP 计划

　　·123.7 纠偏行动

　　·123.8 验证

　　·123.9 记录

　　·123.10 培训

　　·123.11 卫生控制程序

　　·123.12 对进口产品的特殊要求

　　B 子部分——熏制和烟熏风味的水产品

　　·123.15 总则

　　·123.16 过程控制

　　C 子部分——生的软体贝类

　　·123.20 总则

·123.28 来源控制

（1）法规中的术语（123.3）

法规列出了所使用的 20 个术语，分别为： 认证编号、关键控制点、关键限值、水产、水产品、食品安全危害、进口商、软体贝类、预防措施、加工监控设备、加工、加工者、产鲭鱼毒素的品种、必须（shall）、贝类控制当局、贝类原料、应该（should）、贝肉（去壳或半去壳）、熏制或烟熏风味的水产品、标签。

在上面列出的术语中，有几个定义需要强调：

"水产"指的是除鸟类和哺乳动物外，适于人类食用的淡水或海水的有鳍鱼、甲壳动物、其他形式的水生动物（包括鳄鱼、蛙、水栖龟、海蜇、海参、海胆和它们的卵），以及所有软体动物。

"水产品"指的是以水产为特征主成分的人类食品。如果某些食品仅含有少量的水产品成分，如含有不作为主成分的鳀酱的辣沙司（worcestershire sauce），不作为水产品看待，可不受 HACCP 强制性法规的管辖。

"进口商"指的是在产品进入美国时，美国的货主／收货人或国外货主／收货人在美国的代理／代表。进口商有责任保证入境的货物符合有关进口的法律。通常来说，进口商不是报关代理人、货运代理人、承运人或船方代表。（进口商仅指货物进口时的货主或收货人，他们有权力决定是否申报产品入境，他们有责任保证产品是在适当控制条件下加工的，同时向 FDA 提供该证据。）

"加工"是指通过操作、贮存、前处理、去头、去脏、去壳、冷冻制成不同的市销产品以及制造、保藏处理、包装、签贴、码头卸货或贮藏水产或水产品的各种活动。

"加工者"指的是在美国或国外从事水产或水产品商业性加工的厂方。

法规规定，以下操作不适用或不直接受 HACCP 法规管辖：

①单纯的水产或水产品的捕捞或运输作业；

②仅仅为渔船保存鱼货而做的去头、去脏或冷冻等操作；

③零售。

（2）现行良好操作规范（123.5）

《联邦食品、药品和化妆品法》认为如果食品是在不卫生的条件下加工的，食品就是不卫生、不安全的。必须遵守现行良好操作规范的规定，才能避免产生不安全的产品。

GMP（21 CFR 110）适用于水产品的加工，是确定设备、方法、规范和控制是否安全和产品是否在卫生的条件下加工的基础。海产品 HACCP 法规的目的是对水产和水产品的加工规定具体特定的要求。

（3）危害分析 [123.6（a）]

法规要求每个加工者必须对危害进行分析。在危害分析中的两个主要步骤是：

①确定是否存在有理由可能发生的危害；

②确定预防措施来控制已确定的危害。

即，如果危害有理由可能发生，加工者就要建立对危害的控制。危害分析要考虑以下因素：经验、疾病资料、科学的报告、其他信息（如 FDA 的《水产品危害和控制指南》）。

在加工者的 HACCP 计划中，是否需要将某一食品安全危害考虑在内的标准应该是指在没有控制时，该危害在食品中发生的可能性。危害分析要建立在加工工艺、捕捞地区、品种的基础上。例如，有理由可能发生的危害的一个实例是组胺。组胺过敏反应是来自海产品最常见的疾病。捕捞之后，如时间和温度控制不当，海产品内就会有毒素形成。

危害分析的结果将直接导致 HACCP 计划的产生和执行，而计划本身及其执行正是 FDA 官员所最关心的。法规并不要求加工者以任何特定方式来进行危害分析，也不要求用文件形式供 FDA 官员审查。然而，考虑到书面危害分析有助于记住在确定危害及制订 HACCP 计划的思维过程，因此，加工者采用书面方式进行危害分析对进行定期的计划评估和供 FDA 官员审查都是很有好处的。

（4）HACCP 计划 [123.6（b）]

无论何时，如危害分析 [123.6（a）] 表明有一种或多种食品安全危害有理由可能发生，每个加工者都必须制订并执行 HACCP 计划。

HACCP 计划必须按各个工厂的生产地点、品种、产品分别制订。当 HACCP 计划内容相似时，可以将某些水产或水产品归入同一个 HACCP 计划内。

（5）HACCP 计划的内容 [123.6（c）]

HACCP 计划必须：

列出有理由可能产生的食品安全危害；

列出 CCP 点；

列出关键限值；

列出监控程序；

列出预定的纠偏行动方案（不强制要求加工者预先确定纠偏行动）；

列出验证程序；

提供监控记录系统。

食品安全危害包括：天然毒素、微生物污染、化学污染、农药、兽药残留、与安全相关的腐败分解（如鲭鱼毒素）、与安全相关的寄生虫（如生食鱼片）、未经批准的食品色素添加剂和物理性危害。它们可能发生在工厂内或捕捞前、中、后。

监控和验证程序的频率必须包括在 HACCP 计划中。监控记录必须提供监控期间记录的实际值或观察值。

（6）HACCP 计划签署 [123.6（d）]

HACCP 计划必须由工厂内最高负责人或其上级管理人员签署批准，并标明工厂执行日期。HACCP 计划在首次批准、做出修改（按验证要求）或每年至少一次（按验证要求）均需予以签署批准。

（7）低酸性罐头食品和酸化食品 [123.6（e）]

从事低酸性水产品罐头食品和酸化水产食品的加工者必须遵照 21 CFR 113 或 114（低酸性罐头食品和酸化食品）法规，对肉毒芽孢杆菌的危害实施控制。这类食品的 HACCP 计划不必包括对该危害的控制。其他危害如有理由可能发生，如罐头金枪鱼中的组胺，则必须写入该类食品的 HACCP 计划内，予以控制。

（8）卫生控制和 HACCP 计划 [123.6（f）]

FDA 认为在 HACCP 计划中列入卫生控制内容比较困难，主要是不易确定卫生控制的关键限值和纠正行动，尤其员工卫生（如洗手等），为此，法规不要求将卫生控制写入 HACCP 计划内。但一旦卫生控制内容列入 HACCP 计划内，则必须按法规的卫生规定予以监控。

（9）立法基础 [123.6（g）]

按照《联邦食品、药品和化妆品法》第 402（a）（4）节的规定，如加工者应有 HACCP 计划而没有 HACCP 计划或不执行计划，都是对法规的违反，任何加工的或进口的水产或水产品都将被认为是不安全、不卫生的，并会受到法律处罚。

（10）纠偏行动（123.7）

当偏离关键限值时，生产者必须采取纠偏行动。纠偏行动既可以在 HACCP 计划内 [123.6（c）] 预先制订，也可以采用法规规定的方法，即：将产品隔离存放；确定产品的可接受性；对产品和加工过程采取纠偏行动；重新评估 HACCP 计划。

预定的纠偏行动计划的优点是，一旦产生偏差，可迅速采取纠偏行动。但是如果有在预定的纠偏行动计划以外的偏差出现，加工者可以使用法规规定的纠偏行动。纠偏计划要描述采取的方法和责任，要保证：

不能有由于加工偏差而有害人体健康，或不安全、不卫生的产品进入商品渠道；

偏差的原因已纠正当。

采用法规规定的方法纠偏时，其程序要包括：

将受影响的产品分别存放，直到确定了产品的安全性；

确定产品销售是否安全，决定须由已受培训或有相关科学知识的人员做出，懂得发生关键限值的偏差会导致何种健康后果；

采取纠偏行动，保证没有不安全的产品进入商业渠道；

采取纠偏行动，纠正引起偏离的原因；

确定是否需要修改和改进 HACCP 计划，降低再次偏差产生的风险，此决定必须由已达到 123.10 部分培训要求的人做出，所有纠偏行动必须完整地记录在案。

（11）验证（123.8）

每个加工者必须验证 HACCP 计划是否足以控制可能发生的食品安全危害，HACCP 计划是否在有效地执行。

HACCP 计划必须每年至少重新评估一次，同时当有影响危害分析或 HACCP 计划的变化发生时，也需随时重新评估。这些变化包括：

原料或原料来源；

产品的配方；

加工方法；

成品的销售；

成品的拟定用途和消费者。

评估的目的是保证 HACCP 计划足以控制有理由可能发生的食品安全危害，评估必须由达到 123.10 部分描述的培训要求的人来执行。如果因为没有显著危害，加工者没有 HACCP 计划，那么一旦以上变化发生时，对危害分析必须再评估。

除了定期验证外，还需要进行 HACCP 执行中的验证，即按 HACCP 原理，通过验证，确保 HACCP 计划每天都在被有效地执行。采用的验证程序要写入 HACCP 计划。执行中的验证包括：

消费者投诉的审查；

加工监控设备的校准（保存记录）；

定期对成品和半成品检验（按加工者选择）（保存记录）；

加工者必须审查消费者的投诉，以确定产品是否有与 CCP 相关的问题。法规授权 FDA 官员可以查阅与消费者投诉有关的纠偏行动记录。

除了定期验证和执行中的验证活动外，法规还要求加工者对以下记录进行审核，作为验证的一部分：

CCP 点监控记录；

纠偏行动记录；

校准记录；

半成品和成品检测记录。

验证中记录审核的目的是确保记录完整性和各项活动符合 HACCP 书面程序的规定。记录审核人员必须经 HACCP 培训（123.10），审核要有日期和签名。

监控和纠偏行动的记录必须在记录做出后的一周内审核。校准和半成品或成品检测记录必须定时审核。

有时，在对消费者投诉的审核或验证中会发现产品有潜在的健康问题，在此种情况下，加工者必须按照 123.7 部分采取纠偏行动。

（12）记录（123.9）

法规要求有以下记录：

监控记录；

纠偏行动记录；

验证记录；

卫生控制记录；

进口商的验证记录。

以上记录必须：

包含特定的信息；

在现场记录，记录完整；

有操作者或观察者的签名；

保存到规定的时间；

随时可供 FDA 审查和复印。

各种记录上都要提供以下信息：

加工者或进口商的名称和地点；

记录发生的日期和时间；

做记录的人的签名；

产品和产品生产代号（如有）。

记录的保存期限为：

设备或方法充分性、有效性的研究、评价资料至少两年；

对冷藏产品至少一年；

对冷冻或耐保藏的产品至少两年。

如果无法在加工地点（如偏远的加工场所或加工船）永久保存，在生产季节结束后，记录也可以转移到其他的地点。但是在 FDA 要求时，记录必须能迅速取回。

HACCP 验证过程的关键就是能使 FDA 官员了解 HACCP 计划，监控记录和纠偏行动记录。HACCP 记录的检查能使官员看到加工厂以往是如何操作的，而不是只在检验当天。另外，也能使官员审查加工者的预防控制体系的完善性。FDA 认为长期保存记录和计划，有助于促进 HACCP 在海产品企业中的实施。法规规定：送交 FDA 所有的 HACCP 计划和记录将视为贸易秘密或商业性保密材料。

（13）培训（123.10）

法规要求，以下工作必须由经 HACCP 培训的人员承担：

制订 HACCP 计划；

评估和修改 HACCP 计划和危害分析；

审核 HACCP 记录。

加工者可以使用本厂或非本厂（第三方）的已经培训人员从事上述工作。法规规定，"已经 HACCP 培训人员"是指已成功地通过了水产和水产品加工 HACCP 原理——至少等同于 FDA 认可的标准教程（STANDARDIZED CURRICULUM Natinal Seafood HACCP Alliance）的培训，或通过工作经验取得了至少等同于上述知识的可胜任此项工作的人员。

（14）卫生控制程序（123.11）

加工卫生是 HACCP 计划有效实施的先决条件。FDA 认为，HACCP 法规要求加工者必须采取措施控制卫生条件，确保操作是在符合 GMP（21 CFR 110）的状况下进行的。法规要求，即使加工者无须制订 HACCP 计划，也必须采取措施对卫生予以控制。加工者可以将法规规定的卫生要求写入 HACCP 计划 [123.6（b）] 内，也可以写入 SSOP（卫生标准操作规程）内。

加工卫生的要求是：

符合现行的 GMP；

达到八项关键的卫生条件和操作要求；

强制性的卫生监控（有记录）；

强制性的纠偏行动（有记录）；

推荐制定 SSOP。

法规推荐并鼓励加工者制定 SSOP。SSOP 要叙述工厂是如何确保达到法规规定的卫生条件和操作要求的，同时叙述是怎样实施监控的。

不论工厂是否选择 SSOP，以下八项关键的卫生条件和操作要求必须予以监控：

水的安全性（包括制冰用水）；

食品接触面的状况和清洁度；

食品、包装材料和食品接触面以及生、熟产品交叉污染的防止；

洗手，手消毒和卫生间设施的卫生保持；

防止食品、包装材料和食品接触面受化学、物理和生物污染；

标记、贮存和安全使用有毒化合物；

控制雇员的健康状况；

虫害的去除。

卫生监控的目的是保证达到现行 GMP 法规的要求，监控的频率必须足以确保要求的达到。一旦现行 GMP 的条件和要求不能符合，要及时采取纠偏行动。监控和纠偏都必须有记录，记录的要求同 HACCP 记录（123.9）相同。

（15）对进口产品的特殊要求（123.12）

进口商有责任确保进口水产和水产品符合美国法律要求，是安全、卫生的。FDA 进口产品检查的传统方法是：审查水产和水产品海关进口单证、码头感官检查、抽样进行实验室检验和对有不良记录的产品实施自动扣留。FDA 也对国外工厂进行检查。但 FDA 认为这种检查也仅仅局限于反映当时现场的情况，检查并不是预防性的。

按照海产品 HACCP 法规，进口水产和水产品同美国本土产品一样，需要实施 HACCP 控制。法规要求进口商对国外工厂进行验证，以确认其符合 HACCP 法规的要求。

进口商对国外工厂的验证可以采取两种办法：

从签署谅解备忘录（MOU）的国家进口；

实施验证程序。

法规规定，如果进口商是从与美国签署谅解备忘录的国家进口备忘录项下的水产和水产品，那么，进口产品就视作已达到了 HACCP 法规的要求；否则，进口商必须制定和执行书面的验证程序，以确保进口到美国的水产和水产品是按照法规要求所生产的。进口商验证包括两方面内容：

产品的安全卫生指标；

确认步骤。

产品的安全卫生指标应能保证在《联邦食品、药品和化妆品法》第402节的规定下，生产是卫生的，产品未受污染是卫生、安全的。例如，冻金枪鱼内组胺的最高含量为50mg/kg。

确认步骤可包括以下任何一种：

获得进口货物的HACCP和卫生监控记录；

获得胜任的第三方的连续的或逐批的验证证书；

定期地检查国外加工者；

获得国外加工者的HACCP计划和执行HACCP法规的书面保证；

定期检测进口产品和获得执行HACCP法规的书面保证；

执行其他的具有相同保证水平的验证程序。

法规允许进口商利用可胜任验证工作的第三方完成验证。但进口商仍然负有责任向FDA表明验证的要求业已达到。进口商要保存英文的记录，记载确认步骤已经完成，记录要叙述验证步骤的结果。记录的要求同123.9部分相同。从事进口水产和水产品再加工的进口商在其加工中也要符合HACCP法规的要求。

（16）熏制和烟熏风味的水产品（123.15和123.16）

梭状肉毒芽孢杆菌如控制不当，会在熏制水产品中生长，造成肉毒中毒。预防该致病菌可采取加盐、烟熏、添加亚硝酸盐或加热的方法（热熏水产品）予以控制。有必要对这些参数严格控制，以确保终成品在货架期内的安全。这些控制必须写入HACCP计划内。如此类产品属于酸化的或加热的低酸性罐头食品，则加工必须符合21 CFR 113或114法规的规定，加工者不必将对该致病菌的控制写入HACCP计划内。此外，要特别注意此类熏制和烟熏风味的水产品是否还有其他须控制的显著危害，如有，则必须包括在 HACCP 计划内。

（17）生的软体贝类（123.20 和 123.28）

海产品消费中的许多疾病是由生食软体贝类（蚝、蛤、贻贝）引起的。这些危害在软体贝类捕捞前即已存在。确保软体贝类来自卫生养殖区域可以降低这些危害发生的危险。通常，养殖区域的卫生质量是由州或国家贝类控制当局予以确定的。法规规定，如生的或冻的贝类产品在加工中未经充分的杀灭致病菌的处理，则 HACCP 计划必须列出软体贝类来源的控制方法。此外要注意，如有其他可能发生的危害，也要列在 HACCP 计划内。

为了使生软体贝类的微生物污染、化学污染、天然毒素和有关的食品安全危害得到控制，HACCP 计划必须列出加工者是如何控制贝类原料来源的，允许加工者加工的软体贝类只能来源于：州贝类管理当局批准捕捞的养殖区域；未被联邦政府机构关闭的联邦水域。

为了达到上述管理要求，贝类工厂必须保证：

如果贝类原料来自捕捞者，捕捞者必须有捕捞卫生许可证；

如果贝类原料来自贝类加工者，加工者必须有贝类管理当局的认可批准手续。

每个盛装贝类原料的容器上有固定的标签，标签上至少要载明法规 1240.60（b）内规定的内容。如为散装贝类原料，要有提单或货运单，随货同行，载明法规 1240.60（b）内规定的内容。贝类工厂要保存记录，表明贝类原料符合法规规定，记录内容包括：

捕捞日期；

捕捞地点；

贝类的品种和数量；

贝类工厂接收日期；

捕捞人的名称、捕捞船的名称、注册编号或贝类管理当局签发的识别代号。

法规规定，如贝类工厂接收的原料为软体贝类的贝肉，盛装贝肉原料的容器上必须附有标签，载明法规 1240.60（c）内规定的内容。贝类工厂要保存记录，表明贝类原料符合法规规定，记录内容包括：

贝类工厂接收日期；

贝类的品种和数量；

剥壳或包装人的名称和认证编号。

（18）软体贝类传染病的控制（1240.60）

按照法规 1240.60（b）的规定，所有盛装贝类原料的容器必须附有以下内容的标签：

贝类原料的捕捞区域和日期；

贝类原料的品种和数量；

贝类捕捞人的名称（贝类管理当局指定的识别代号、捕捞人的姓名或捕捞船的注册代号）；

散装贝类原料，要有提单或货运单，随货同行，载明上述内容。

按照法规 1240.60（c）的规定，所有盛装软体贝类的贝肉的容器必须附有以下内容的标签：

剥壳或包装人的名称、地址；

剥壳或包装人的认证编号。

如果贝类原料或贝肉原料无标签、装运单证，或虽有但未列出法规所要求的内容，贝类将被扣留或禁止进口，并销毁。

附录3 日本《食品添加剂等的规格标准》中的部分水产品规格标准

鲑鱼子、鲑鱼卵巢及鳕鱼子（鳕鱼子指盐渍黄线狭鳕的卵巢）

1. 鲑鱼子、鲑鱼卵巢及鳕鱼子的成分规格

每千克鲑鱼子、鲑鱼卵巢及鳕鱼子中亚硝酸根含量不得超过 0.005g。

鱼糜制品

1. 鱼糜制品的成分规格

（1）鱼糜制品（不含鱼肉泥）中大肠菌群必须呈阴性。

（2）每千克鱼肉肠和鱼肉火腿中亚硝酸根含量不得超过 0.05g。

2. 鱼糜制品的生产标准

（1）生产中使用的鱼必须具有良好的新鲜度。

（2）用于生产的鱼在加工前必须用水彻底清洗，并存放在清洁、易清洗的金属或合成树脂等制成的无渗透性的容器中。

（3）处理鱼必须使用清洁的工具，拆解出的精肉必须存放在清洁、易清洗的金属或合成树脂等制成的无渗透性的专用容器中。

（4）精肉的漂洗必须使用卫生的冷水，并充分换水。

（5）生产中使用的冷冻原料肉的解冻应在卫生的场所进行。用水应为卫生的流水。

（6）用于制造鱼糜制品的砂糖、淀粉和香辛料中芽孢数不得超过每克1000个。

（7）生产时必须使用清洁且易于洗净和杀菌的器具。

（8）对于鱼肉肠和鱼肉火腿，必须采用将中心部位温度加热至80℃并持续45分钟的方法或具有同等及以上效力的方法杀菌。对于特殊包装的鱼饼，必须采用将中心部位温度加热至80℃并持续20分钟的方法或具有同等及以上效力的方法杀菌。对于其他鱼糜制品，必须采用将中心部位温度保持在75℃的加热方法或具有同等及以上效力的方法杀菌。但是，鱼肉泥除外。

（9）加热杀菌后的冷却必须在卫生的场所充分进行。用水必须为流水（应满足食品生产用水要求），或使用含有1.0mg/kg以上游离残留氯的水不间断地进行换水。

3. 鱼糜制品的保存标准

（1）鱼肉肠、鱼肉火腿和特殊包装的鱼饼必须在10℃以下保存。但是，充填到密封容器包装后，采用将中心部位温度加热至120℃并持续4分钟的方法或具有同等及以上效力的方法进行杀菌的产品，以及pH（指取产品的一部分切碎，加入10倍量的纯净水并粉碎后的pH）低于4.6且水分活度低于0.94的产品除外。

（2）如果是冷冻鱼糜制品，则必须在 −15℃以下保存。

（3）产品必须使用干净卫生的肠衣灌装，或装在干净卫生的有盖容器中，或用干净的合成树脂膜、合成树脂加工纸、硫酸纸或蜡纸包装后再运输。

水煮章鱼

1. 水煮章鱼的成分规格

（1）副溶血性弧菌必须为阴性。副溶血性弧菌检测方法如下。

①标本采集和样品制备。

使用灭菌器械，随机收集25g切碎的材料放入聚乙烯袋中，加入

225mL 碱性蛋白胨水处理 30~60s，作为样品。

碱性蛋白胨水的配制方法：将 10g 蛋白胨和 20g 氯化钠溶于 500mL 纯净水中，向溶液中加入约 1mol/L 的氢氧化钠溶液，调节 pH 至 8.6。然后加入纯净水，使总体积达到 1000mL，并进行高压灭菌。

②样品培养和副溶血性弧菌测定。

A. 将转移到容器中的样品使用恒温培养箱在 37℃下培养一晚，用接种环取容器中的菌液涂抹在硫代硫酸盐－柠檬酸盐－胆盐－蔗糖（TCBS）琼脂培养基上，再在 37℃下培养一晚，然后对培养基上疑似副溶血性弧菌的菌落进行鉴定和测定。

TCBS 琼脂培养基的配制方法：酵母提取物 5g、蛋白胨 10g、白砂糖 20g、硫代硫酸钠 10g、柠檬酸钠 10g、胆酸钠 3g、牛胆汁粉 5g、氯化钠 10g、柠檬酸铁 1g、溴麝香草酚蓝 40mg、麝香草酚蓝 40mg 和琼脂 15g，溶于纯净水中，加入约 1mol/L 的氢氧化钠溶液，调节 pH 至 8.5～8.7，进一步加入纯净水，使总体积达到 1000mL，并加温溶解。

B. 允许使用具有同等及以上效力的方法进行检测。

（2）每 1g 冷冻水煮章鱼标本的细菌计数（活菌数）必须小于 100000 CFU，并且大肠菌群呈阴性。检测方法同"冷冻食品"部分。

2. 水煮章鱼的加工标准

（1）用于加工的章鱼必须具有良好的新鲜度。

（2）用于加工的水必须为食品生产用水、经杀菌处理的海水或使用食品生产用水制备的人工海水。

（3）章鱼煮熟后，必须立即以食品生产用水、经杀菌处理的海水或使用食品生产用水制备的人工海水充分冷却。

（4）水煮章鱼冷却后，必须装入由清洁且易于清洗的金属或合成树脂等制成的无渗透性的有盖容器中。

3. 水煮章鱼的保存标准

（1）水煮章鱼必须在10℃以下保存。如果是冷冻水煮章鱼，则必须在 –15℃以下保存。

（2）水煮章鱼必须装在干净卫生的有盖容器内，或用干净卫生的合成树脂薄膜、合成树脂加工纸、硫酸纸或蜡纸包装后再运输。

水煮螃蟹

1. 水煮螃蟹的成分规格

（1）副溶血性弧菌必须为阴性（仅限食用时无须加热的煮螃蟹，以下本条件中相同）。副溶血性弧菌检测方法如下。

①标本采集和样品制备。

对于去壳销售的水煮螃蟹，使用灭菌器械，随机收集25g切碎的材料放入聚乙烯袋中作为样品。

对于带壳销售的水煮螃蟹，使用酒精棉对蟹壳消毒后，使用灭菌器械去掉蟹壳，随机收集25g切碎的材料放入聚乙烯袋中作为样品。

试剂制备方法同"水煮章鱼"。

②样品培养和副溶血性弧菌测定。

方法同"水煮章鱼"。

（2）每1g冷冻水煮螃蟹标本的细菌计数（活菌数）必须小于100000CFU，并且大肠菌群呈阴性。检测方法同"冷冻食品"部分。

2. 水煮螃蟹（食用时需加热且未冷冻的除外）的加工标准

（1）用于加工的螃蟹必须具有良好的新鲜度。

（2）用于加工的水必须为食品生产用水、经杀菌处理的海水或使用食品生产用水制备的人工海水。

（3）加工过程中的加热，必须采用将中心部位温度加热至70℃并持续1分钟以上，或采用具有同等及以上效力的方法。

（4）加热后，必须立即以食品生产用水、经杀菌处理的海水或使用食品生产用水制备的人工海水充分冷却，且必须采取防止原材料等被再次污染（以下称"二次污染"）的措施。

（5）冷却后，必须采用装入由清洁且易于清洗的无渗透性的容器中的方法，或采用具有同等及以上效力的方法，防止二次污染。

3. 水煮螃蟹的保存标准

（1）水煮螃蟹（仅限食用时无须加热且未冷冻的）必须在10℃以下保存。

（2）冷冻水煮螃蟹必须在 –15℃以下保存。

（3）水煮螃蟹（食用时需加热且未冷冻的除外）必须装在干净卫生的容器内保存。但是，采取了防止二次污染的措施，用于销售陈列的情况除外。

生食用鲜水产品

1. 生食用鲜水产品（指用于生食目的销售的，除牡蛎外的鲜水产动物的切片或可食用部分，不包括冷冻品）的成分规格

每1g标本副溶血性弧菌的最大可能数量应小于等于100。检测方法如下。

（1）标本采集和样品制备

使用灭菌器械，随机收集25g切碎的材料放入聚乙烯袋中，加入225mL磷酸盐缓冲稀释液，处理30~60s，制备成检体的10倍稀释液，作为样品。

接下来，向1mL 10倍稀释液中加入9mL磷酸盐缓冲稀释液制成检体的100倍稀释液，作为样品。除此之外，如有必要，还可根据100倍稀释液的制备方法制备检体的阶梯稀释液，并将其用作样品。

磷酸盐缓冲稀释液的要求见"生食用牡蛎"部分。

（2）副溶血性弧菌最大可能数量的计算方法

①将1mL 10倍稀释液、1mL 100倍稀释液和0.1mL 100倍稀释液分别接种到三支装有10mL碱性蛋白胨水的试管中，然后用恒温培养箱在37℃

下培养一晚。用接种环取每支试管中的溶液，涂抹在 TCBS 琼脂培养基上，再在 37℃ 下培养一晚，然后鉴定培养基上疑似副溶血性弧菌的菌落，并根据下表计算每个稀释倍数下的阳性管数。

副溶血性弧菌最大可能数量表

阳性管数			系数	阳性管数			系数	阳性管数			系数	阳性管数			系数
A	B	C		A	B	C		A	B	C		A	B	C	
0	0	0	< 3.0	1	0	0	3.6	2	0	0	9.1	3	0	0	23
0	0	1	3	1	0	1	7.2	2	0	1	14	3	0	1	39
0	0	2	6	1	0	2	11	2	0	2	20	3	0	2	64
0	0	3	9	1	0	3	15	2	0	3	26	3	0	3	95
0	1	0	3	1	1	0	7.3	2	1	0	15	3	1	0	43
0	1	1	6.1	1	1	1	11	2	1	1	20	3	1	1	75
0	1	2	9.2	1	1	2	15	2	1	2	27	3	1	2	120
0	1	3	12	1	1	3	19	2	1	3	34	3	1	3	160
0	2	0	6.2	1	2	0	11	2	2	0	21	3	2	0	93
0	2	1	9.3	1	2	1	15	2	2	1	28	3	2	1	150
0	2	2	12	1	2	2	20	2	2	2	35	3	2	2	210
0	2	3	16	1	2	3	29	2	2	3	42	3	2	3	290
0	3	0	9.4	1	3	0	16	2	3	0	29	3	3	0	240
0	3	1	13	1	3	1	20	2	3	1	36	3	3	1	460
0	3	2	16	1	3	2	24	2	3	2	44	3	3	2	1100
0	3	3	19	1	3	3	29	2	3	3	53	3	3	3	> 1400

注：A 表示接种 1mL 10 倍稀释液者，B 表示接种 1mL 100 倍稀释液者，C 表示接种 0.1mL 100 倍稀释液者。

②允许使用具有同等及以上效力的方法进行检测。

2. 生食用鲜水产品的加工标准

（1）用于加工的水应为食品生产用水、经杀菌处理的海水或使用食品生产用水制备的人工海水。

（2）用作原料的新鲜水产品必须具有良好的新鲜度。

（3）如果用作原料的新鲜水产品是冷冻的，其解冻必须在卫生的场所进行，或者在清洁的水槽中使用食品生产用水、经杀菌处理的海水或清水箱中的食品生产用水制备的人工海水在充分换水的情况下进行。

（4）用作原料的新鲜水产品必须以食品生产用水、经杀菌处理的海水或使用食品生产用水的制备人工海水充分清洗，并去除任何可能污染产品的物质。

（5）第（4）项中处理的新鲜水产品应在处理地点以外的卫生场所加工。此外，在加工过程中，不得使用化学合成添加剂（不包括亚氯酸水、次氯酸水、次氯酸钠以及用作氢离子浓度调节剂的盐酸和二氧化碳）。

（6）用于加工的器具必须易于清洗和消毒。此外，在使用前必须进行清洗和消毒。

3.生食用鲜水产品的保存标准

生食用鲜水产品必须存放在干净卫生的容器中，并在10℃以下保存。

生食用牡蛎

1.生食用牡蛎的成分规格

（1）每1g检体中细菌数必须小于等于50000。

（2）每100g检体中大肠杆菌的最大可能数必须小于等于230。

（3）生食用牡蛎的细菌计数及大肠杆菌最大可能数的计算方法如下。

①检体采集和试样制备。

对于去壳销售的牡蛎肉，使用灭菌器械，采集200g以上放入灭菌容器中作为检体。

对于带壳销售的牡蛎，先用酒精棉对牡蛎壳表面进行消毒，之后使用灭菌器械去壳，采集200g（包含汁液）以上放入灭菌容器中作为检体。

将检体转移至灭菌均质杯中，加入等量磷酸缓冲稀释液，充分粉碎后作为试样原液。

取原液20mL加入磷酸缓冲稀释液80mL，制成检体的10倍稀释液；再取该10倍稀释液10mL，加入磷酸缓冲稀释液90mL，制成检体的100倍稀释液作为试样。此外，必要时也可按 100 倍稀释液的制备方法制备检体的梯度稀释液作为试样。

磷酸缓冲稀释液的配制方法：取无水磷酸二氢钾 34g 溶于 500mL 纯净水，加入 1mol/L 的氢氧化钠溶液约 175mL，调节 pH 至 7.2。再加入纯净水，定容至 1000mL 作为原液。取该原液 1.25mL，加纯净水定容至 1000mL，进行高压灭菌。

②细菌计数（活菌数）的计算方法。

从制备好的试样中，选取每平板菌落数在 30~300 个的试样，按照"清凉饮料水"的生产标准中规定的方法进行检测。

③大肠杆菌最大可能数的计算方法。

分别将 2mL 试样原液、1mL 的 10 倍稀释液及 1mL 的 100 倍稀释液接种到五支 E.C.（大肠杆菌）发酵管中，使用恒温水浴箱在 44.5℃（允许上下 0.2℃的误差）下培养 24 小时（允许前后 2 小时的误差）。如果观察到气体产生，则认为该试样原液或试样中的大肠杆菌呈阳性。

每 100g 检体中大肠杆菌的最大可能数，根据接种这些试样原液或试样后显示大肠杆菌阳性的 E.C. 发酵管数量，按照下表（最大可能数量表）得出的系数，乘 10 来确定。

大肠杆菌最大可能数量表

阳性管数 A	B	C	系数	阳性管数 A	B	C	系数	阳性管数 A	B	C	系数	阳性管数 A	B	C	系数	阳性管数 A	B	C	系数	阳性管数 A	B	C	系数
0	0	0		1	0	0	2	2	0	0	4.5	3	0	0	7.8	4	0	0	13	5	0	0	23
0	0	1	1.8	1	0	1	4	2	0	1	6.8	3	0	1	11	4	0	1	17	5	0	1	31
0	0	2	3.6	1	0	2	6	2	0	2	9.1	3	0	2	13	4	0	2	21	5	0	2	43
0	0	3	5.5	1	0	3	8	2	0	3	12	3	0	3	16	4	0	3	25	5	0	3	58
0	0	4	7.2	1	0	4	10	2	0	4	14	3	0	4	20	4	0	4	30	5	0	4	76
0	0	5	9	1	0	5	12	2	0	5	16	3	0	5	23	4	0	5	36	5	0	5	95
0	1	0	1.8	1	1	0	4	2	1	0	6.8	3	1	0	11	4	1	0	17	5	1	0	33
0	1	1	3.6	1	1	1	6.1	2	1	1	9.2	3	1	1	14	4	1	1	21	5	1	1	46
0	1	2	5.5	1	1	2	8.1	2	1	2	12	3	1	2	17	4	1	2	26	5	1	2	64
0	1	3	7.3	1	1	3	10	2	1	3	14	3	1	3	20	4	1	3	31	5	1	3	84
0	1	4	9.1	1	1	4	12	2	1	4	17	3	1	4	23	4	1	4	36	5	1	4	110
0	1	5	11	1	1	5	14	2	1	5	19	3	1	5	27	4	1	5	42	5	1	5	130

续表

| 阳性管数 | | | 系数 | 阳性管数 | | | 系数 | 阳性管数 | | | 系数 | 阳性管数 | | | 系数 | 阳性管数 | | | 系数 | 阳性管数 | | | 系数 |
A	B	C		A	B	C		A	B	C		A	B	C		A	B	C		A	B	C	
0	2	0	3.7	1	2	0	6.1	2	2	0	9.3	3	2	0	14	4	2	0	22	5	2	0	49
0	2	1	5.5	1	2	1	8.2	2	2	1	12	3	2	1	17	4	2	1	26	5	2	1	70
0	2	2	7.4	1	2	2	10	2	2	2	14	3	2	2	20	4	2	2	32	5	2	2	95
0	2	3	9.2	1	2	3	12	2	2	3	17	3	2	3	24	4	2	3	38	5	2	3	120
0	2	4	11	1	2	4	15	2	2	4	19	3	2	4	27	4	2	4	44	5	2	4	150
0	2	5	13	1	2	5	17	2	2	5	22	3	2	5	31	4	2	5	50	5	2	5	180
0	3	0	5.6	1	3	0	8.3	2	3	0	12	3	3	0	17	4	3	0	27	5	3	0	79
0	3	1	7.4	1	3	1	10	2	3	1	14	3	3	1	21	4	3	1	33	5	3	1	110
0	3	2	9.3	1	3	2	13	2	3	2	17	3	3	2	24	4	3	2	39	5	3	2	140
0	3	3	11	1	3	3	15	2	3	3	20	3	3	3	28	4	3	3	45	5	3	3	180
0	3	4	13	1	3	4	17	2	3	4	22	3	3	4	31	4	3	4	52	5	3	4	210
0	3	5	15	1	3	5	19	2	3	5	25	3	3	5	35	4	3	5	59	5	3	5	250

续表

阳性管数			系数	阳性管数			系数	阳性管数			系数	阳性管数			系数	阳性管数			系数	阳性管数			系数
A	B	C		A	B	C		A	B	C		A	B	C		A	B	C		A	B	C	
0	4	0	7.5	1	4	0	11	2	4	0	15	3	4	0	21	4	4	0	34	5	4	0	130
0	4	1	9.4	1	4	1	13	2	4	1	17	3	4	1	24	4	4	1	40	5	4	1	170
0	4	2	11	1	4	2	15	2	4	2	20	3	4	2	28	4	4	2	47	5	4	2	220
0	4	3	13	1	4	3	17	2	4	3	23	3	4	3	32	4	4	3	54	5	4	3	280
0	4	4	15	1	4	4	19	2	4	4	25	3	4	4	36	4	4	4	62	5	4	4	350
0	4	5	17	1	4	5	22	2	4	5	28	3	4	5	40	4	4	5	69	5	4	5	430
0	5	0	9.4	1	5	0	13	2	5	0	17	3	5	0	25	4	5	0	41	5	5	0	240
0	5	1	11	1	5	1	15	2	5	1	20	3	5	1	29	4	5	1	48	5	5	1	350
0	5	2	13	1	5	2	17	2	5	2	23	3	5	2	32	4	5	2	56	5	5	2	540
0	5	3	15	1	5	3	19	2	5	3	26	3	5	3	37	4	5	3	64	5	5	3	920
0	5	4	17	1	5	4	22	2	5	4	29	3	5	4	41	4	5	4	72	5	5	4	1 600
0	5	5	19	1	5	5	24	2	5	5	32	3	5	5	45	4	5	5	81	5	5	5	1 800

注：A 表示接种试样原液者，B 表示接种检体的 10 倍稀释液者，C 表示接种检体的 100 倍稀释液者。

E.C. 发酵管的配置方法：蛋白胨 20.0g、乳糖 5.0g、胆盐 1.5g、磷酸氢二钾（无水）4.0g、磷酸氢一钾（无水）1.5g、氯化钠 5.0g 溶于 1000mL 纯净水中，分装发酵管，高压灭菌后迅速冷却。最终 pH 必须在 6.8~7.0。

（4）对于剥壳的生食用牡蛎肉，每 1g 检体中，副溶血性弧菌最大可能数必须小于等于 100。副溶血性弧菌最大可能数量的计算方法参照"生食用鲜水产品"的成分规格部分。

2. 生食用牡蛎的加工标准

（1）原料用牡蛎须采自每 100mL 海水中大肠菌群最大可能数量小于等于 70 的海域；若采集海域不满足前述要求，须使用同等标准海水或盐分浓度 3% 的人工盐水，通过持续换水或杀菌对牡蛎进行净化。

海水中大肠菌群最大可能数量的计算方法：采集海水作为检体，分别将 10mL 接种到五支双倍乳糖肉汤发酵管中，1mL 接种到五支乳糖肉汤发酵管中，0.1mL 接种到五支乳糖肉汤发酵管中，在 35℃（允许上下 1.0℃ 的误差）下培养。24 小时（允许前后 2 小时的误差）或 48 小时（允许前后 3 小时的误差。以下本项中相同）后，若观察到气体产生，则认为该海水的大肠菌群推测试验结果呈阳性，须立即进行如下确认试验。

对大肠菌群推测试验结果呈阳性的海水，取其接种的双倍乳糖肉汤发酵管或乳糖肉汤发酵管中的培养液，用直径 3mm 的接种环移取 1 环至乳糖胆碱肉汤（B.G.L.B.）发酵管中，在 35℃（允许上下 1.0℃ 的误差）下培养 48 小时。若观察到气体产生，则判定该海水中大肠菌群的确认试验结果为阳性。每 100mL 检体中大肠菌群的最大可能数，应根据作为检体采集的海水中，接种了大肠菌群确定试验呈阳性的海水的双倍乳糖肉汤发酵管的数量，通过最大可能数量表得出的系数确定。此时，该表中"试样原液"对应"作为检体的海水 10mL"，"检体的 10 倍稀释液"对应"作为检体的海水 1mL"，"检体的 100 倍稀释液"对应"作为检体的海水 0.1mL"。

（2）当原料牡蛎需在水中临时储存时，必须使用每 100mL 中大肠菌群最大可能数小于等于 70 的海水或盐分浓度 3% 的人工盐水，并且须随时更换该海水或人工盐水，或边杀菌边储存。

（3）原料牡蛎在捕捞后，必须立即用卫生的水充分清洗。

（4）生食用牡蛎须在卫生的场所进行加工。此外，加工时不得使用化学合成添加剂（亚氯酸水、次氯酸水、次氯酸钠以及用作氢离子浓度调节剂的盐酸和二氧化碳除外）。

（5）用于剥壳的水必须是食品生产用水、经杀菌处理的海水或由食品生产用水制备的人工海水。

（6）用于剥壳的器具必须易于清洗和消毒。此外，在使用前必须进行清洗和消毒。

（7）盛放牡蛎肉的容器，必须使用易于清洗和消毒的金属、合成树脂等制成无渗透性的材质。此外，其容器必须为专用的，在使用前必须进行清洗和消毒。

（8）牡蛎肉必须使用食品生产用水、经杀菌处理的海水或由食品生产用水制备的人工海水充分清洗。

（9）生食用冷冻牡蛎必须在加工后尽快冷冻。

（10）在生食用牡蛎加工过程中产生的牡蛎壳等废弃物，须采取及时搬运到其他场所等处理方式，以保持牡蛎加工场所的卫生。

3. 生食用牡蛎的保存标准

（1）生食用牡蛎必须在 10℃ 以下保存。对于生食用冷冻牡蛎，须在 –15℃ 以下保存。

（2）生食用牡蛎必须装在清洁卫生的有盖容器内，或用清洁卫生的合成树脂、铝膜、耐水性加工纸包装后保存。对于生食用冷冻牡蛎，须用清洁卫生的合成树脂、铝箔或耐水性加工纸包装后保存。

冷冻食品

1. 冷冻食品 [生产、加工的食品（清凉饮料水、肉制品、鲸肉制品、鱼糜制品、水煮章鱼和水煮螃蟹除外），及切片或去皮（壳）的新鲜水产品（生牡蛎除外，以下本条中相同）经冷冻后，装入容器包装的产品。以下本条中相同] 的成分规格

（1）无须加热即可食用的冷冻食品（指生产加工后经冷冻，供饮食时无须加热冷冻食品，以下本条中相同），每 1g 检体中细菌计数（活菌数）应在 100000 以下，且大肠菌群必须为阴性。此情况下细菌计数（活菌数）的计算方法及大肠菌群试验方法如下。

①检体采集和试样制备。

用酒精棉仔细擦拭冷冻食品容器包装的表面，使用灭菌器具开封，将内容物全部切碎后，随机灭菌地取 25g 放入灭菌均质器中，加入 225mL 灭菌磷酸缓冲稀释液并粉碎。取其中 10mL，用灭菌移液器转移至灭菌试样瓶中，加入 90mL 灭菌磷酸缓冲稀释液，充分混合，将此作为试样原液。

对于细菌计数（活菌数）的计算，将试样原液用灭菌磷酸缓冲稀释液进行梯度稀释，使用每个平板上能长出 30~300 个菌落的稀释液作为试样；对于大肠菌群的试验，将试样原液作为试样。

②细菌计数（活菌数）的计算方法。

参照"食用冰"的成分规格。

③大肠菌群的试验方法。

参照"冰点"的成分规格。

（2）加热后食用的冷冻食品（指生产加工后经冷冻，除无须加热即可食用的冷冻食品以外的冷冻食品，以下本条中相同），且在冷冻前经过加热处理的产品，每 1g 检体中的细菌计数（活菌数）应在 100000 以下，且大肠菌群必须呈阴性。此情况下细菌计数（活菌数）的计算方法及大肠菌群

试验方法，参照（1）中的①②③进行。

（3）加热后食用的冷冻食品，且在冷冻前未经过加热处理的产品，每1g检体中的细菌计数（活菌数）应在3000000以下，且大肠杆菌必须呈阴性。（注：以小麦粉为主要原料，食用前需要加热的冷冻面包面团类食品，无须大肠杆菌呈阴性）此情况下细菌计数（活菌数）的计算方法及大肠杆菌的试验方法如下。

①检体采集和试样制备。

依照（1）中的①进行。在此情况下，对于大肠杆菌的试验，将试样原液作为试样。

②细菌计数（活菌数）的计算方法。

依照（1）中的②进行。

③大肠杆菌的试验方法。

将1mL试样分别接种到3支E.C.发酵管（指"生食用牡蛎"的成分规格中规定的发酵管）中，使用恒温水浴箱，在44.5℃（允许上下0.2℃的误差）下培养24小时（允许前后2小时的误差。以下本项中相同）。在此期间，有气体产生的试样判定为推定试验阳性，无气体产生的试样判定为推定试验阴性。

如果推定试验为阳性，则从该E.C.发酵管中取1接种环菌液，在EMB培养基上划线，在35℃（允许上下1.0℃的误差。以下本项中相同）下培养24小时后，挑取大肠杆菌的典型菌落（如果没有典型菌落，则挑取2个以上类似典型菌落的菌落），分别接种到乳糖肉汤发酵管和琼脂斜面上（如果挑取的是类似典型菌落的菌落，则分别从每个菌落中挑取菌液进行接种）。

将乳糖肉汤发酵管在35℃下培养48小时（允许前后3小时的误差），琼脂斜面在35℃下培养24小时。当乳糖肉汤发酵管中有气体产生时，对相对应的琼脂斜面进行镜检，若观察到革兰氏阴性无芽孢杆菌，则判定为大肠杆菌阳性。

（4）生食用冷冻鲜水产品 [指切片或去皮（壳）的鲜水产品，且是经过冷冻处理的生食用产品。以下本项中相同]，每 1g 检体中的细菌计数（活菌数）应在 100000 以下，且大肠菌群必须呈阴性，同时副溶血性弧菌的最大可能数应在 100 以下。此情况下细菌计数（活菌数）的计算方法及大肠菌群试验方法，依照（1）中的①②③进行；副溶血性弧菌最大可能数的计算方法，依照"生食用鲜水产品"的成分规格的①及②进行。

2. 冷冻食品（仅限生食用冷冻水产品）的加工标准

（1）用作原料的鲜水产品必须具有良好的新鲜度。

（2）加工过程中使用的水，必须是食品生产用水、经杀菌处理的海水或由食品生产用水制备的人工海水。

（3）如果用作原料的鲜水产品是冷冻的，其解冻过程必须在卫生的场所进行，或者在清洁的水槽中使用食品生产用水、经杀菌处理的海水或由食品生产用水制备的人工海水在充分换水的条件下进行。

（4）用作原料的鲜水产品必须使用食品生产用水、经杀菌处理的海水或由食品生产用水制备的人工海水充分清洗，去除可能污染产品的物质。

（5）经过（4）处理的鲜水产品的加工，必须在前述处理场所以外的卫生场所进行。此外，在加工过程中，不得使用化学合成添加剂（亚氯酸水、次氯酸水、次氯酸钠以及作为氢离子浓度调节剂使用的盐酸和二氧化碳除外）。

（6）加工过程中使用的器具，必须易于清洗和消毒，并且在使用前必须进行清洗和消毒。

（7）加工后的生食用鲜水产品，必须在加工后尽快进行冷冻处理。

3. 冷冻食品的保存标准

（1）冷冻食品须在 –15℃以下保存。

（2）冷冻食品必须用清洁卫生的合成树脂、铝箔或耐水性加工纸进行包装后保存。

附录 4　日本《水产资源保护法施行规则》

（1952 年农林省令第 44 号）

　　根据《水产资源保护法》（1951 年第 313 号法），为实施该法，制定《水产资源保护法施行规则》如下。

　　（进口防疫对象疾病等）

　　第一条　《水产资源保护法》（以下简称"本法"）第十三条第一项农林水产省令规定的进口防疫对象疾病，依下表左栏所列水产动物种类，分别对应下表右栏所列传染性疾病。

水产动物	进口防疫对象疾病
鲑科鱼类	病毒性出血性败血症（不包括 IVa 型） 鲑鱼甲病毒感染症 流行性造血系统坏死症 鱼立克次氏体病 红嘴病 脑黏体虫病
鲤鱼	鲤鱼春季病毒血症 鲤鱼疱疹病毒病 红嘴病
鲫鱼属鱼类（包括金鱼） 黑鲢、白鲢	鲤鱼春季病毒血症 红嘴病
青鱼、草鱼	鲤鱼春季病毒血症
尼罗口孵非鲫	红嘴病
真鲷	真鲷格留虫病

续表

水产动物	进口防疫对象疾病
对虾	黄头病 坏死性肝胰腺炎 桃拉综合征 传染性皮下和造血器官坏死症 急性肝胰腺坏死症 四面体杆状病毒感染症 对虾偷死病 鳃相关病毒病
南美白对虾	黄头病 坏死性肝胰腺炎 桃拉综合征 传染性皮下和造血器官坏死症 传染性肌肉坏死症 四面体杆状病毒感染症 对虾偷死病
斑节对虾	黄头病 坏死性肝胰腺炎 桃拉综合征 传染性皮下和造血器官坏死症 急性肝胰腺坏死症 传染性肌肉坏死症 四面体杆状病毒感染症 鳃相关病毒病 斑节对虾杆状病毒病
明虾	黄头病 坏死性肝胰腺炎 桃拉综合征 传染性皮下和造血器官坏死症 急性肝胰腺坏死症 传染性肌肉坏死症 四面体杆状病毒感染症 鳃相关病毒病 斑节对虾杆状病毒病
滨对虾属（Litopenaeus）虾类，不包括南美白对虾	黄头病 坏死性肝胰腺炎 桃拉综合征 传染性皮下和造血器官坏死症 传染性肌肉坏死症 四面体杆状病毒感染症

续表

水产动物	进口防疫对象疾病
对虾属（*Penaeus*）虾类，不包括斑节对虾	黄头病 坏死性肝胰腺炎 桃拉综合征 传染性皮下和造血器官坏死症 传染性肌肉坏死症 四面体杆状病毒感染症 鳃相关病毒病 斑节对虾杆状病毒病
明对虾属（*Fenneropenaeus*）虾类，不包括明虾	黄头病 坏死性肝胰腺炎 桃拉综合征 传染性皮下和造血器官坏死症 四面体杆状病毒感染症 鳃相关病毒病 斑节对虾杆状病毒病
沟对虾属（*Melicertus*）虾类 新对虾属（*Metapenaeus*）虾类	黄头病 坏死性肝胰腺炎 桃拉综合征 传染性皮下和造血器官坏死症 四面体杆状病毒感染症 斑节对虾杆状病毒病
上述外对虾科虾类	黄头病 坏死性肝胰腺炎 桃拉综合征 传染性皮下和造血器官坏死症 四面体杆状病毒感染症
樱虾科毛虾属虾类 长臂虾科虾类	黄头病
杂色鲍（*Haliotis diversicolor aquatilis/supertexta* 及 *H. diversicolor diversicolor*）	鲍鱼疱疹病毒感染症
虾夷鲍（*H. discus hannai*） 黑鲍（*H. discus discus*） 日本鲍螺（*H. madaka*） 大鲍螺（*H. gigantea*）	鲍鱼细菌性脓疱症

水产动物	进口防疫对象疾病
巨牡蛎属（*Crassostrea*）牡蛎	牡蛎疱疹病毒 1 型变异株感染症（仅限 μ 变种）
虾夷盘扇贝	帕金虫病
真海鞘（*Halocynthia roretzi*）	真海鞘背囊软化症

依本法第十三条第一项中由农林水产省令规定的水产动物，为前项表格中所列的水产动物，且需符合以下条件：

一、活体水产动物（仅限于储存在公共水面或会向公共水面直接排水的设施中的供食用的水产动物）。

二、非活体水产动物 [包括加工过的水产动物，仅限于用于养殖的水产动物（不包括鱼粉和鱼油）]。

（进口申请）

第二条 欲依本法第十三条第一项规定取得许可者，必须提交"别记样式第一号"（略）中列出的申请书。

本法第十三条第二项中由农林水产省令规定的事项如下。

一、收货人和发货人的姓名或名称以及地址。

二、拟进口水产动物的预定装载地点、预定装载日期、预定装载船舶名称或预定装载航班名称。

三、拟进口水产动物的目的地。

四、其他可供参考的事项。

（通过电磁记录申请）

第二条之二 对于本法第十三条第二项规定的检查证明书或其副本，若以电磁记录（指以电子方式、磁方式或其他无法通过他人知觉识别的方式制作的记录，且用于电子计算机信息处理的记录。本条以下同）形式记录了该检查证明书或其副本应记载的事项，且该电磁记录被认定为由输出国政府机关制作，则在输入时，可使用该电磁记录代替检查证明书或其副本。

（进口许可证的签发）

第三条 依本法第十三条第四项规定签发的进口许可证的格式见"别记样式第二号"（略）。

（管理期）

第四条 农林水产省令依本法第十四条第一项规定的管理期，依下表左栏所列水产动物种类，分别对应下表右栏所列期间。

水产动物	时间
鲑科鱼类	10 天（如果无法确定不存在传播病毒性出血性败血症病原体的风险，则为 15 天；如果无法确定不存在传播脑黏体虫病病原体的风险，则为 42 天；如果无法确定不存在传播鱼立克次氏体病病原体的风险，则为 84 天）
鲤鱼	10 天（如果无法确定不存在传播鲤鱼春季病毒血症病原体的风险，则为 15 天；如果无法确定不存在传播鲤鱼疱疹病毒病病原体的风险，则为 21 天）
鲫鱼属鱼类（包括金鱼）黑鲢、白鲢	10 天（如果无法确定不存在传播鲤鱼春季病毒血症病原体的风险，则为 15 天）
青鱼、草鱼	15 天
尼罗口孵非鲫	10 天
真鲷	30 天
对虾科虾类 樱虾科毛虾属虾类 长臂虾科虾类	10 天（如果无法确定不存在传播坏死性肝胰腺炎病原体的风险，则为 18 天；如果无法确定不存在传播桃拉综合征病原体的风险，则为 20 天；如果无法确定不存在传播鳃相关病毒病病原体的风险，则为 30 天；如果无法确定不存在传播传染性肌肉坏死症病原体的风险，则为 50 天）
杂色鲍（*H. diversicolor aquatilis/supertexta* 及 *H. diversicolor diversicolor*）	7 天

续表

水产动物	时间
虾夷鲍（*H. discus hannai*） 黑鲍（*H. discus discus*） 日本鲍螺（*H. madaka*） 大鲍螺（*H. gigantea*）	180 天
巨牡蛎属（*Crassostrea*）牡蛎	7 天
虾夷盘扇贝	210 天
真海鞘（*Halocynthia roretzi*）	23 天

（管理方法）

第五条　依本法第十四条第一项农林水产省令规定的方法如下。

一、需要管理的水产动物应与其他水产动物分开保管。

二、排放水产动物容器包装中的水或其他液体，或用于饲养水产动物的水时，必须对这些水进行消毒。

三、在第四条规定的管理期内，将水产动物从容器包装或鱼缸（以下简称"容器包装等"）转移到其他容器包装或鱼缸时，必须对容器包装等进行消毒。

四、处理水产动物的容器和包装时，应采用焚烧或掩埋的方式。

五、水产动物在第四条规定的管理期内死亡的，应当对水产动物采取焚烧、掩埋或者其他必要措施进行处理。

（进口防疫对象疾病检测）

第六条　依本法第十四条第二项规定接受检查者，应事先书面或口头向农林水产大臣报告下列事项：

一、水产动物的所有人、管理人的姓名或者名称以及地址。

二、水产动物患有或者疑似患有的进口防疫疾病的种类。

三、水产动物的种类。

四、水产动物所在地。

五、发现水产动物患有或者疑似患有进口防疫疾病的日期和发现时的状态。

六、其他需要的参考事项。

（身份证明格式）

第七条　本法第十六条第二项规定的身份证明格式见"别记样式第三号"（略）。

（通道安装计划等的制订和批准）

第八条　依本法第二十六条第二项规定接获命令者，应于接获命令之日起六十日内，依下表左栏所列分类，在分别记载下表中栏所列事项的计划书中，附上下表右栏所列文件，提交给农林水产大臣。

指令分类	计划中包含的信息	附件
设置河鱼类通道或替代该通道的设施（本表中称为"通道等"）的命令	通道等的安装位置 通道等的宽度、长度及结构 通道等设置的施工方案 通道等的操作计划	施工设计书
关于设置养殖河鱼或其他鱼类所需的设施（本表中称为"设施"）的命令	设施位置 设施类型、规模及建设计划	施工设计书
养殖河鱼或其他鱼类所需的方法（本表中称为"方法"）的命令	方法实施时间及规模 方法的实施人员	

（除害施工令）

第九条　本法第二十七条第四项规定的利害关系人申请同条第一项规定的除害施工令时，应向农林水产大臣提交申请书，说明以下所列事项。

一、申请人的姓名或名称以及地址。

二、工程所有人或占用人的姓名或名称以及地址。

三、工程的类型、规模和用途。

四、需要进行除害工程的原因。

五、除害工程内容。

六、应下令进行除害工程的时期。

七、该工程权利人因除害工程会遭受的损失。

（确定赔偿金额的通知）

第十条　农林水产大臣在决定本法第二十七条第三项规定的补偿金额时，应将该金额和支付期限通知该工程权利人。

农林水产大臣在决定本法第二十七条第四项规定的赔偿金额时，应将赔偿金额和支付期限通知申请人，并将赔偿金额、支付期限以及申请人的姓名或名称和地址通知工程权利人。

（申报的义务）

第十一条　本法第三十条中由农林水产省令规定的水产动植物为香鱼。

第十二条　依据本法第三十条前段规定进行的申报，必须在开展该业务之日的三十日前，向农林水产大臣提交"别记样式第四号"（略）中规定的申报书。

依据本法第三十条前段或本法附则第二项规定进行申报的人，若欲变更申报书中记载的事项，必须向农林水产大臣提交记载变更事项的申报书。

第十三条　依据本法第三十条后段规定进行的申报，必须在停止该业务之日起十日内，向农林水产大臣提交记载该事宜的书面文件。

（生产及配给的指示）

第十四条　依据本法第三十一条规定做出的指示，若涉及水产动植物的生产，则须以书面形式记载该水产动植物种苗的种类、生产数量或生产方法；若涉及水产动植物种苗的配给，则须以书面形式记载该水产动植物种苗的种类、配给价格、配给方法、按配给地划分的数量或按时间划分的配给数量。

（报告的征收）

第十五条　总吨位二十吨以上渔船的船长，在农林水产大臣为保护和培育水产资源，就渔具流失问题发布公告，规定应报告的事项及方法时，必须按照规定进行报告。

附则　略。

附录5　《中华人民共和国国家质量监督检验检疫总局和大韩民国农林水产食品部关于进出口水产品卫生管理协议》

中华人民共和国国家质量监督检验检疫总局和大韩民国农林水产食品部（以下简称双方）经友好协商，双方就加强在进出口水产品卫生安全管理方面的相互合作达成如下协议。

第一条

双方根据两国的法律法规，本着平等互利的原则，决定共同增进两国间水产品卫生安全方面的合作。

第二条

双方就以下几个方面进行合作：

1. 保障向对方出口水产品的卫生安全。

2. 相互交换有关水产品卫生安全的法律法规、技术标准及有关制定、修改和执行方面的信息。

3. 保障有关专家及官员对对方国家的访问，以利于交换有关水产品检验的信息。

4. 其他方面的合作。

第三条

该协议适用如下食用的水产品：

1. 水生动物原料（活的水生动物除外）；

2. 水生动物的初级加工品，即虽经切割、加热、干燥、熟制或腌制（未使用除食盐以外的添加剂及其他原料），但从外观上可以识别水生动物原型的产品。

第四条

加工厂注册登记：出口水产品加工厂应符合进口国的卫生管理标准，经出口国检验检疫机构注册登记后，向进口国检验检疫机构通报注册登记工厂名单，进口国应接受这些名单，以便简化进口国的进口卫生检查。

1. 出口国的检验检疫机构应对注册登记的加工厂进行定期检查以确保加工厂的卫生条件符合进口国的要求，并对结果进行记录及管理。

2. 出口国的检验检疫机构应对出口水产品的处理、制作、加工过程中是否混入进口国所规定的对人体构成危害的物质进行定期监督检查，并对结果进行记录及管理。

3. 进口国的检验检疫机构可对已注册登记的加工厂进行抽查，保证双方履行本协议内容。

第五条

出口水产品包装上应有进口国文字及英文标识，标识内容包括：品名、出口国家名称、注册登记加工厂名称及注册编号，所有标识内容应清晰、醒目、持久。

第六条

出口国的检验检疫机构应出具出口水产品没有双方所规定的对人体有害的细菌、有毒有害物质（见附件1）和金属异物的证书。

第七条

在进口水产品中发现安全卫生问题时，按附件2进行处理。必要时，经双方协商，双方可对进口水产品的安全卫生问题开展联合调查。

第八条

在向对方国家派遣检查人员或专家时，旅行经费及住宿费由派遣方承担。

第九条

协议签字后，在双方完成各自的必要程序并相互通报对方后生效，有

效期5年，如一方不在有效期满6个月前向另一方以书面形式要求终止该
协议，该协议将继续5年有效。

第十条

1.该协议可通过双方协商进行修订或改正。

2.本协议替代2001年4月5日在中国北京签署的《中华人民共和国国
家出入境检验检疫局和大韩民国海洋水产部关于进出口水产品卫生管理协
议》。

本协议于2008年8月25日在首尔签订，一式两份，每份都用中文、
韩文和英文写成，三种文本同等作准。在解释存在异议时，以英文文本为准。

附件1

1. 中韩进出口水产品安全卫生标准

检查项目	协议限量标准	适用产品
麻痹性贝类毒素	≤ 80μg/100g（＜ 4 MU/g）	软体双壳贝类及其产品
细菌总数	≤ 100000/g ≤ 3000000/g	无须蒸煮即可食用的冻鱼及软体贝类 冻鳕鱼内脏
大肠菌群	≤ 10/g	无须蒸煮即可食用的冻鱼及软体贝类
金黄色葡萄球菌	阴性	无须蒸煮即可食用的冻鱼及软体贝类
沙门氏菌	阴性	无须蒸煮即可食用的冻鱼及软体贝类
副溶血性弧菌	阴性	无须蒸煮即可食用的冻鱼及软体贝类
单核细胞增生李斯特氏菌	阴性	无须蒸煮即可食用的冻鱼及软体贝类
抗生物质 ——土霉素 ——噁喹酸 ——氟甲喹 ——恩诺沙星 / 环丙沙星 ——螺旋霉素 ——磺胺甲基嘧啶	≤ 0.2mg/kg ≤ 0.1mg/kg ≤ 0.5mg/kg ≤ 0.1mg/kg ≤ 0.2mg/kg 不得检出	冰鲜、冷冻产品 ——养殖鱼和甲壳类
国际上禁止使用物质 ——氯霉素 ——孔雀石绿 ——硝基呋喃类	不得检出 不得检出 不得检出	冰鲜、冷冻水产品
一氧化碳（CO）	≤ 20μg/kg ≤ 200μg/kg ≤ 10μL/L	冻罗非鱼（鱼块和鱼片产品） 冻金枪鱼（鱼块和鱼片产品） 冻罗非鱼（真空包装产品）
虎红（焦油色素）	阴性	冰鲜、冷冻产品 ——鱼子酱及其替代物（包括盐腌产品） ——马哈鱼和鳟鱼、鱼片 ——蚶类、海胆和阿拉斯加鳕鱼子
金属异物	不得检出	冰鲜、冷冻产品

注：进口国对未列入协议附件 1 的检验项目进行检测，进口国已有明确检测规定的，应在开展检测前或检测的同时，及时通报出口国，包括有关检测方法及使用标准等信息；实施新的检测标准，进口国应按照 WTO/SPS 的规则向出口国通报，并给予出口国一定的准备期。

2. 输入河鲀的特殊条件

（1）可输入的河鲀的种类

编号	学名	编号	学名
1	星点东方鲀	12	棕斑腹刺鲀或棕腹刺鲀
2	斑点东方鲀	13	暗鳍腹刺鲀
3	豹纹东方鲀	14	密沟鲀或皱纹河鲀
4	潮际东方鲀	15	菊黄东方鲀
5	紫色东方鲀	16	斑短刺鲀
6	暗纹东方鲀	17	六斑刺鲀
7	痣斑东方鲀	18	布氏刺鲀
8	红鳍东方鲀	19	密斑刺鲀
9	假睛东方鲀	20	粒突箱鲀
10	黄鳍东方鲀	21	密点东方鲀
11	黑鳃兔头鲀		

（2）输入产品的类型：冰鲜、冷冻

未经加工的生河鲀；仅去除内脏的河鲀。

（3）进口商须提供输出国政府机关或由政府机关批准的机构出具的证书，在证书上注明河鲀的学名和捕捞区。

附件 2

不合格水产品及其加工厂调查处理程序

一、不合格分类

按项目要求检出的不合格情况分类如下：

第一类：一般危害的不合格情况。包括：生物毒素（麻痹性贝类毒素、河鲀毒素）；致病微生物（细菌总数、大肠菌群、金黄色葡萄球菌、副溶血性弧菌、单核细胞增生李斯特氏菌）；其他有毒有害物质残留 [二氧化硫、一氧化碳、放射性物质、虎红、重金属（铅、总汞、镉）]；金属异物（非人为加入）；强制注水。

第二类：重大危害的不合格情况。含有国际上禁用的物质残留（氯霉素、硝基呋喃、孔雀石绿）；含有限用抗生物质：噁喹酸、土霉素、氟甲喹、螺旋霉素、恩诺沙星 / 环丙沙星、磺胺甲基嘧啶；可能产生严重危害的致病微生物：霍乱弧菌、沙门氏菌；金属异物（人为加入）的不合格问题。

二、不合格水产品及其加工厂的调查处理程序

不合格种类	发生次数	处理结果	调查处理程序
第一类	1 次	出口国对相关企业的相关产品采取限期整改、暂停出口措施	①进口国向出口国通报发生不合格情况。②出口国对相关企业的相关产品采取限期整改、暂停出口措施，相关企业整改合格后恢复出口。③出口国及时向进口国通报调查结果和整改情况。
	1 年内 2 次以上	进口国暂停相关企业的相关产品进口	①进口国向出口国通报发生不合格情况，暂停相关企业的相关产品进口。②出口国对不合格原因进行调查，并将结果和整改情况向进口国通报。③进口国接到出口国情况通报，若无不可抗力的原因，则应在 15 天内恢复相关企业的相关产品进口。

续表

不合格种类	发生次数	处理结果	调查处理程序
第二类	1次	进口国暂停相关企业进口	①进口国向出口国通报发生不合格情况，并暂停相关企业进口。 ②出口国向进口国通报调查结果和整改情况。 ③进口国接到出口国情况通报，若无不可抗力或材料不足的原因，则应在15天内恢复相关企业进口。
	1年内2次以上	出口国取消相关企业对进口国的注册	①进口国向出口国通报发生不合格情况，并暂停相关企业进口。 ②出口国取消相关企业对进口国的注册。

附录6 欧亚经济联盟 TR EAEU 040/2016
《水产品及其制品安全性技术法规》

适用范围

1.本技术法规适用于在联盟领土上流通的水产品及其制品，本技术法规的规范对象：

（1）来自水生生物资源和水产养殖捕捞的加工或未加工的植物和动物来源的水产品及其制品，包括以下种类：活鱼和活水生无脊椎动物；生鲜鱼，新鲜水生无脊椎动物，新鲜水生哺乳动物，新鲜藻类和新鲜水生植物；煮熟冷冻的水生无脊椎动物、藻类和其他水生植物；冷藏食用水产品；微冻鱼类食用水产品；冷冻食用水产品；巴氏杀菌食用水产品；干制食用水产品；腌制食用水产品；咸味食用水产品；热熏食用水产品；冷熏食用水产品；烟熏食用水产品；预制水产干制品；儿童水产制品，包括以鱼和蔬菜为主要原料的食品，以及以鱼为主要原料的食品；烹饪鱼制品；预制烹饪鱼制品；鱼糜及其制品；鱼罐头；天然鱼罐头；天然鱼油罐头；半成品鱼罐头；颗粒状鱼子酱（由成熟的鱼卵制成）；鱼子酱（由未成熟的或非常软的鱼卵制成）；巴氏杀菌鱼子酱；盐腌鱼子酱；鱼、水生无脊椎动物和水生哺乳动物的食用脂肪；水产品水解物；仿制食用水产品及其制品。

（2）水产品及其制品的生产、储存、运输、销售和处置过程。

2.本技术法规的规定不适用于：

（1）鱼类、水生无脊椎动物、水生哺乳动物或其他水生动物以及藻类或其他水生植物的繁殖和生长（饲养）的过程；

（2）特定水产品及其制品（儿童食用水产品及其制品除外）；

（3）基于鱼类、水生无脊椎动物、水生哺乳动物和其他水生动物，以及水生植物和其他水生植物制成的生物活性食品添加剂和食品添加剂；

（4）联盟领土上流通的非工业化生产的食用水产品的生产、储存、运输和处置过程；

（5）公民在家庭条件下和（或）私人农场中生产的食用水产品及其制品，以及仅用于个人消费而无意在联盟领土内流通的此类产品的生产、储存、运输和处置过程；

（6）两栖动物和爬行动物及其制品；

（7）非食用水产品及其制品。

基本概念

关税同盟委员会 2011 年 12 月 9 日第 880 号决定通过的关税同盟《食品安全》技术法规（TR CU 021/2011）以及关税同盟《食品标签》技术法规（TR CU 022/2011）相关定义及下列定义适用于本技术法规：

"冷冻的水煮无脊椎动物"——将无脊椎动物预先水煮煮沸，直到蛋白质完全凝结并冷冻至不高于 –18℃；

"冷冻的水煮藻类和其他水生植物"——将藻类和其他水生植物煮沸至弹性致密的稠度，并冷冻至不高于 –18℃；

"新鲜藻类和水生植物"——从水中获得的藻类和其他水生植物，有其固有的颜色、气味、组织弹性和表面膜；

"干制食用水产品"——由预先盐腌的鱼、无脊椎动物、水生哺乳动物或其他水生动物经干燥工艺制成的食用水产品，水分含量不低于 30%，具有致密的质地和成熟产品的特性；

"食用水产品水解物"——鱼类组织、水生无脊椎动物、水生哺乳动物或其他水生动物以及藻类或其他水生植物经水解工艺制成的食用水产品；

"镀冰衣"——冷冻鱼类食品中添加或不添加食品添加剂，浸入饮用水或清水中，在表面形成冰保护层的过程；

"水产品深度脱水"——鱼、水生无脊椎动物、水生哺乳动物或其他水生动物产品表面组织汁液的流失，表现为冷冻水产品表面锈蚀、肌肉组织含有白色和（或）黄色斑点。在不破坏外观的情况下，无法通过机械手段将其去除；

"活鱼"——在自然或近距离栖息地游泳的鱼，其身体、颌骨和鳃盖可进行自然运动呼吸；

"活的水生无脊椎动物"——棘皮动物、软体动物和甲壳类动物，对施加的机械作用具有特征性反应，并能在维持其生命活动的条件下生存；

"鱼类、水生无脊椎动物或水生哺乳动物的食用脂肪"——以含有脂肪的鱼类、水生无脊椎动物或水生哺乳动物为原料，添加或不添加食品添加剂和（或）香精香料而制成的食用水产品；

"粒状鱼子酱"——由鲑科或鲟科鱼类的鱼子，添加食盐或食盐与食品添加剂混合物，添加或不添加植物油制成的水产制品；

"制造商"——法人或注册为个体经营者的自然人，包括外国制造商，以自己的名义生产或生产和销售水产品及其制品，并确保其遵守关税同盟的技术法规；

"鱼子酱制品"——用鱼子酱、贝类和棘皮动物的整体鱼子切碎的鱼卵并添加其他即食食品制成的水产制品；

"鱼卵"——鱼、软体动物和棘皮动物的卵，与卵巢的结缔组织分开；

"鱼子酱"——由整块或切成块的鱼块、贝类和棘皮动物为原料，以冷藏、冷冻、盐腌、熏制或干制等工艺制成的鱼类食品；

"仿制食用水产品及其制品"——模拟和再现水产品及其制品感官特性的食品（如"鱼子酱类似物""结构化制品""蟹棒"）；

"腌制食用水产品"——以鱼、水生无脊椎动物、水生哺乳动物或其他水生动物以及藻类或其他水生植物为原料，并添加食盐、糖、调味料和酸性食用物质的混合物加工制成的水产制品；

"冷冻食用水产品"——鱼、水生无脊椎动物、水生哺乳动物或其他水生动物以及藻类或其他水生植物，包括以上水产品的制品，经过冷冻工艺使温度不超过 –18℃的水产品；

"寄生虫（寄生虫感染）"——鱼类食品中存在的寄生虫、寄生虫族或其残留物，其外观、颜色和大小使得其能够在视觉检查中以及（或）使用其他控制方法时与鱼、水生无脊椎动物、水生哺乳动物和其他水生动物的肌肉组织区分开来；

"天然水产罐头"——以鱼、水生无脊椎动物、水生哺乳动物或其他水生动物以及藻类或其他水生植物为原料，添加或不添加调味料，采用密封包装，在无须预热的条件下经灭菌处理制成的水产制品；

"添加油脂的天然鱼罐头"——以鱼、水生无脊椎动物、水生哺乳动物或其他水生动物以及藻类或其他水生植物为原料，未经预先热处理，并添加了植物油、猪油或鱼肝油，其中油脂含量未做标准化要求的采用密封包装进行灭菌制成的水产制品；

"未加工的食用水产品"——由未经加工的鱼类、水生无脊椎动物、水生哺乳动物或其他水生动物以及藻类或其他水生植物制成的水产品；

"未加工的动物源食用水产品"——由未经加工的鱼类、水生无脊椎动物、水生哺乳动物或其他水生动物制成的水产品；

"冷藏食用水产品"——鱼类、水生无脊椎动物、水生哺乳动物或其他水生动物以及藻类或其他水生植物，在未达到组织汁液冰点的情况下进行冷却的过程，冷却至温度不高于5℃；

"巴氏杀菌"——在60℃至100℃的温度下对产品进行热处理，以确保在产品保质期内和一定的存储温度下产品的安全性和微生物稳定性；

"巴氏杀菌水产品及其制品"——添加或不添加配菜、调味料、馅料，经密闭包装和巴氏灭菌制成的水产品及其制品；

"鱼子酱粉"——以鱼子粒为原料，在热饱和食盐溶液中腌制，然后加压直至获得均质成分的水产制品；

"水产制品"——由鱼、水生无脊椎动物、水生哺乳动物或其他水生动物以及藻类或其他水生植物经过加工制成的食用水产品；

"水产动物源制品"——由水生动物捕获物和水产养殖动物制成的水产制品；

"加工（处理）"——包括热处理（除了冷冻和冷却）、烟熏、腌制、成熟、盐渍、干燥、腌制、浓缩、提取、挤压或这些过程的组合等一系列的食品加工过程；

"水产养殖动物"——从饲养、繁殖或人工创造的半自由状态栖息地获取（捕获）的鱼、水生无脊椎动物、水生哺乳动物和其他水生动物；

"水产养殖植物"——从半自然条件的养护、养殖或人工创造的生活环境中提取（捕获）的水生植物和其他水生植物；

"鱼–植物基辅食"——供婴幼儿食用的鱼类食品，由植物原料（水果、蔬菜、谷物和面粉）和各种鱼类制成，鱼肌肉组织含量占产品总质量的 8%~18%；

"水产基辅食"——由各种水产品制成的供婴幼儿食用的水产食品，水产成分含量占总质量的 40% 以上；

"以鱼为主要原料的辅食"——供婴幼儿食用的鱼类食品，由多种鱼类制成，并添加了植物成分（水果、蔬菜、谷物、面粉），鱼肌肉组织含量占总质量的 18% ~ 40%；

"水产品及其制品"——鱼（包括活鱼和生鲜鱼）、水生无脊椎动物（包括活的和新鲜水生无脊椎动物）、水生哺乳动物（包括新鲜水生哺乳动物）和其他水生动物，拟供人类食用的未加工或加工藻类（包括生鲜藻类）和其他水生植物（包括新鲜水生植物），以及上述水产品的制品；

"热熏水产品"——以预先腌制的鱼、水生无脊椎动物、水生哺乳动物和其他水生动物为原料经热熏工艺制成的水产制品，完全煮沸后具备其特有的颜色、气味和味道；

"婴幼儿和儿童水产品及其制品"——作为婴幼儿和儿童食用（适用于8个月至3岁的幼儿，3至6岁的学龄前儿童，6岁及以上的学龄儿童），满足儿童身体的生理需要，且不会损害适龄儿童健康的水产品及其制品；

"水产植物制品"——由水生植物捕获物和水产养殖植物制成的水产制品；

"冷熏食用水产制品"——以预先腌制的鱼、水生无脊椎动物、水生哺乳动物或其他水生动物为原料，经无烟或混合冷熏等熏制工艺制成，具有熏制品的颜色、气味和味道的水产制品；

"熏制食用水产制品"——以预先腌制的鱼、水生无脊椎动物、水生哺乳动物或其他水生动物为原料，经无烟或混合冷熏工艺制成，具有淡淡烟熏味道的水产制品；

"冷冻食用水产品"——鱼、水生无脊椎动物、水生哺乳动物或其他水生动物以及藻类或其他水生植物，经过冷冻处理，达到的温度比其内部组织液的冰点低1℃或2℃；

"半罐装水产制品"—— 对密封包装的食用水产品进行热处理，足以杀死非耐热的、不形成孢子的微生物，减少形成孢子的微生物数量，并确保产品在不超过6℃的储存温度下，在制造商设定的保质期内微生物的稳定性和安全性；

"调制水产品"——添加或不添加食品添加剂、配菜、调味料和馅料的咸鱼制品，其中鱼的含量至少为65%，水生无脊椎动物、鱼子酱，水生哺乳动物或其他水生动物以及藻类或其他水生植物的含量至少为55%且盐的含量不高于8%，应采用密封和（或）气密包装，并且消费者应按照制造商规定条件存储该食品；

"加盐鱼子酱"——用鱼子酱（鲟科和鲑科鱼类除外）、软体动物、棘皮动物，添加食盐或食盐与食品添加剂的混合物制成的鱼类食品；

"水产干制品"——以预先腌制的鱼、水生无脊椎动物、水生哺乳动物或其他水生动物为原料经干燥制成，其水分含量达到既定的含量要求，组织略微压实，性能成熟的水产制品；

"分配和处理中心"——将活的双壳贝类软体动物放入干净的自来水或饮用水中清洁，以及进行分类和包装；

"冰鲜鱼"——没有生命迹象，处于不超过其自然栖息地环境温度或被冷却的鱼类；

"烹饪水产制品"——添加或不添加水产品以外的和（或）食品添加剂制成，不管是否经过热处理都可以食用的水产制品；

"水产罐头"——以鱼、水生无脊椎动物、水生哺乳动物或其他水生动物以及藻类或其他水生植物为原料，添加或不添加食品添加剂、香精香料、调味料、配菜和馅料，经密封包装并灭菌制成，水产品含量不低于50%的水产罐头；

"水产废料"——不适合生产水产品及其制品的原料或由于生产水产品及其制品而产生的残留物；

"烹饪水产半成品"——添加或不添加水产品以外食品原料和（或）食品添加剂，经过一个或多个烹饪步骤而未制备完成的水产制品；

"新鲜水生无脊椎动物"——从水中获取的甲壳类、软体动物和棘皮动物，在接近栖息地温度下可保持生命迹象；

"新鲜水生哺乳动物"——在没有超过栖息地温度或冷藏的条件下保持生命体征的水生哺乳动物；

"水产品及其制品的所有方"——拥有所有权的个人或法人实体，包括水产品及其制品的所有者、管理者或使用者；

"腌制水产制品"——用食盐或海盐腌制，添加或不添加调味料及其提取物、糖、食品添加剂制成的即食水产制品；

"商业无菌罐头食品"——在高于100℃的温度下对产品进行热处理，以确保罐头食品在制造商规定的保质期内存储、运输和销售时满足商业无菌的要求；

"干水产制品"——以预先腌制的鱼、水生无脊椎动物、水生哺乳动物或其他水生动物以及藻类或其他水生植物为原料，经干燥工艺制成的水产品，水分含量不超过20%；

"煮制干燥的食用水产品"——以预先腌制的鱼、水生无脊椎动物、水生哺乳动物和其他水生动物为原料，经干燥制成的水产品，其水分含量为20%~30%；

"捕获的水生动物"——从自然栖息地中获得（捕获）的鱼类、水生无脊椎动物、水生哺乳动物和其他水生动物；

"捕获的水生植物"——从自然栖息地收取（捕获）的藻类和其他水生植物；

"制造商授权方"——根据联盟成员国立法，在其领土上注册为法人或个体经销商的个人，根据与制造商（包括外国制造商）的协议，代表制造商评估产品合规性，在联盟领土内销售水产品及其制品，对不符合联盟技术法规和其他技术法规（关税同盟的技术法规）要求的食品承担法律责任；

"鱼糜及其制品"——以鱼、水生无脊椎动物、水生哺乳动物或其他水生动物为原料，经研磨和均质工艺后制成的食品；

"浮毒素"——某些藻类和微藻类产生的天然有毒物质，能够在螃蟹和软体动物（头足类除外）的内脏中累积；

"纯化水"——海水或淡水，包括消毒（纯净）水，其中微生物、有害物质、放射性物质和有毒浮游生物的含量不得危害水产品及其制品的质量安全。

产品鉴定要求

允许通过以下一种或多种方法鉴定水产品及其制品：

（1）命名法——通过比较销售包装、运输包装上的标识和（或）随附文件的水产品及其制品的标示名称与本技术法规中规定的各类水产品及其制品定义中的名称。

（2）视觉法——通过比较水产品及其制品的外观与本技术法规和（或）生产水产品及其制品文件中规定的相关特征。

（3）感官法——将水产品及其制品的感官特征与本技术法规和（或）生产产品所依据的文件中规定的特征进行比较。

（4）分析法——通过检验水产品及其制品的形态、物理、化学、生化和微生物参数，并确认其是否与本技术法规和（或）文件中规定的指标要求相符。用真实的自然样本确定指标的特性，包括使用鱼类、水生无脊椎动物和其他水生动物以及藻类和其他水生植物的物种鉴定方法。

如果无法通过名称和视觉方法鉴定水产品及其制品，则使用感官方法。

如果无法通过名称、视觉或感官方法鉴定水产品及其制品，则使用分析方法。

流通规则

如果水产品及其制品符合本技术法规和适用于该产品的联盟其他技术法规（关税同盟的技术法规）的要求，并且该产品已通过符合本技术法规第十一章规定的合格性评估的各项要求，则允许产品在联盟境内流通。

当在联盟领土上流通时，未加工的水产制品应随附联邦成员国主管机构（以下简称"成员国"）颁发的兽医证书，以及运输文件。

在成员国之间进出的经过兽医管控的从第三国进口或在联盟领土内生产的水产制品，需随附成员国主管机构签发的未进行兽医和卫生检查且确认动物健康福利的证书。

流通水产植物产品必须随附运输文件，以确保此类产品的可追溯性。

每一批需符合动物控制（监督）要求的水产动物，进口到联盟领土内时都必须随附出口国主管当局签发的兽医卫生证书。

符合本技术法规和联盟其他技术法规（关税同盟技术法规）要求并通过合格评定的水产品及其制品，在联盟市场上流通时应标示单一产品流通标志。

不符合本技术法规和联盟其他技术法规（关税同盟技术法规）要求的水产品及其制品，包括已过保质期的水产品及其制品不允许在成员国境内流通。

不符合本技术法规和其他联盟技术法规（关税同盟技术法规）要求的水产品及其制品，包括已过保质期的产品，或者其所有者无法确认产品的来源以确保其可追溯性的产品，所有者可以自行或根据成员国监管机构（监督）的命令将其撤出市场流通。

安全要求

水产品及其制品应符合本节规定的安全要求、附表规定的安全要求以及关税同盟《食品安全》技术法规（TR CU 021/2011）的要求。

养殖水产品不得含有天然或合成的激素或转基因生物成分。

制造商（包括制造商和进口商授权方）应根据其使用信息（氯霉素除外）管控产品中兽药、动物生长刺激剂（包括激素类药物）、药物（包括抗菌剂）的最大允许残留量须不超过本技术法规相关附表所规定的限量要求。

下列水产品及其制品禁止在联盟境内流通：

（1）刺鲀科（Diodontidae）、翻车鲀科（Molidae）、鲀科（Tetraodontidae）中的有毒鱼；

（2）就感官指标而言，不符合消费特性要求；

（3）冷冻温度高于 –18℃；

（4）储存期间解冻；

（5）含有对人体健康有害的生物毒素（植物毒素）。

活体双壳类软体动物的壳应紧密关闭或略微打开，但在敲击时应关闭。

活的甲壳动物、棘皮动物和软体动物必须对机械应力做出反应。

活的双壳贝类软体动物在上市流通之前，必须在分配和净化中心进行必要的清洁处理。

双壳贝类软体动物包装后，请勿重新浸入水中或用水喷洒。

不得销售可食用部分明显受到寄生虫侵害的食品鱼类产品。

在对未加工的食品鱼类产品（动物来源）的感官指标评价出现分歧时，应进行总挥发性碱基氮（TVBN）的测定。

生产工艺要求

水产品及其制品的生产过程应符合本技术法规的要求以及关税同盟《食品安全》技术法规（TR CU 021/2011）的相关要求。

关税同盟《食品安全》技术法规（TR CU 021/2011）第 14 条规定了水产品及其制品生产过程和生产设施的要求。

船上制造工艺的特殊要求

在船上加工鱼制品时，必须具备以下资质：

预留的接收区，用于接收船上的水生生物，保护产品免受太阳和空气的影响、加热设备的影响以及免受任何污染的影响，易于清洗和消毒；

配备一个旨在将鱼从接收区转移到工作区的系统，其空间应足够大以组织生产过程，易于清洗和消毒，并且应设计成防止产品受到任何污染的系统。

水产品及其制品存储、运输、销售和处置过程的要求

制造商有义务采用合适的方式存储、运输和销售水产品及其制品，使产品符合本技术法规和联盟其他技术法规（关税同盟技术法规）的要求。

水产品及其制品的存储、运输、销售和处置过程必须符合本技术法规的要求以及关税同盟《食品安全》技术法规（TR CU 021/2011）的要求。

在储存、运输和销售过程中，与水产品及其制品接触的材料必须符合食品接触材料的安全要求。

在水产品及其制品的存储、运输和销售过程中，不允许对冷冻水产品及其制品进行解冻。

在储存水产品及其制品时，必须遵守制造商规定的储存条件。

在冷藏室中，水产品及其制品被堆放在架子或托盘上，底层必须高出地面至少 8cm。产品与墙壁和冷却装置的距离至少为 30cm，在堆叠之间应有通道，以方便拿取产品。

用于储存水产品及其制品的冷藏室应配有温度计和（或）自动温控装置，以及温度记录装置。

在储存过程中，应根据类型、用途（销售或加工）和状态（冷藏、微冻或冷冻）对水产品及其制品分组。

在装载或卸载水产品及其制品时，冷藏室空气温度的升高幅度不超过 5℃。在贮存、运输和销售水产品及其制品时，空气温度的波动不应超过 2℃。

严禁在非冷藏环境中储存冷却、半冻结和冻结的食品鱼类产品，直到装上运输工具和（或）容器为止。

在零售和批发企业中，不允许在改变真空或气封的条件下重新包装以前在真空或气封包装的水产品及其制品。

包装和标签要求

水产品及其制品的包装应符合本技术法规的要求和关税同盟《包装安全》技术法规（TR CU 005/2011）的要求。

水产品及其制品的包装应在避免产品受到污染的条件下进行。

水产品及其制品包装必须：

（1）确保食品鱼类产品在保质期内的安全和感官指标的稳定性。

（2）使用符合与食品接触材料要求的材料制成。

（3）在确保水产品及其制品安全的条件下存放在独立的房间内。对于船舶，允许在确保其安全的条件下将包装存放在货舱中。

水产品及其制品标签应符合关税同盟《食品标签》技术法规（TR CU 022/2011）的要求。

水产品及其制品标签中的信息应使用俄语。如果成员国立法中有相关要求，则应使用水产品及其制品销售所在成员国的语言，但关税同盟《食品标签》技术法规（TR CU 022/2011）第 4 条第 8 款规定的情况除外。

包装水产品及其制品的标签必须包含以下信息：

（1）水产品及其制品名称，包括：

水产品及其制品种类的名称（如"鱼类烹饪半成品""鱼罐头"）；

水生生物或水产养殖对象类型的动物学名称（如"格陵兰大比目鱼"）；

水产品及其制品切割的类型（如"鳕鱼片""明太鱼片""鲱鱼胴体"）；

加工类型（如"巴氏杀菌""腌制""复原"）。

对于仿制水产品及其制品，仿制信息与名称一起标示或以短划线与名称分隔标示，字体与产品名称（包括字体大小）一致。

（2）未加工水产品——有关属于提取（捕获）或水产养殖设施的信息。

（3）关于水产品及其制品配料的信息。

（4）制造商名称或个体经营者的名称和地址——制造商名称和地址、制造商授权方名称和地址（若有），进口商的名称和地址。

（5）水产品及其制品的生产日期（对于在生产地点以外包装的产品，还应注明包装日期）。

水产品及其制品的名称、生产日期、保质期、贮存条件，水产品及其制品中存在过敏原的信息应标示在销售包装和（或）标签上，相关标识应确保牢固并难以清除。其余信息应标示在销售包装和（或）标签上，和（或）包装插页上，放置在每个销售单元中或标示到每个销售单元上。

对于以下几类水产品及其制品，标签必须包含以下附加信息：

（1）活鱼：鲟科鱼类——"休眠时立即去掉括约肌和内脏"。

（2）冷冻水产品及其制品：

等级（如果有）或类别（对于冷冻鱼片）；

不包括冰衣的水产品及其制品净含量（适用于冷冻镀冰鱼类食品）。

（3）由冷冻水产品制成的水产制品——"由冷冻原料制成"一词。

（4）冷、热熏制鱼和熏水产品生产过程中使用了烟熏制剂——有关烟熏制剂使用的信息。

（5）烹饪水产制品——"即食食品"一词。

（6）仿制鱼类食品——仿制信息。

（7）烹饪水产半成品——"烹饪半成品"字样。

（8）鱼罐头——通过挤压或不易脱落的油漆将常规符号标示到罐子的外表面：

生产日期 [日期（两位数，1 至 9 日需在前面补"0"），月份（两位数，1 至 9 月需在前面补"0"），年份（最后两位）]；

分类标记 [1~3 个字符（数字或字母），但字母"P"除外] 和制造商的编号 [1~3 个字符（数字或字母）]（如果有）；

生产班次编号（一位数字）和渔业指数（字母"P"）。

当产品标签标示生产日期、分类标记、制造商的编号、生产班次编号和渔业指数时，它们之间留有一两个字符的间隙。

（9）在印刷罐头标签时，如果产品生产日期已标注在印刷部分，那么可以在罐头的盖子上（底部）标注印刷部分未包含的其他信息。允许不标注渔业指数。

（10）鱼子酱：

生产鱼子酱的鱼种类；

用鲑科鱼类的冷冻鱼子制成的颗粒状鱼子酱——"由冷冻原料制成"一词；

从鲟鱼杂交品种中制成的鱼子酱，必须在包装上标明杂交种的名称或组合种类的水生生物资源（例如，"鱼子酱，俄式－挪威鲟鱼杂交种"）。

水产品及其制品运输包装的标签参照执行关税同盟《食品标签》技术法规（TR CU 022/2011）的要求。

符合安全要求

水产品及其制品应符合本技术法规、关税同盟《食品安全》（TR CU 021/2011）技术法规，以及联盟其他相关技术法规的要求。

根据包括研究（测试）、检测规则和方法的标准清单，在标准中建立了研究（测试）和检测方法，包括适用和满足本技术法规要求以及评估产品合格性所必需的采样规则。

合格评定

水产品及其制品必须经过合格评定，然后才能在联盟领土上流通。

除本技术法规第 84 条规定的产品外，水产品及其制品的合格评定应符合本技术法规和联盟其他相关技术法规的要求，并采用以下形式进行：

（1）确认水产品及其制品的合格性，但儿童食品、新型水产品及其制品、未加工水产动物（包括活鱼和活水无脊椎动物）除外；

（2）根据关税同盟《食品安全》技术法规（TR CU 021 / 2011）的规定，

对新型水产品及其制品和儿童食用水产品及其制品进行注册，但未加工的儿童水产制品除外；

（3）对未加工水产动物、活鱼和活水生无脊椎动物开展兽医和卫生检查。

评估水产品及其制品的生产、储存、运输、销售和处置过程是否符合本技术规程和联盟其他技术规程（关税同盟技术规程）的要求，以国家控制（监督）的形式来进行，须符合本技术法规和联盟其他适用性技术法规（关税同盟的技术法规）的相关要求，但本技术法规第83条规定的食品生产过程除外。根据关税同盟《食品安全》技术法规（TR CU 021/2011）的规定，以生产设施国家注册形式对水产养殖动物食品的生产和加工以及捕捞水生动物进行合格性评估。

按照关税同盟《食品安全》技术法规（TR CU 021/2011）的要求，对活鱼、活水生无脊椎动物进行兽医和卫生检查，并对其结果进行登记。水产品及其制品在联盟领土上流通之前，标示统一的产品流通标记。联盟市场上产品流通的单一标志以任何方式标示在水产品及其制品的每个单元上（销售和运输包装或标签），保证在此类产品的整个保质期内提供清晰的图像。

如果不可能在消费和运输包装或标签上标示联盟市场上产品流通的单一标志，则可以将其包含在随附文件中。

官方监管

根据成员国的立法，对水产品及其制品生产、储存、运输、销售和处置过程的合规性进行国家控制（监督）。

保障条款

成员国的授权机构有义务采取一切措施，限制和禁止不符合本技术法规和联盟其他技术法规（关税同盟技术法规）要求的水产品及其制品在境内流通，必要时有权利将其撤出流通市场。

参考文献

[1] 胡心蕊，李争，方凯，等 . RCEP 框架下广东省水产品出口国际竞争力研究 [J]. 江西农业学报，2024，36（1）：185–193.

[2] 何雅静，李乐，房金岑，等 . WTO 成员有关水产品技术性贸易措施的通报趋势及其对中国的影响 [J]. 中国渔业质量与标准，2015，5（2）：7.

[3] 郭芳 . 技术性贸易壁垒对我国水产品出口的影响分析 [D]. 无锡：江南大学，2008.

[4] 徐睿霞 . 中国农产品技术性贸易壁垒问题研究 [D]. 重庆：西南政法大学，2008.

[5] 林乐界，李丽娟，齐凯，等 . 韩国进口水产品监管体系与我国对韩出口水产品对策研究 [J]. 中国标准化，2019（13）：6.

[6] 沈楚仪，陈廷贵 . SIMP 法案和贸易争端对中国水产品出口美国的影响分析 [J]. 中国渔业经济，2021，39（2）：99–108.

[7] 卢昆，王希龙，皮埃尔·菲勒，等 . 中美贸易摩擦对中国水产品国际贸易水平的影响测度 [J]. 复印报刊资料：农业经济研究，2022（1）：64–73.

[8] 邱慧婷，高维新 . 中国对 RCEP 国家水产品出口效率及影响因素分析 [J]. 中国渔业经济，2024，42（2）：105–116.

[9] 边红彪，刘环，张锡全，等 . 中、日食品安全监管机制对比研究 [J]. 中国标准化，2012（7）：56–59.

[10] 张瑜 . 我国水产品贸易适用自贸协定 TBT 和 SPS 条款研究 [D]. 上海：上海海洋大学，2022.